자유무역론의
성쇠와 미국의
통상정책

천준호

박영사

머리말

"관세는 사전에서 가장 아름다운 단어"라고 언급하면서 관세맨임을 자처하는 트럼프 대통령의 재선으로 다시 한번 세계는 미국발 보호주의의 태풍에 직면하게 되었다. 미국의 보호주의로의 전환은 이미 트럼프 행정부 1기부터 시작된 것이었으나 바이든 행정부에서도 큰 기조는 달라지지 않았고 다시 트럼프 2기 행정부가 출범함으로써, 이제 한 시대를 규정하는 확실한 미국의 통상정책 패러다임 변화로 자리 잡게 되었다.

이러한 미국의 새로운 보호주의로의 통상 패러다임의 전환은 세계가 최근까지도 제2차 지역주의로 일컬어지는 자유무역에 기반한 FTA 시대에 있었기에 매우 충격적이다. 미국이 FTA 적극 추진으로 방향을 틀자 세계도 동 물결에 따랐고 FTA 지각생이었던 한국도 2004년 칠레와의 FTA를 시작으로 동 물결에 적극 동참하였는데, 이러한 시대는 WTO의 주변화와 함께 저물고 있다.

미국의 통상정책에 있어 보호주의의 대두는 최악의 경제대공황을 심화시킨 1930년 Smoot Hawley 관세법 등 과거에도 수차 있었고, 가깝게는 "fair trade"를 강조했던 레이건 행정부하 1980년대의 "New protectionism" 시기가 있었기에 완전히 낯선 것은 아니다. 하지만 냉전이 끝나고 WTO 다자 무역체제가 성립한 이후에는 세계화를 배경으로 더 이상 이러한 보호주의가 설 땅은 없을 것으로 기대되어 왔기에 동 변화의 함의는 매우 크다. 특히, 개방형 통상국가로 발전해 온 한국으로서는 이러한 미국 통상정책의 급격한 보호주의 회귀는 시급한 대처가 필요한 발등의 불이다.

이 책은 상금 미국의 보호주의 회귀 배경을 보다 깊이 이해하는 데 도움을 주기 위해 외교부에서 주미대사관 경제참사관, 양자경제외교국장 등 대미 경제통상 업무를 다루면서 쌓은 필자의 경험과 지식을 정리하는 차원에서 쓰였다. 이 책의 구성은 자유무역 독트린의 현 위상에 대한 탐구에서 시작하는데, 이는 현 미국의 보호주의 추세를 제대로 인식하기 위해서는 자유무역 독트린의 성쇠에 대한 이해가 선행될 필요가 있다고 믿기 때문이다.

아담 스미스와 리카르도에 의해 확립된 자유무역 독트린은 실제 교과서에서도 배우게 되는 공리수준의 대우를 받을 정도로 확립된 것이지만 유치산업 보호, 교역조건, 시장실패 등을 근거로 한 자유무역 독트린에 대한 비판은 주변에서 너무나도 쉽게 접할 수 있고, 필자가 외교현장에서 목격해 온 자국 시장을 보호하려는 각국 정부의 모습은 겉으로 내세우는 자유무역 옹호와는 분명 상당한 거리가 있다. 따라서 '자유무역 독트린은 현실에서는 적용될 수 없는 단순히 전제된 가상적 현실에서만 존재하는 이론인가?'라는 의문이 제기될 수밖에 없는데, 실제 트럼프 1기 행정부에서 무역대표였던 Robert Lighthizer의 2023년 출간 책 제목이 "No trade is Free"라는 것은 자유무역 독트린이 지금까지의 이론적 발전에도 불구, 아직도 얼마나 큰 논란의 중심에 서 있는지를 여실히 보여준다.

이 책은 이에 대한 답을 구하는 과정에서 유치산업보호론, 교역조건론, 수익체증/체감론, 국내괴리(왜곡)론, 구조주의론, 신무역론 및 전략적 무역론 등 보호주의의 근거가 되어 온 자유무역에 대한 도전이론들을 소개한 후, 최근 자유무역론의 정점을 찍은 FTA에 대한 역사적 연원과 관련 논쟁을 고찰한 기초 위에, 미국이 독립 이래 취해 온 통상정책의 특징을 자유무역과 보호세력의 대립구도 속에서 보호압력에 취약한 미 의회가 어떻게 관세철폐 등 무역권한을 행정부에 이양해 왔고, 이에 따라 각 시기별로 미국의 통상정책의 특징이 어떻게 발현되어 왔는지를 살펴볼 것이다.

책을 쓰면서 특히 I장에서 소개하는 경제학계에서의 보호주의 이론들을 이해하기 쉽게 요약해 소개한다는 것이 매우 어려운 일임을 깨달았다. 많은 자료의 도움에도 필자의 역량을 넘는 내용이 많아 오류가 있을 시 이는 오롯이 이해가 부족한 필자의 몫일 것이다. 그럼에도 불구, 필자가 용기를 낸 것은 보호주의 논란을 이해하는 데 필수적인 지식임에도 실제 국내에서는 국제무역론 교재들을 포함해 이를 체계적으로 정리해 일반 독자에게 소개하는 책을 찾기 어렵기 때문이다. 아울러 FTA가 GATT에서 허용되게 된 실제 배경 등 우리에게 잘 알려져 있지 않은 내용들을 소개하고 싶은 필자의 욕심도 일조를 했다고 할 수 있다. 이 책이 작으나마 기본 안내서로서 자유무역론과 상금의 미국발 보호주의 열풍을 이해하는 데 도움이 될 수 있기를 기대해 본다.

2025. 3.
천준호

목차

II FTA의 법적·경제적 기초와 미국의 FTA정책

III 미국 통상정책의 패러다임 변화와 보호주의

I

자유무역 독트린의
발전과 도전

I

자유무역 독트린의 발전과 도전

1. 자유무역 독트린의 발전

가. 아담 스미스의 국부론

자유무역에 혜택과 필요성에 대한 사고는 고대시대부터 단편적으로 나타나기 시작했으나 그 이론적 틀을 갖추고 시대를 풍미하게 된 것은 16세기 유럽에서 근대 국민국가가 출현한 이후 18세기 중반 영국에서 산업혁명이 시작되어 영국의 제조업 경쟁력이 발현되는 시기를 배경으로 한다. 그 중 자유무역론 확산의 결정적 계기가 된 것은 1776년 미국 독립의 해에 출간된 아담 스미스(Adam Smith)의 국부론이라는 데에는 이론의 여지가 없다.

Adam Simth
*US public domain file due
to the expiry of copyright

유력 스코틀랜드 가문 출신으로 에든버러에서 도덕철학을 가르친 프란시스 허치슨(Francis Hutcheson)의 제자였던 아담 스미스는 흄(David Hume), 스튜어트(James Steuart) 등과 함께 스코틀랜드 계몽주의 학자들의 맥을 잇고 있는데, 스코틀랜드 계몽주의는 비록 기성종교의 교의를 부정하지는 않았지만 현실의 세속적이고 일상적인 측면에 초점을 맞추고 17세기 베이컨과 뉴턴 등 17세기 과학자들의 유산을 의식적으로 받아들여 과학적 객관성을 중시했다.[1]

스코틀랜드 계몽주의 정점을 찍은 아담 스미스의 사상은 1759년부터 1790년까지 6판이 출판된 「도덕감정론(The theory of Moral sentiments)」과 1776년 출간된 「국부의 원인과 본성에 관한 연구(An Inquiry into the Nature and Causes of the Wealth of Nations)」 즉 국부론으로 대변되는데, 이는 근대국가가 성립하면서 교회가 더 이상 사회의 운영원리를 제시하지 못하는 변화된 상황에서 사람들이 함께 살아가야 할 새로운 사회기초를 모색하는 도덕철학에 기반한 사상이자 아울러 15세기 근세 절대주의 국가성립기부터 약 300여 년간 유럽제국을 지배해온 중상주의(mercantilism)에 대한 전면적 도전이었다.

중상주의란 경제를 제로섬 관점에서 보면서 무역을 통해 자본 및 금은 등의 귀금속을 축적하는 것을 국부를 증대시키는 가장 이상적인 방법으로 여기는 사상으로 18세기 중반까지 300년간 유럽을 지배했

---

1   Roger Backhouse(김현구 옮김), 경제학의 역사, 시아, 2017, pp.165-166.

는데, 보호무역주의는 동 정책의 자연스러운 결과물이라고 할 수 있다.[2] 다만, 동 시대에 중상주의라는 용어는 쓰이지 않았는데, 아담 스미스는 국부론을 통해 이러한 정책을 중상주의라고 처음으로 명명하면서 강하게 비판하고, 분업과 시장, 사람들이 이기적 행동을 추구하는 "자연적 자유(natural liberty)"의 체계가 "보이지 않는 손(Invisible hands)"의 인도를 통해 효율적 자원배분을 이루어냄을 설득력 있게 설명하면서 이에 따른 국가개입의 최소화와 자유무역을 옹호하였다.

이 점 비록 완전히 같은 내용은 아니지만, 상업사회가 사람들이 서로에 대해 강한 애정을 갖고 있지 않고 자신의 이익만을 추구해도 "보이지 않는 손"에 의해 번영할 수 있다는 아담 스미스의 주장의 선구적인 인식은 이미 제기된 바 있었다. 네덜란드 암스테르담 출신으로 영국에서 활동한 맨더빌(Bernard Mandeville)은 1714년 출간된 「꿀벌의 우화: 또는 공적이익으로 드러난 사적 악덕」에서 다음과 같은 주장을 펼쳐 큰 파문을 불렀다.

"모든 꿀벌이 탐욕과 허영에 따라 움직인다는 면에서 그것은 악덕으로 가득 찬 세계였다. 부는 불평등하게 분배되었지만 모든 꿀벌이 심지어 가장 가난한 꿀벌도 그렇지 않았을 경우보다 더 부유했다. 그 이유는 높은 범죄가 고용을 창출했기 때문이다. 범죄나 사기조차 정직한 고용을 위한 기회를 제공했다. 강도는 자물쇠공을 일한 일자리를 만들어주었다. 그러나 번영과 경제적 성장에도 불구하고 꿀벌들은

---

2 중상주의의 주체는 초기 근대국가로 동 시기에는 중앙집권적 국가제도의 확립과 유지를 위해 많은 군인과 관리를 두어야 했기에 귀금속으로 만드는 화폐의 중요성이 커졌고, 화폐 소재로서의 귀금속은 국부와 동일시되었다. 중상주의는 중금주의, 무역차액론, 제조업의 보호 및 농업의 장려 등이 주요 특징이다. 김정수, 신국제무역론, 박영사, 2001. pp.260-263.

안전하게 느끼지 못했다. 그래서 어느날 청교도적인 도덕혁명이 일어났다. 범죄와 군사적 지출이 중단되고 사치가 추방되었다. 그 결과는 산업전체의 붕괴와 실업이었다. 많은 꿀벌들이 벌통을 떠났다."[3]

상기 이야기가 전달하려는 메시지는 분명했다. 사적인 악덕이 공적인 이익을 낳는다는 것이다. 이러한 맨더빌의 주장은 당시 기독교 사회에 도덕적으로 큰 충격을 주면서 큰 논란을 빚었는데,[4] 아담 스미스의 Glasgow 대학 스승인 허치슨(Francis Hutcheson)은 답할 가치도 없다고 하면서 사람들이 순수하게 이기적이라는 맨더빌의 가정을 강하게 비판했고, 아담 스미스 또한 「도덕감정론」에서 이기심과 탐욕은 구분되어야 한다고 맨더빌의 한계를 지적했다. 하지만, 사람들이 이기적으로 하는 행동이 질서가 잘 잡힌 사회에서는 최상의 선한 결과를 낳을 수 있다는 메시지는 아담 스미스의 "보이지 않는 손" 논리와 맥을 같이하는 것으로 아담 스미스 사상에 선구적 역할을 했다고 평가된다.[5]

한편, 아담 스미스의 국부론이 제시한 자유무역론은 과거 파편적인 자유무역 담론을 최초로 체계적으로 완성한 것으로 국부론 이후 더 이상 그의 자유무역론을 거론하지 않고는 무역정책을 논할 수 없는 신기원을 열었다. 국부론에서 자유무역론이 제시된 부분은 제4권 「정치경제학에 관하여」인데, 아담 스미스는 그의 자유무역론의 이론적 근거를 분업의 원리를 국제적으로 적용해 국제분업의 이익에 두

---

3   Backhouse, Ibid.p.169.

4   The Fable of the bees, Wikipedia 참조.

5   Mandeville's precursor to Smith's invisible hand, Zack Rauwald, Adam Smith Institute.

고, 이를 설명하기 위해 인간의 경제활동의 동기를 이기심에서 찾으면서 각 개인의 이기심에 의한 경제활동이 "보이지 않는 손(invisible hand)"에 의해 인도되어 조화를 이루고 이는 결과적으로 사회 전반의 이익과 일치된다고 주장하였다.

아담 스미스에 따르면, 중상주의 정책의 목표는 국내 소비를 위한 상품의 수입을 최소화하고 국내상품의 수출을 최대화하는 것이지만, 보다 중요한 정책의 기준은 이러한 정책이 국가 전체의 소득(생산)의 진정한 가치에 미치는 영향이 되어야 했는데, 수입품에 대한 고관세는 경쟁을 제약하고 국내산업의 독점력을 강화해 가격을 상승시키며 효율적 자원배분을 저해해 국가의 실질적 소득을 감소시키는 반면, 자유무역의 경우, 각 개인이 자신의 이익을 추구하는 과정에서 가장 효율적인 고용과 자원배분이 "보이지 않는 손"에 의해 인도되어 개인의 의도와 무관하게 사회에 최대의 이익(국부)을 낳게 된다. 시민들의 경제활동 자유와 경쟁적 시장이 시장에 개입하는 정부보다 효율적이므로 보호관세는 불필요하며, 더욱이 자유무역은 시장을 크기를 더욱 확대하게 해 줌으로써 유명한 핀 공장(pin factory) 사례로 보여준 분업의 혜택을 더욱 극대화할 수 있게 해 준다.

아담 스미스의 이러한 주장은 정부가 필요 없다는 완전한 자유방임(laissez-faire)을 의미하는 것은 아니다. 국부론의 논증은 정의의 체계를 전제로 했기에 법과 질서를 유지하기 위한 정부의 필요성이 인정되었을 뿐 아니라, 국방(특히 해군)과 해당 국내상품에 외국 수입품에는 없는 조세부과가 있을 경우 등이 자유무역의 예외로 인정되었다.[6]

---

6 Dominic Pino, What Adam Smith Said about Free Trade, National Review, 2023.7.16. 아담 스미스의 상세한 일대기는 니콜라스 필립슨, 경제학의 아버지 신화

나. 고전주의 정치경제학과 비교우위론

자유무역 독트린에 있어 아담 스미스의 획기적 기여는 추후 마르크스(Karl Marx)가 고전주의 경제학(classical economics) 시기라고 명명한 19세기 초반에 일련의 영국 학자들에 의해 더욱 정교화되고 발전되었다.[7] 이 시기 여러 학자들이 활약했지만 자유무역 주창에 있어 가장 주목받은 사람과 이론은 단연 리카르도(David Ricardo)와 그의 비교우위론이다.

국내보다 절대적인 생산비용이 더 싼 외국에서 생산된 상품이 수입될 수 있다는 생각은 18세기에 두드려졌기 때문에 "18세기 규칙(eighteenth-century rule)"이라고 불렸는데, 아담 스미스 이후 동 규칙은 자유무역의 핵심 부분이 되어 있었다.[8] 그런데 이 시기에 영국의 자유무역정책을 둘러싼 큰 논쟁이 발생하게 되어 이보다 한 단계 더 나아간 비교우위론이 확립되는 계기가 되는데, 유명한 곡물법(Corn laws)[9] 폐지 논쟁이 바로 그것이다.

나폴레옹 전쟁 이후 치솟았던 영국의 곡물가격은 전쟁이 끝나자마자 급격히 하락했는데, 이에 영국 의회는 지주의 이익을 보호코자 밀 1쿼터 가격이 80실링 이하이면 수입을 금지하는 곡물법을 1815년

가 된 사상가 애담 스미스, 배지혜 옮김, 2010, ㈜한경BP 참조.

7 아담 스미스는 스코틀랜드 계몽주의 학자와 더불어 고전주의 경제학자로도 분류된다.

8 Douglas Irwin, Against The Tide: An Intellectual History of Free Trade, Princeton University Press, 1996, p.89.

9 여기서 corn은 옥수수를 넘어 밀, 귀리, 보리 등을 포함한 모든 곡물을 포함하는 개념이다. 이에 대해서는 장하준 교수의 2023년 저작 「장하준의 경제학 레시피」 p.165 참조.

에 제정했다.[10] 사실 유사한 성격의 곡물법은 17세기 이후 존재해 왔는데 예컨대 1772년 제정된 곡물법은 쿼터당 48실링 이상일 경우에만 수입을 허용한 바 있다.

David Ricardo
*US public domain file due to the expiry of copyright

1815년의 새로운 곡물법 제정은 산업혁명이라는 새로운 역사적 배경 속에서 동 폐지를 두고 영국에서 신흥 산업가와 지주 간 이해관계가 충돌하는 가운데 큰 논쟁을 낳았다. 동 논쟁 과정에서 고전주의 경제학자들은 대부분 곡물법의 폐지와 자유무역을 옹호했지만 그중 이름을 가장 크게 날린 사람은 맬서스(Thomas Malthus)와 대립하면서 비교우위론으로 유명해진 리카르도였다.[11]

리카르도는 비교우위와 지대론 등에 근거해 곡물법 폐지를 주장했는데, 아담 스미스의 절대우위론에 기반한 자유무역 독트린에 더해 설사 수입국이 상품을 더 싸게 생산할 수 있더라도 어떤 상품들은 수입이 보다 유리할 수 있다는 비교우위론을 1817년 발간된 리카르도

---

10 곡물법은 결국 자유무역 신봉론자인 Richard Cobden 등의 정치가와 곡물법 반대동맹(ACLL) 등의 활동 속에서 1845년 발생한 아일랜드 대기근을 계기로 Peel 수상이 식량부족으로 인한 사회혼란을 들어 찬반 세력 양측을 설득해 1846년 폐지되었으며, 이는 산업혁명을 주도한 영국이 자유무역을 제창하며 대영제국으로서 서게 된 기념비적 사건으로 평가된다.

11 인구론으로 유명한 맬서스는 비록 일반적으로는 자유무역을 옹호했지만 곡물법에 있어서는 리카르도와 대립해 폐지 반대론의 선봉에 섰다. 그는 곡물법을 폐지하면 식량생산 실패시 프랑스같은 외국정부의 선의에 식량공급을 의존하게 되는 문제가 있고, 영국 농업이 파탄되어 지주의 소득이 급감하면 지주가 지탱하는 많은 농민들의 소득을 저하시킬 것이라고 주장했다.

의 「정치경제학과 조세의 원칙(On the Principles of Political Economy and Taxation)」에서 제시하였다. 리카르도는 동 저서 제7장에서 그 유명한 포르투갈과 영국이 와인과 직물을 교역하는 예시를 들어 절대적 생산 비용이 더 낮은 경우에도 기회비용이 가장 낮은 상품 특화 생산을 통해 교역을 할 경우 상호 이익이 가능하다는 것을 명확히 보여주었다.[12]

하지만 리카르도의 비교우위론 제시에도 불구, 상당 기간 대다수의 경제학자들은 보다 직관적인 아담 스미스의 절대우위론에 근거해 자유무역론을 주장하고 있었는데, 비교우위론이 널리 확산되게 된 계기는 스코틀랜드 계몽주의 학자 제임스 밀(James Mill)의 아들인 존 스튜어트 밀(John Stuart Mill)이 1848년 장기간 학생들의 경제학 교과서 역할을 한 저서 「Principles of Political Economy」에서 이를 조명한 이후부터라고 알려져 있다.[13]

이후 비교우위론에 근거한 자유무역 독트린은 사실상 그 자체로서 공리(axiom) 대우를 받으며 영국을 중심으로 주류학계를 지배했다. 하지만 이러한 자유무역 독트린은 당시에도 영국이 아닌 독일, 미국 등 신흥산업국에서 모두 받아들여진 것은 아니었고, 놀랍게도 그 이론적 한계에 대한 도전은 최근까지도 지속 제기되어 왔다.

---

12 James Mill 또한 거의 동 시기에 이러한 비교우위 개념을 리카르도보다 더 명확히 제시한 글을 발표하였으나 비교우위론의 명성은 전적으로 리카르도의 몫이 되었다.

13 동 저서는 1890년 Alfred Marshall의 「경제학의 원리(Principles of Economics)」가 출간되기 전까지 영국의 경제학자 대부분과 미국의 많은 경제학자들에게 출발점 역할을 했다. Roger Backhouse, Ibid.p.221.

2. 자유무역 독트린에 대한 도전

가. 유치산업 보호론

대부분의 사람들에게 자유무역론에 대한 반론이라면 제일 먼저 떠올리는 이론은 아마도 유치산업보호론일 것이다. 새로운 산업(제조업)이 해외의 기확립된 산업과의 대항해 경쟁력을 갖추기 전까지 관세로 국내 신산업을 보호해야 한다는 유치산업론은 자유무역에 대해 가장 오래되고 생명력이 강한 강력한 반론이다.

유치산업보호론은 국내고용 및 산업증진이라는 중상주의적 동기와 함께 무엇보다 매우 직관적이고 제조업을 육성하는 데 매력적인 이론이어서 18세기에 별다른 의문 제기 없이 대다수 학자들에게 자유무역론의 중요한 예외로 받아들여졌다.

리카르도의 비교우위론에 입각한 자유무역론에 대해 이의를 제기한 유치산업보호론은 1차 산업혁명 이후 영국의 산업화 독주에 뒤처진 독일, 미국 등 신흥 산업국에서 제기되었는데, 미국의 초대 재무장

Alexander Hamilton
by John Trumbull,
1806
*US public domain file due
to the expiry of copyright

관 알렉산더 해밀턴(Alexander Hamilton)과 유치산업론의 대부로 평가받는 독일의 프리드리히 리스트(Friedrich List)가 대표적인 논객이다.

유치산업보호론의 초석은 처음 미국의 초대 재무장관이었던 해밀턴에 의해 놓여졌다. 그는 1791년 군수품 등 필수물자 생산의 해외로부터의 독립을 위해 제조업 육성방안을 검토해 달라는 의회의 요청에 따라 이루어진 「Report on Manufacturing」 보고서 제출을 통해 유치산업

보호 필요성을 제기하고, 이를 위한 정책수단으로 보호관세, 수입금지, 원자재 수출금지 및 보조금 4가지의 장단점을 분석하였는데, 그는 비록 상기 4가지 수단 중 보조금 제공이 가장 바람직하다고 보았으나, 재정적 한계 및 의회의 약한 지지를 감안해 21개 품목에 대한 관세인상과 5개 산업에 대해 보조금을 주는 방안을 제안하였다.[14] 동 보고서는 비록 의회에 법안으로 제출되어 논의될 기회를 갖지는 못했지만 동 보고서상의 관세인상 제안은 동 보고서 발간 6개월 후 이행되어 오늘날 해밀턴은 영국에 맞서 국가보호를 통해 미국의 산업육성을 꾀했던 소위 American School[15]의 선도적 인물로 평가된다. 이후, 실제 미국은 1820년대 "Tariff of Abomination"으로 유명한 1828년 관세법 등 고관세 체제가 도입되었고, 동 고관세 체제는 1850년대까지 농업이 중심인 남부와 제조업의 거점 북부 간의 고관세 정책을 둘러싼 갈등 속에 일부 관세 인하시기를 거치기는 하였으나, 1861-1932년 동안 유치산업 보호를 위해 지속 유지되었다.

Friedrich List
*US public domain file due
to the expiry of copyright

그러나, 신흥국의 가장 유명한 유치산업보호론 옹호자는 단연 독일의 리스트이다. 번성하던 피혁업자의 아들로 태어나 여러 공직을 거쳐 대학 졸업장 없이 튀빙겐 대학 교수까지 올라간 그는 이후 독일 최초의 상공업협회 설립에 앞장서고 「독일의 무역과 산업을 위한 기구」

---

14 Douglas Irwin, Clashing Over Commerce, 2017, The university of Chicago press, pp.83-84. 당시 Madison, Jefferson 등은 국민의 세금으로 특정 산업에 보조금 (bounty)을 주는 것은 징세의 목적을 특정해 열거한 헌법에 위배되는 것으로 보았다.

15 미국 건국 초기 American School의 주요 내용은 III장에서 후술한다.

라는 신문의 주필로 활동하는 등 독일의 경제통합과 산업화를 적극
옹호하였다. 이후 그는 의원으로서 자유주의를 적극 옹호하는 활동을
하다가 결국 10개월의 형을 선고받는데, 5개월 복역 후 미국 이주에
동의하는 조건으로 사면되어 1825년부터 1833년까지 8년간 미국에
서 망명 생활을 하게 된다. 미국에서의 망명생활 중 그는 해밀턴과 헨
리 클레이(Henry Clay) 등의 American School 사상에 크게 영향을 받게
되는데, 1841년 독일에서 출판한 「The National System of Political
Economy」에서 이들의 주장을 이론화함으로써[16] 그는 일약 유치산업
보호론의 스타로 떠오르게 된다.

리스트는 동 저서에서 주로 경제적 분석보다는 역사적 경험에 의
존해 주장을 펼쳤는데, 기본적으로 한 국가의 적절한 무역정책은 동
국가의 특정 발전 수준에 달려 있다고 주장하였다. 리스트의 주장은
기존의 고전주의 학파와 두 가지 면에서 크게 구분되었는데, 첫째는
아담 스미스류의 고전주의 이론은 영국의 이익은 곧 세계 전체의 이
익이라는 "범세계적 경제(cosmopolitical economy)"에 따른 것이라서 이
해관계가 복잡하고 분리된 개별 국가의 경제적 이해관계를 무시하고
있다는 것이었고, 둘째는 부(wealth)를 생산할 수 있는 능력(productive
power)이 부로 표현되는 교환될 수 있는 가치(exchangeable value) 자체보
다 중요하지만 고전주의 학파는 현재의 부에만 관심을 갖는 정적인
견해(static view)에 머물러 있어 장기적 발전으로 이어지지 않는다는 것
이었다.[17]

---

16   Mehdi Shafaeddin, What did Friedrich List Actually Say?, Some Clarifications
      on the Infant Industry Argument, UNCTAD, 2000.7. pp.3-4.

17   Ibid.p.2. 비록 비교우위론도 생산요소 공급, 소비 패턴, 기호의 변화 등 동적인 요소

리스트는 이러한 관점에서 국가의 생산력 발전과정에서 상인들의 이해와 국가의 이해는 반드시 일치하지 않으며, 국가는 보다 많은 공산품을 수출하고 보다 많은 원자재를 수입하며, 보다 많은 열대 1차 상품을 소비할수록 이에 비례해 부유해지고 강해진다고 주장하였다. 이를 위해서 국가는 제조업 유치산업을 보호, 육성해야 하는데, 동 보호를 위한 단기 비용은 동 산업 확립으로 인한 장기 이익으로 보상된다고 보았다. 다만, 모든 국가가 이러한 제조업 육성에 적합한 것은 아니어서 온대지역 국가들만이 제조업에 적합하고, 열대지역 국가들이 인위적 수단으로 제조업을 육성하려 시도하는 것은 적절하지 않다고 제한을 두었다.[18]

그는 아울러 국가의 발전수준과 무관하게 모든 국가들은 농산품과 원자재는 자유무역을 해야 한다고 주장했는데,[19] 보호의 목적은 오로지 국가의 제조업 발전에 있었기 때문에 보호조치의 정당성도 오로지 동 목적에의 부합 정도로만 평가되어야 했다.

리스트는 상기 입장에 따라 국가의 경제발전 단계를 1) 야만 단계 2) 목축 단계 3) 농업 단계 4) 농업과 제조업 단계 5) 농업, 제조업 및 상업(서비스업) 단계의 5단계로 구분하였는데, 국가는 3단계에서 4단계 및 5단계로 나아가야 하나 이것이 시장의 힘으로 자동적으로 이루어지지 않으므로 한시적인 국가의 유치산업 보호가 필요하다고 주장하

를 완전히 배제한 것은 아니었지만, 동 측면들은 완전한 조건하에서 시장 메커니즘에 반영될 것이라고 주장되었다.

18 Douglas Irwin, Against The Tide, p.126.
19 Mehdi Shafaeddin, Ibid.p.12. 그는 면사(cotton yarn)를 예로 들었다.

였다.[20]

　이를 위해 그가 제시한 국가의 최적 무역정책은 첫 단계에서는 야만 단계에서 벗어나 농업기술을 획득하기 위해 보다 발달된 국가와 자유무역을 해야 하고, 둘째 단계에서는 제조업, 수산업, 항해 및 대외무역을 보호 조치를 통해 증진하며, 동 결과 최고 수준의 부와 경제력을 달성하면 마지막 3단계로서 점차적으로 보호조치를 철폐하고 자유무역을 시행하여야 하는 것이다.[21]

　리스트의 유치산업보호론은 19세기에 비록 큰 반향을 불러왔으나 대부분의 주류 고전주의 경제학자들은 이를 수용하지 않았는데, 이는 엄밀한 경제 이론적 분석보다는 역사적 경험에 근거한 역사적 접근법이었기에 정책적 유용성에 대한 의문이 제기되었기 때문이다. 하지만, 영국 고전주의 경제학의 대가인 존 스튜어트 밀(John Stuart Mill)[22]이 이후 수십 년간 경제학 교과서 역할을 한 1848년 「Principles of Political Economy」 초판에서 제한적 유치산업 보호 필요성을 인정함으로써 논란은 증폭되었다.

20　Mehdi Shafaeddin, Ibid., p.5.

21　Douglas Irwin, Ibid.p.127.

22　John Stuart Mill(1806-1873)은 영국의 저명한 사회학자, 철학자이자 정치경제학자로서 다방면에 걸쳐 방대한 저술을 남겼는데 하원의원으로서도 활동하였다. 자유론과 공리주의가 그의 대표적 저서이나 경제학에서도 수세대간 학생들에게 표준 교과서 역할을 한 「정치경제학 원리(1848)」를 남겼다. 리카르도의 비교우위론을 부각하면서 자유무역을 옹호한 동 저서에는 추후 소개할 대표적 보호무역론인 유치산업 보호론에 대한 지지입장도 간략히 포함되어 큰 논란을 불렀다.

John Stuart Mill
*US public domain file due
to the expiry of copyright

Mill은 동 저서에서 특정 산업에서의 한 국가의 우월성은 단지 동 국가가 동 산업을 먼저 시작했기 때문이지 현재의 기술과 전문성 외 다른 내재적 우위가 없을 수도 있는데, 이 경우 개인이 모든 위험을 감수하고 동 제조업에 나설 것을 기대하기는 어려우므로 일정 보호기간 후 자립할 수 있다는 충분한 근거가 있는 경우에 국한해 합리적 기간에만 존속하는 보호관세가 때로는 필요할 수 있다고 인정하였다.[23]

Mill은 이후 자유무역론자들의 강한 비판을 의식, 동 저서 수정본에서 관련 기술의 표현을 완화했으며, 궁극적으로는 수입규제가 유치산업 보호의 적절한 수단이라는 기존 의견을 철회했으나, 그러한 유치산업이 존재하며, 이는 자유무역의 예외가 될 수 있다는 믿음 자체는 결코 버리지 않았다고 알려진다.[24]

여기에 더해 유치산업론은 다음 세대의 주류 경제학자라고 할 수 있는 마샬(Alfred Marshall)과 타우시그(Frank Taussig)가 엄밀한 검증 없이 이를 수용하고 관련 사례연구를 행하면서 다시 힘을 받게 되었는데, 1906년 마샬의 제자인 피구(A.C. Pigou)는 Mill의 주장 이후 이를 뒷받침할 엄밀한 이론적 발전이 없었음에 불구, 리스트 주장에 대해서 경제학자들 사이에서 더 이상 논란은 없다고 언급할 정도였다.[25] 이에 따라 현실에서의 적용상의 어려움에 대한 경제학자들의 회의적 시각

---

23 Douglas Irwin, Ibid.p.128.

24 Ibid.p.129.

25 Ibid.pp.134-135.

에도 불구, 유치산업보호론은 자유무역에 대한 보편적인 예외로 계속 인정되었다.

하지만 동 50여 년간 유치산업론을 뒷받침할 이론적 발전은 거의 없었는데, 이는 유치산업 보호가 성공할 일반적 규칙을 설정하기 어려웠을 뿐 아니라, 어떤 특정 시장실패와 조건이 유치산업을 낳게 되었는지도 불명확했기 때문이다. 보호를 위해서는 무엇이 정부의 개입을 초래해야 하는 특정 장벽인지가 확인되어야 하는데, 국내의 숙련 노동력의 부족, 부족한 생산 경험, 자본시장의 실패 등 원인에 따라 처방책도 달라질 것이므로 이를 이론화하기는 어려웠다.[26]

이와 관련, 1955년 영국의 경제학자 제임스 미드(James Meade)[27]는 특정 산업이 시장진입 초기 일정 손실에도 불구, 추후 수익을 낼 수 있다면 자본시장에서 필요한 투자를 받을 인센티브가 존재하므로 국가가 지원할 필요성은 없음에 주목하고, 금융시장이 효율적이라면 보호를 위한 정부개입의 필요성은 상실된다고 주장하였다. 이 경우, 설사 금융시장이 비효율적이라고 하더라도 왜 정부가 비효율적인 금융시장을 치유하는 대신 무역규제를 해야 하는지 의문이 제기되었다. 아울러, 또 따른 시장실패 사유로 제시되는 기업의 기술획득도 기술의 전파가 갖는 여러 함의로 정부개입의 근거가 사라질 수 있다고 지적되었다.[28]

---

26 Ibid.p.135.

27 James Meade(1907-1995)는 국제무역론과 후생경제학에 크게 기여한 영국의 新케인지언 경제학자로 1977년 스웨덴의 Bertil Ohlin과 함께 노벨 경제학상을 받았다.

28 Ibid.pp.135-136. Meade는 만약 정부의 보호로 첫 기업이 연구, 투자 등으로 기술을 획득할 수 있다 하더라도 동 기술이 비용없이 쉽게 다른 기업들에 전파될 수 있는 것이라면 어떠한 기업도 이러한 초기 투자를 하지 않을 것이며, 더욱이 동 기술전파

상기 Meade 분석이 시사하는 것은 시장실패가 있는 분야에서 직접적인 치유가 이루어지는 것이 관세를 통한 무역규제보다 효과가 있다는 것이다. 1969년 로버트 볼드윈(Robert Baldwin)은 「The Case Against Infant Industry Tariff Protection」 제하의 논문에서 비록 유치산업과 관련된 특정 시장실패가 확인된다 해도 무역규제는 반드시 동 산업의 성숙을 보장하는 치유수단이 될 수 없으며, 수입규제만으로는 유치기업이 기술획득에 필요한 추가 투자를 하도록 하는 올바른 인센티브를 제공하지 못한다는 결론을 내렸다.[29] 이는 적절한 정부정책은 무역규제가 아닌 신기술 획득과 투자를 저해하는 문제들을 바로잡는 데 초점을 두어야 한다는 것을 시사하는 것이다.

유치산업보호론은 19세기 중반 Mill이 제한적 지지입장을 표명한 후 많은 세월이 흘렀지만 아직 일관성 있는 학문적 수준까지 이론적 발전이 이루어지지 못한 채 모호한 상태로 남아 있다고 평가된다. 이에 대한 현대적 관점은 새로운 기업이 기술과 자본을 획득하지 못하는 장벽규명으로 초점이 바뀌어서 유치산업론의 위상은 과거와 같지는 않다. 하지만 동 이론은 국가 경쟁력 강화를 위한 매력적 수단으로서 아직도 국가들의 경제정책에서 불편한 한 자리를 차지하고 있다고 평가된다.[30]

동 이론은 또한 주류경제학은 아니지만 후술하는 라틴아메리카의 구조주의 이론이나 특히 개발경제학과 일정 맥이 닿고 있는데, 2002

는 국내에 한정되어야 하는데 국제적 전파가 이루어질 수 있다면 기술획득의 장애는 존재하지 않게 된다고 지적하였다.

29 Douglas Irwin, Ibid.p.135.
30 Ibid.p.137.

년 출간되어 국내에서도 화제가 된 장하준 교수의 저서 「사다리 걷어차기」는 이를 잘 보여준다. 책 제목 「사다리 걷어차기」는 리스트가 「The National System of Political Economy」에서 선발 산업국이 후발국의 추격을 따돌린다는 의미에서 직접 언급한 비유에서 따온 것이다.[31] 장하준 교수는 2008년 「Bad Samaritans: The Myth of Free Trade and The Secret History of Capitalism」에서 또한 자유무역론은 단기에 주어진 자원하에서의 효율성에 관한 이론이고 장기적인 경제개발을 통해 이용 가능한 자원을 증가시키는 이론이 아니라고 지적, 유치산업 보호론의 맥을 잇는 주장을 한 바 있다.[32] 장하준 교수 외에도 최근 역사적 증거를 내세우며 유치산업보호론을 강하게 주장해 주목받은 사람은 노르웨이 출신의 에스토니아 탈린 대학의 경제학자 Erik Reinert인데, 그에 따르면, 오늘날 가난한 국가들이 강한 제조업을 가지지 못한 이유는 서구국가들이 비교우위론을 그들에게 확신시키거나 강요하기 때문인데, 동 결과는 "유치산업 죽이기(industricide)"와 국가 간 부익부 빈익부 현상으로 나타났다.[33]

---

31 장하준, 사다리 걷어차기, 2002, p.24.

32 Ha-Joon Chang, Bad Samaritans, bloomsbury press, 2008, p.73.

33 Erik Reinert, How rich countries got rich and why poor countries stay poor, Carroll & Graf, 2007. 아울러, Christopher Zambakari, Underdevelopment and Economic Theory of Growth: Case for Infant Industry Promotion, Consilience: The Journal of Sustainable Development Vol.8. Iss.1(2012) p.179. 참조.

나. 교역조건론

유치산업보호론만큼 세간에 많이 인식되어 있지는 않지만 실제 이론적으로 자유무역론의 현실 적용상의 한계와 조건을 명확히 규명한 반론은 교역조건론이다. 유치산업론을 포함, 후술하는 많은 자유무역론에 대한 반론들은 그 이론적 완결성에 대해 많은 의문이 제기되었지만 교역조건론 만큼은 이론적으로 확실한 위상을 갖고 그 의미가 오늘날에도 조명되고 있다.

교역조건 문제를 처음 제기한 사람은 리카르도와 거의 동시에 독립적으로 비교우위론을 발견한 것으로 알려진 19세기 영국의 경제학자인 로버트 토런스(Robert Torrens)[34]였다. 그는 1832년 Bolton Chronicle에 보낸 일련의 편지를 통해 경우에 따라서는 관세부과를 통한 보호무역이 수입국의 구매력 즉 교역조건을 보다 유리하게 만들 수 있다고 주장함으로써 자유무역론에 대해 가장 강력한 예외 상황을 제기하였다.[35]

리카르도로 대표되는 고전주의 자유무역론에서는 무역에서 재화가 교환되는 비율인 교역조건에 대한 통찰이 부족했는데, 토런스는 이 문제에 주목하고, 국가는 관세부과로 교역조건을 개선할 수 있으므로 영국은 관세를 일방적으로 감축해서는 안 되며, 상호주의에 따

---

34 Robert Torrens(1780-1864)는 영국의 해군 장교이자 정치경제학자로 남부 호주 식민화 위원회의 위원장으로서 활동하면서 영국의 신식민지인 호주로의 이민을 적극 권장한 것으로 잘 알려져 있는데, 리카르도의 비교우위론이 제시된 「On the Principles of Political Economy and Taxation」이 처음 출판되기 2년 전인 1815년 비교우위론에 대한 글을 써서 리카르도와 독립적으로 비교우위론을 발견한 것으로도 알려져 있다.

35 Douglas Irwin, Ibid.p.102.

라 함께 관세를 감축해야 한다고 주장하였다. 그에 따르면, 一國이 상대 교역국이 무관세인 상황에서 일방적으로 관세를 부과할 경우, 상대국보다 더 높은 물가수준을 유지할 수 있게 되어 더 많은 외국노동력으로 생산된 재화와 자국의 재화를 교환하는 경제적 이득을 누리게 되며, 따라서 관세정책에 있어 가장 중요한 일반원칙은 상호주의가 되어야 했다. 하지만 자유무역론이 대세였던 당시 영국에서 이러한 주장은 논란을 빚기는 하였으나 많은 경제학자들에 의해 근거 없는 중상주의의 일종으로 일축되었고, 그는 이후 백여 년간 경제학계의 이단아 취급을 받았다.[36]

하지만, 토런스의 주장은 영국의 저명한 정치경제학자 John Stuart Mill이 토런스의 주장에 제한된 지지입장을 표명하면서 새로운 전기를 맞았는데, Mill은 해외수요가 완전히 탄력적이지 않은 상황에서는 관세부과가 교역조건 개선을 가져와 경제적 이득을 볼 수 있음에 주목하였다.[37] 다만, 그는 이 경우에도 상대국의 경제적 손실이 관세부과의 경제적 이익보다 더 클 수 있어 세계경제 관점에서는 negative sum 게임이 될 수 있으므로 정책 수단으로 이를 제시하는 데에는 꺼려하였다.[38]

Torrens-Mill 주장은 두 부분으로 구성되었는데, 첫째는 특정 조건 하에서 관세부과는 교역조건을 개선시킬 수 있다는 것이고(관세철폐는

---

36 Ibid.p.105.

37 Mill은 교역조건은 자국상품에 대한 외국의 수요와 외국상품에 대한 자국의 수요가 상호 일치하는 점에서 결정되며, 이 교역조건에 의하여 교역상대국에 대한 무역이익의 배분비율이 결정된다고 주장하였다. 김정수, 신국제무역론, p.152.

38 Douglas Irwin, Ibid.p.108.

교역조건 악화), 둘째는 동 결과, 관세철폐국은 경제적 순손실을 본다는 것이다. 이와 관련하여 Torrens-Mill은 첫 번째 주장에 대해서는 명확한 결론을 보여주었으나, 두 번째 주장에 대해서는 단지 추측의 영역을 벗어나지 못했는데, 논점은 이러한 교역조건 악화에도 불구, 특화에 따른 확대된 무역으로 인한 이익이 동 교역조건 악화 손실을 상쇄할 수 있느냐 하는 데 있었다.[39]

이에 대한 논란은 19세기 후반 옥스퍼드의 경제학자이자 통계학자인 엣지워쓰(Edgeworth)가 마샬이 발전시킨 오퍼곡선(offer curve)[40]과 국가의 경제후생 무차별 곡선을 결합해 국가의 경제후생을 최대화할 수 있는 최적관세(optimal tariff)를 도출해 냄으로써, Torrens-Mill 주장의 정당성이 입증되었다. 엣지워쓰의 최적관세론은 이후 칼도르(Nicholas Kaldor)의 정교화 작업을 거쳐 해외 공급곡선의 탄력성에 근거한 존슨(Harry Johnson)의 정교한 수학공식으로 정점을 찍게 된다.[41]

하지만, 자유무역론에 대한 예외로서 교역조건론은 비록 그 이론적 위상은 확실히 정립되었으나, 실제 최적관세 부과 시 상대국의 보복관세를 불러 모두의 후생이 하락하게 되는 정책상의 한계를 노정하고 있다. 따라서 동 논의가 주는 교훈은 자유무역을 부정하는 것이 되어서는 안 되고, 특정 조건하에서는 일방적인 자유무역은 바람직하지 않을 수 있다는 인식하에 모두가 이러한 목적의 관세부과를 하지

---

39 Ibid.p.110.

40 오퍼곡선(offer curve)은 비교우위의 원칙에 따라 일정한 교역조건하에서 비교우위의 특화상품을 얼마만큼 수출하고 그 대가로 비교열위의 비특화상품을 얼마만큼 수입할 용의를 나타내는 곡선이다.

41 Ibid.p.111.

않기로 약속하는 다자 commitment 시스템의 중요성을 인식하는 것이 되어야 한다.

실제 상호주의에 근거한 GATT 및 WTO의 관세양허 시스템은 이러한 문제의식이 반영된 것이라고 평가할 수 있다. 즉, GATT의 핵심원칙인 상호주의는 상대국의 일방적 관세부과로 인한 교역조건 악화 방지라는 이론적 뼈대로 뒷받침된다.[42] 한편, 상호주의 이슈와는 별도로 자유무역에 있어 교역조건이 미치는 영향에 대한 관심은 또 다른 맥락에서 후술하는 수익체증론, 구조주의 이론 등 자유무역론에 도전하는 근거로 지속 소환되었다.

다. 규모에 대한 수익체증 및 외부경제

유치산업보호론이 한시적인 보호를 주장했다면, 1920년대 프린스턴대 경제학과 교수인 프랭크 그레이엄(Frank Graham)[43]은 영구적인 보호가 필요한 조건을 탐구하면서, 제조업이 규모에 대한 체증 대상이고 농업이 규모에 대한 체감의 대상이라면 농업에 특화해 공산품을 수입하는 것은 높은 생산성 분야에서의 생산기회를 박탈하는 것이라고 주장, 자유무역론에 큰 파문을 낳았다.

농업과 제조업의 규모에 대한 수확체증/체감에 대한 문제 인식은

---

42 Robert W. Staiger, The Economics of GATT, the National Bureau of Economic Research 참조.

43 캐나다 핼리팩스 출생의 Frank D. Graham은 하버드에서 박사학위를 받고 1921년부터 1945년 은퇴할 때까지 미 프린스턴대 경제학 교수를 역임했다. 그는 국제무역론에 있어 리카르도의 두가지 섹터로 구성된 고전 모델이 多국가 多섹터에서도 양립될 수 있는지 다중균형을 탐구한 것으로 잘 알려져 있다.

사실 영국의 고전주의 경제학파에서부터 있었는데, 1815년 Thomas Malthus, David Ricardo, Edward West는 모두 독립적으로 한정된 토지에 보다 많은 노동력이 투입될수록 추가적 노동력이 생산하는 농업생산량이 적어지는 문제점에 주목한 바 있었다. West는 특히 제조업에서 규모에 따라 수확이 체증하는 점에도 관심을 가졌는데, 토질의 악화와 여타 비확장적 생산요소들로 인한 부정적 효과가 더 커 수확체감이 발생하는 농업과 달리 제조업에서는 노동의 분업과 기계의 사용으로 노동 생산성이 더욱 증가함에 주목하였다.[44]

하지만 유치산업보호론이나 교역조건론과 달리 수익체감/체증에 대한 논쟁은 영국학자가 아닌 미국학자들에 의해 촉발되었는데, 프란시스 워커(Francis Walker)[45] 같은 미국학자들은 제조업에 대한 관세부과가 국익에 보다 부합한다는 인식하에 제조업에 대한 관세부과 시에도 국내 제조업의 규모에 대한 수익체증 효과로 생산품 공급이 확대되어 오히려 국내 물가하락으로 이어질 수 있다고 주장하였다.[46]

이후 제조업 수익체증론의 비교우위론에 입각한 자유무역론에 미칠 함의는 1923년 「Some Aspects of Protection Further Considered」 제하의 논문을 발표한 그레이엄 프린스턴대 교수에 의해 본격적인 논쟁이 이루어졌다.

그레이엄 교수는 수익체증의 사례로 시계, 수익체감의 사례로 밀을 들어 수익체증 산업에 특화하지 못할 경우에 입을 손실을 수리적

---

44 Douglas Irwin, Ibid.p.138.

45 보스턴 태생의 Francis Walker(1840-1897)는 미국의 군인이자 통계학자, 경제학자로 추후 MIT 대학총장으로 재직하면서 MIT의 재정적 기틀을 확립하는 데 기여하였다.

46 Douglas Irwin, Ibid.p.139.

으로 논증하였는데, 그는 제조업이 수익체증 산업이라면, 제조업에 대한 보호는 유치산업 단계를 넘어 더 오래 지속되어야 하며, 이는 동 산업이 보호 없이 생존할 수 있느냐 하는 것과는 무관하게 이루어져야 한다고 주장하였다.[47]

그레이엄 교수의 상기 주장은 1924년 시카고 스쿨의 창시자 중 일인으로 간주되는 프랭크 나이트(Frank Knight) 교수의 즉각적 반론을 필두로 많은 논란을 낳았다. 나이트 교수는 그레이엄 교수가 시계 산업의 수익체증 논증과정에서 동 수익체증 사유가 내부경제(internal economy)에 기인한 것이건 외부경제(external economy)에 기인한 것이건[48, 49] 이론 전개와는 무관하다고 전제한 것에 주목하고, 만약 동 원인이 내부경제라면 이는 동 산업에서의 경쟁상황에 양립할 수 없음을 지적하였다. 동 교수는 경쟁이 효율적인 상황에서는 상품생산 증가는 비용의 증가를 필수적으로 수반하게 되는데 이는 외부경제가 발생하는 경우에만 예외지만 한 기업에서의 외부경제란 동일 산업내 다른 기업의 내부경제이므로 이는 잘못된 개념화에 전제한 것이라고 비판

---

47 Ibid.p.141.

48 일반적으로 공업생산에 있어서 생산규모를 확대함으로써 비용이 절약되고 생산량이 체증하는 경향이 있는데, 그와 같은 비용의 절약이 설비의 개량 같은 그 기업의 내부 요인에서 일어나는 경우를 내부경제라 하며, 비용의 절약이 관련 산업의 발달, 입지 조건의 변화, 산업집중에 따른 수송비의 저하 등 기업 밖의 경우에 의한 경우를 외부 경제라고 한다.

49 수익체증의 원인으로서의 내부경제와 외부경제 개념은 19세기에 Marshall에 의해 도입되었는데, 만약 특정 기업의 생산비용이 동 기업의 상품 생산이 증가할수록 감소하면 동 수익체증이 내부경제에 의한 것이고, 동 기업의 생산비용이 동 산업의 생산 증가에 따라 감소하면 이는 외부경제에 의한 것이다.

하였다.[50]

상기 나이트 교수의 비판은 외부경제 개념이 적용될 경우 그 힘을 크게 잃지만 문제는 외부경제를 정확히 개념화하여 이를 경제이론 및 모델에 반영하기가 매우 어렵다는 데 있었다. 외부경제의 개념에 대해서는 주창자인 영국의 저명 경제학자 알프레드 마샬[51]의 막연한 개념화에도 일정 기인해 많은 혼선이 빚어져 왔는데, 1924년 영국의 경제학자 로버트슨(Denison Robertson)은 정적인 외부경제 논의를 동적인 산업발전과 기술진보 논의와 뒤섞음으로써 마샬이 혼선을 가중시켰다고 평한 바 있다.[52]

외부경제는 관련 산업의 수직화나 가격조정을 통해 내부경제로 전환될 수도 있는 등 그 개념이 명확치 않아 동 개념의 자유무역에 대한 정책적 함의는 매우 모호했다. 하지만 이러한 모호성에도 불구, 외부경제 문제는 이것이 작위적인 비교우위에 미치는 영향 때문에 완전히 무시될 수는 없었는데, 예컨대 왜 독일은 카메라, 스위스는 시계에 특화하는가?, 과거의 초기 우위가 현재까지 이어지게 하는 역할은 무엇인가? 등의 의문에 답을 모색하는 과정에서 규모의 경제에 대한 수확체증과 불완전 경쟁에 주목하는 후술하는 1980년대 신무역론의 대두로 이어졌다.[53]

---

50 Douglas Irwin, Ibid. p.143.

51 Alfred Marshall(1842-1924)은 영국에서 당대 가장 영향력 있는 경제학자 중 한 명이었는데 고전파 경제학을 근대화하여 신고전학파의 기초를 닦았다고 평가된다. 그는 수요와 공급곡선을 처음 그린 사람으로도 알려져 있고 그의 역저 「Principle of Economics(1890)」는 오랜 기간 영국에서 경제학 교과서로 사용되었다.

52 Ibid. p.147.

53 신무역론은 I장 2. 자.에서 상술한다.

신무역론은 외부경제에 입각할 경우 그레이엄 교수의 주장을 대체로 옳은 것으로 보았다. 예컨대, 1981년 인도 출신의 저명한 경제학자인 파나가리야(Arvind Panagariya)는 수익체감 산업과 수익체증 산업을 가지고 있는 소규모 개방경제에서는 수익체증 산업에의 항구적인 보조금 지급이 국민소득을 최대화한다는 것을 보여주었다(단, 이 경우에도 유치산업 보호론 사례와 같이 필요한 것은 관세가 아닌 보조금이다.).[54]

하지만 이러한 80년대 신무역론의 연구결과들은 외부경제를 단지 있는 것으로 전제하여 도출되었고, 그러한 외부경제에 대한 보다 구체적인 증거나 과연 그것들이 특정한 시장조건하에서 내재적으로 발생하는지 여부 등에 대해서는 답을 하지는 않았기 때문에, 자유무역에 대한 외부경제의 실제적 중요성은 현재도 여전히 의문의 대상으로 남아 있다고 평가된다.[55]

결론적으로 그레이엄의 주장은 한 기업의 규모에 대한 수익체증은 시장의 경쟁상황과 양립할 수 없다는 반론에 직면하기는 했지만, 인위적인 특화와 무역패턴을 창출하는 외부경제의 잠재적 효과에 대해서 관심을 환기하는 데 성공하였고, 1980년대 신무역론으로 가는 단초를 제공했다.

라. 임금 격차 논쟁 및 국내 괴리(왜곡) 이론

국가 간의 임금격차가 무역에 미치는 영향에 대해서는 17세기 중상주의 시절부터 탐구되어 왔는데, 수출 산업에서 고임금을 유지했던

---

54 Ibid. p.151.

55 Ibid.

영국에서는 고임금이 수출품 가격상승을 초래해 저임금 국가들의 싼 수출품 대비 경쟁력을 상실하게 한다는 우려를 낳았고 이는 18세기 아래 Hume과 Tucker의 부자나라-가난한 나라 논쟁으로 이어졌다.[56]

1752년 데이비드 흄(David Hume)[57]은 수출 제조업에 대해 한 국가가 가지고 있던 경쟁력은 어차피 금과 은을 많이 보유하지 못한 여타 국가들의 저렴한 노동력에 의해 잠식당하게 되기 때문에, 자유무역 하에서 부는 자연스럽게 부자나라에서 가난한 나라로 두 국가의 부가 균형수준에 도달할 때까지 이전된다고 주장하였다. 하지만, 1774년 조시아 터커(Josiah Tucker)[58]는 자유무역은 반드시 부자나라에서 가난한 나라로 부의 이전을 초래하지 않는다고 반박하고, 부자국가들은 풍부한 자본, 기술력, 도로, 운하 등 사회 인프라 등의 우위를 통해 가난한 국가들이 가지고 있는 임금 우위를 보전하고도 남는 우위를 가지고 있어 가난한 나라에 대한 우위를 지속할 수 있다고 주장하였다.

이러한 논쟁에 대해 아담 스미스는 분업에 의한 생산성 향상은 상품 가격 하락과 임금 상승을 동시에 초래하므로 양자는 상호 상충되는 것이 아니라는 입장을 취하였다. 그는 만약 부유한 국가의 특정 제조업이 해외시장에서 가난한 국가의 상품과 가격경쟁력에서 밀려 무역을 상실한다면, 이는 부유한 국가의 부(고임금)와 가난한 국가의 저임금 자체가 원인이 아니고 부유한 국가가 세금이나 생필품 가

---

56 Bernard Semmel, The Hume-Tucker Debates and Pitt's Trade Proposals, The Economic Journal, Vol.75, No.300(Dec.,1965). pp.759-770.

57 David Hume은 스코틀랜드 계몽주의의 철학자 겸 경제학자로 영국의 경험주의를 완성시킨 것으로 유명하다.

58 Dean Tucker라고도 알려진 Josiah Tucker는 웨일즈의 성직자로 경제학자와 정치 논평가로도 활약했는데 자유무역, 유대인 해방, 미국독립 등에 대한 저술을 남겼다.

격인상으로 무역과 제조업을 억누르는 등의 실수를 했을 것이라면서 Tucker의 주장에 동조하였다.[59]

상기 논란들은 19세기 들어 리카르도의 비교우위론이 확립됨에 따라 불식되게 되는데, 임금은 노동 생산성에 연계된 것으로 비록 국가 간에 노동 생산성에 차이가 있다 하더라도 양국은 비교우위에 입각해 상호 이익이 되는 무역을 할 수 있다는 점이 확립되었다. 하지만, 무역과 임금과의 관계 논란은 이내 다른 측면에서의 논란으로 번지게 되는데, 1차상품과 농업에서의 비교우위는 저임금, 저생산성 분야로의 특화를 강제해 고임금, 고생산성 분야에 특화해 부자나라가 되는 것을 방해하는 것이 아닌가 하는 의문 제기가 그것이다.[60]

이는 곧바로 과거의 국가 간 임금격차에서 한 국가 내 산업분야 간 임금격차 이슈로 연결되었다. 국가가 농업 등 저임금 산업에 특화하는 것은 고임금, 고생산성 분야로 특화해 국부를 증대하는 기회를 박탈하는 것이므로 보호무역 조치를 통해 노동을 고임금 제조업 분야로 이동시켜야 할 필요성이 제기되었고, 이는 분명 유치산업 보호론과 일정 맥을 같이 하는 것이었다.[61]

이러한 반론을 경제학적이고 수리적 방법으로 성공적으로 제시해 큰 논란을 야기한 사람은 발칸의 변방국이었던 루마니아의 경제학자이자 정치가였던 미하일 마노일레스쿠(Mihail Manoilescu)[62]였다. 그

59 Douglas Irwin, Ibid.p.159.

60 Ibid.p.160.

61 Ibid.

62 Mihail Manoilescu(1891-1950)는 루마니아의 저널리스트, 엔지니어, 경제학자 겸 정치가로 루마니아 국립은행장을 거쳐 1940년 외교장관까지 올랐다. 그는 정치적으로는 파시즘과 반유대주의를 옹호했고 경제적으로는 조합주의에 기반을 두고 국가경

는 1929년 파리에서 출간되어 추후 여러 나라에서 번역 출간된 「The theory of protectionism and International Exchanges」를 통해 노동과 자본의 부가가치(value productivity: value added)는 농업보다 제조업에서 실질적으로 더 높다는 경험적 전제하에 논리를 전개했는데, 비교우위론에 이러한 전제를 적용해 단순한 수정을 가할 경우, 동 수정은 리카르도의 비교우위론이 설파하는 자유무역을 파괴한다고 주장하였다. 즉, 무역으로 얻게 되는 고전적인 이익은 농업에 특화할 경우 사라지게 된다는 것이다.[63]

마노일레스쿠는 1931년 다시 농업에 특화해 공업제품을 국내생산하지 않고 농산품 수출로 얻은 수입으로 해외로부터 수입할 때 국제무역이 국내생산보다 유리하려면 농업 특화국가에서의 농업의 비교우월성(comparative superiority)이 공업의 농업에 대한 본질적인 우월성(intrinsic superiority)보다 커야 한다고 주장했다.

이때 비교우월성이란 노동의 투입량으로 계산된 생산비용의 비교를 의미하며, 본질적인(질적인) 우월성이란 노동 생산성의 가치로 체화된 두 상품 간 상대적 교환비율을 의미한다. 이를 달리 표현하면, 두 상품간 실제 노동비용과 두 상품간의 교환비율에는 괴리(divergence)가 있다는 것인데, 동 논거가 시사하는 것은 세계에서 공업이 농업보다 본질적 우월성을 가질 때에는 어떤 나라도 농업에 특화해서는 안 된다는 것이다. 그는 이 경우 실제 무역보다 공산품을 직접 국내에서 생

제는 세계경제와의 접촉을 최소화하고 국내산업을 위해 국내수요 배양에 중점을 두어야 한다고 주장하였다.

63 Manoilescu의 주장은 Douglas Irwin, Ibid. pp.162-164 참조.

산하는 것이 더 유리하다는 것을 수리적으로 논증하였다.[64]

　마노일레스쿠의 주장은 분명 수리적 입증을 통한 경제학적인 분석이었다. 그는 유치산업보호론을 설파한 리스트 등 과거 보호주의를 설파한 경제학자들이 만족할만한 과학적 기준과 이론을 가지고 있지 못했으며, 주장의 근거가 논증(reason)이 아닌 본능(instinct)에 근거하고 있었다고 지적하였다. 그는 산업간 생산성 차이의 가치가 원칙적으로 측정가능하다는 측면에서 이전의 보호주의 이론이 달성하지 못한 과학적 진전을 그가 이루었다고 믿었으며, 자신이 이룬 성과에 자부심을 갖고, 과거의 어떠한 시도도 자신의 이론과 같이 비교우위론의 자유무역 기반에 대한 도전을 직접적으로 행한 바 없다고 주장하였다.[65]

　마노일레스쿠의 이러한 주장이 성공적으로 가능했던 이유는 무역

64　그의 수리적 논증은 다음과 같다. "루마니아에서는 해외석탄 한 트럭분은 6,000lei면 구입될 수 있는 반면, 동질의 국내생산 석탄 한 트럭분 생산에는 7,500lei가 소요된다. 한편, 루마니아의 연간 1인당 석탄생산성은 75,000lei인 반면, 루마니아의 평균 연간 1인당 생산성은 30,000lei이다. 동 상황에서는 루마니아는 석탄을 수입하는 것보다 국내 생산하는 것이 유리하다. 즉, 이 경우 750,000lei의 가치인 연간 1인당 75,000lei의 생산성에 해당하는 100트럭분의 석탄을 루마니아가 생산하기 위해서는 연간 10명의 노동력이 필요하다. 동시에 600,000lei 가치에 해당하는 100트럭분의 해외 석탄 대금을 지불하기 위해 생산되어야 하는 국내 제품을 생산하기 위해서는 연간 1인당 평균 30,000lei의 생산성을 감안 시 연간 20명의 노동력이 필요하다... 즉, 100트럭분의 석탄을 수입하기 위해서는 20인의 노동력이 필요했던 반면, 같은 20명의 노동력이 국내 석탄 생산에 사용되면 200트럭분의 석탄이 확보된다." Ibid.p.163.

65　그는 당대 서구 주류 경제학의 자유무역론(그는 국제연맹에 의해 지지된 자유무역론을 the spirit of Geneva로 불렀다)이 루마니아같은 발칸의 저개발국에 맞지 않는다는 것을 리카르도의 비교우위론에 입각해 동 논리체계 안에서("to defeat it on its own grounds") 무너뜨리고자 했다. Mihail Manoilescu theories of international trade in retrospect: how and when emerging economies must be protected?, Nikolay Nenovsky and Dominique Torre, May 2013 참조.

이 왜곡된 국내경제하에서는 국민소득을 오히려 감소시킬 수 있음을 보여준 데 있었는데, 동 문제는 결코 가볍게 치부될 수 없었고 그의 책은 여러 국가에서 영어본 포함 번역 출간되었기에 즉각적으로 여타 경제학자들의 반론을 야기하였다.[66]

마노일레스쿠의 상기 주장에 1931년 즉각적인 반론을 제기한 사람은 요소집약도에 따른 무역을 설명하는 헥셔-올린 정리로 유명한 스웨덴의 베르틸 올린(Bertil Ohlin)이었는데, 그의 핵심 비판은 보호관세 부과가 노동을 저생산성 분야에서 고생산성 분야로 이동시켜 후생확대를 초래할 것이라는 것이라는 가정에 집중되었다. 이전의 표준 이론은 경제적 효율성은 섹터간 노동력의 자유로운 이동으로 한계 생산이 같아지고 이는 임금의 동일화를 가져온다는 것이었는데, 마노일레스쿠는 이에 이의를 제기해 다른 결론을 도출하였으나, 올린은 노조의 존재 등 노동력 이동이 일어나지 않게 되는 원인을 탐구하면서, 왜 이러한 이동이 국가의 보호관세 도입에 의해서만 이루어질 수 있는지에 근본적 의문을 제기하였다.[67]

그에 따르면, 특정국가내 노조와 같은 작위적인 비경쟁적 그룹이 존재할 때, 관세가 노동의 자유 이동이 있을 때의 산업구성을 목표로 부과되더라도, 이는 물가의 상승, 판매 및 고용의 감소 등을 초래해 자유로운 노동이동이 있기 전 상황과 달라지게 됨에 유의하고, 관세보다 추가 노동비용에 대한 현금 보너스가 비경쟁적 그룹이 존재하기

---

[66] 그의 주장이 당대에 끼친 큰 영향은 후술하는 구조주의의 선도자 Raúl Prebisch 의 전기에서도 소개되어 있다. Edgar Dosman, The Life and Times of Raúl Prebisch, 2010, p.80.

[67] Ohlin의 반박은 Douglas Irwin, Ibid. pp.164-166. 참조.

이전 상황에 보다 근접한 결과를 초래하는 방법이라고 주장하였다.

한편, 캐나다 경제학자 제이컵 바이너(Jacob Viner)[68]는 리카르도의 비교우위론이 노동단위당 생산가치와 노동의 임금은 균형조건하에서 산업에서 산업간 실질적으로 변동된다는 전제하에 구성되었음에도 불구, 마노일레스쿠는 이를 무시하고 가격과 임금을 고정시키는 불완전한 논리를 전개하였다고 비판하였다. 아울러 섹터간 임금의 차이 또한 노동의 비효용(disutility), 높은 생활비용 및 기술력 차이 등이 고려되면 환상에 불과하며, 따라서 비록 임금이 낮다 하더라도 비교우위에 있는 농업에 특화하는 것이 유리하다고 주장하였다.[69]

한편, 오스트리아계 미국 경제학자인 하버드대의 하벌러(Gottfried Haberler)[70]는 1936년 관세가 마노일레스쿠와 같은 엄격한 조건하에서는 국가에 이익이 될 수 있음을 인정하면서도 실제적인 면에서 그러한 상황은 단지 노동자들의 독점적인 그룹(노조)이 해외 경쟁에 직면해서도 그들의 임금을 유지할 수 있을 정도로 강력할 경우에만 해당된다고 하면서, 국제무역은 이러한 노조의 독점적 수단을 파괴해 그들

---

68 Jacob Viner(1892-1970)는 캐나다 경제학자로 시카고대 교수로 장기간 재직해 1930년대 초기 시카고 학파의 선구자 중 1인으로 평가된다. 그의 1950년 관세동맹에서의 무역전환효과와 무역창출효과 연구는 잘 알려져 있다.

69 Douglas Irwin, Ibid., p.166.

70 Gottfried Haberler(1900-1995)는 오스트리아계 미국 경제학자로 Harvard 대학에서 국제무역론을 주로 연구했다. 그는 1957년 GATT의 요청으로 1차 상품의 교역조건에 대한 보고서를 주관했는데 1955년 이래 1차 상품 가격하락이 공산품 가격하락보다 컸다는 점을 적시해 후술하는 구조주의 Prebisch-Singer 가설을 지지하는 듯한 인상을 주었으나, 1964년 1차 상품 가격의 체계적인 장기 하락을 주장하는 UNCTAD의 2차 보고서가 나오자 이에 동의하지 않음을 밝혔다.

의 여타 공동체에 대한 착취를 종결시킬 수 있음을 지적하였다.[71]

이러한 비판에도 불구, 마노일레스쿠가 제기한 생산요소 및 시장의 왜곡문제는 1940년대 및 1950년대에 주요 관심사로 다루어졌는데, 대부분의 개발 경제학자들은 생산요소 및 시장의 왜곡은 개도국에 있어 재원의 효율적 배분을 가져오게 하지 못한다는 데 공감했다. 이는 시장 메커니즘에 대한 깊은 불신을 낳았고, 이러한 불신은 흘러간 자유방임주의(laissez-faire) 시대의 사고로 치부되는 자유무역에 대한 불신으로 이어졌다. 즉, 자유무역 결론은 그 이론의 전제가 현실세계에서는 존재하지 않기 때문에 더 이상 보장될 수 없는 것으로 치부되었다.[72]

이에 대한 본격적인 반론의 계기는 먼저 영국의 제임스 미드(James Meade)에 의해 이루어졌는데 소위 국내 괴리이론(theory of domestic divergence)의 대두가 그것이다.[73] Meade는 1955년 저서 『Trade and Welfare』에서 해당 산업에 대한 고용 보조금 지급이 관세보다 정책목표를 달성하는 데 있어 적절한 수단이라고 주장했다.[74]

그에 따르면, 보조금은 고용비용을 줄임으로써 다른 생산요소를 노동으로 대체함과 동시에 생산비용의 하락으로 인한 생산확대라는 두 가지 효과를 통해 고용을 확대시킨다. 반면, 관세는 동 산업에 대한 고용확대를 단지 해당 국내상품의 수요 확대와 이에 따른 생산확대로만 얻게 되는데, 만약 노동과 여타 생산요소 간에 상당한 대체성이 존재한다면 고용보조금과 비교 시 관세는 매우 비경제적인 조정방

---

71 Douglas Irwin, Ibid., p.167.

72 Ibid.

73 동 이론은 또한 국내왜곡이론(Theory of domestic distortion)이라고도 불린다.

74 Ibid.p.168.

식이 되므로 특정 시장실패에 대해 명백하고도 가장 직접적인 구제수
단이 될 수 없다. 또한, 관세는 소비자 물가를 상승시키는 원래의 왜
곡과는 무관한 추가 왜곡을 가져온다.[75]

이러한 Meade의 통찰을 더욱 발전시켜 국내괴리이론(Theory
of domestic divergence)을 국가의 정책수단 관점에서 보다 명확히 확
립한 것은 자그디쉬 바그와티(Jagdish Bhagwati)[76]와 라마스와미(V.K.
Ramaswami)의 1963년 논문 「Domestic Distortions, Tariffs, and the
Theory of Optimum Subsidy」였다.[77] 바그와티 콜롬비아대 교수는
임금괴리(wage divergence)와 임금왜곡(wage distortion)을 구분했는데, 전
자는 생활비 차이나 기술 차이 같은 경제적 현상에 대한 보상이 반영
된 것이고 후자는 진정한 의미에서의 노동시장 실패로 인한 것이다.
동 교수는 실제 세계에서 왜곡의 정도에 대해서는 회의적이었으나,
임금의 차이가 진정한 왜곡을 나타낸다고 전제하고 논리를 전개, 국
민소득을 극대화하기 위한 정책의 우선순위(policy hierarchy)를 확립
하였다. 즉, 노동시장 왜곡이 존재하는 상황에서 제1의 최선의 정책
(the first-best policy)은 제조업에 제공되는 적절히 선택된 최적의 고용
보조금이며, 제2의 차선 정책(the second-best policy)은 제조업에 대한
생산 보조금, 그리고 맨 마지막에 오는 것이 제조업에 대한 최적 관

---

75 Ibid.

76 Jagdish Bhagwati(1934~)는 인도에서 태어나 미국에 귀화한 경제학자로 MIT에서
박사학위를 받고 1980년부터 콜롬비아 대학 교수로 활동하면서 자유무역과 세계화
를 옹호하고 GATT/WTO 등에서 자문을 제공해 왔다. 2014년 Financial Times지
는 그를 노벨상을 받지 못한 가장 탁월한 경제학자 중 일인으로 평가하였다.

77 Ibid.p.169.

세이다.[78]

이러한 우선순위는 요소시장의 왜곡이 바람직하지 못한 상품의 배합을 초래해 자원의 효율적 분배를 저해하고, 이에 따라 요소비율 관점에서 기술적 효율성을 감소시키고 생산기회를 제약한다는 사실에 기초하고 있다. 즉 고용 보조금은 요소시장의 왜곡을 직접 치유해 산업간 최적의 노동력 사용을 가능케 함으로써 분배의 문제와 기술적 효율성 저하문제를 해결하는 최적의 정책수단이다.

반면, 생산보조는 비록 상품간 상대적 가격을 변화시켜 분배의 효율성을 개선시키지만, 최적이 아닌 생산요소의 사용 상태를 그대로 잔존시켜 기술적 비효율성은 그대로 남게 된다. 끝으로 수입관세는 생산보조와 같은 효과를 내지만, 물가상승으로 소비자 선택을 왜곡하는 추가 문제를 파생시킴에 따라 가장 바람직하지 못한 정책수단이 된다.

Meade와 Bhagwati에 의해 확립된 상기 국내 괴리이론은 시장실패 사유로 비판받아온 자유무역론을 다시 구한 기념비인 성과로 평가되고 있다. 동 이론이 주는 핵심 메시지는 국내 생산요소 왜곡이 있을 경우, 우선적으로 고려되어야 할 정책은 동 왜곡의 원인을 직접 치유하는 것이어야 한다는 것이다. 즉, 요소 왜곡이 전적으로 국내적인 것일 경우, 수입관세와 같은 무역규제 정책은 첫 번째 정책이 되어서는 안 되며 두 번째 혹은 세 번째 정책 우선순위에 그쳐야 한다.[79]

---

78 Jagdish Bhagwati, Free Trade Today, Princeton University Press, 2002, pp.26-28.

79 국내 괴리(왜곡) 이론은 이러한 기념비적 성과에도 불구, 그 한계 또한 지적되는데, 동 이론은 규모에 대한 수익불변과 완전 경쟁이라는 전통적 가정하에 도출되었기에 동 전제를 후술하는 규모에 대한 수익체증과 불완전 경쟁의 신무역론으로 수정하

한편, 동 이론은 시장실패 상황에서 자유무역에 대한 신뢰를 다시 회복하게 하는 데 큰 기여를 함과 동시에 자유무역이 완전히 자유방임(laissez-faire)과 결별하게 되는 계기를 제공하였다.[80] 자유무역 독트린이 19세기 초에 자유방임 사상과 긴밀히 연계되어 대두된 관계로 종종 두 가지는 함께 엮어져 이해되어 왔으나, 국내 괴리이론의 확립은 시장의 실패 시, 자유무역은 계속 견지되지만 시장의 실패를 교정하는 정부의 역할이 인정됨으로써 자유방임 무역의 종언을 알렸다.

마. 호주 사례와 보호무역의 소득분배 효과

호주는 20세기 보호주의를 오랜 기간 강력하게 시행해 온 나라 중 하나로 평가되는데, 이러한 관세를 통한 제조업 보호정책은 1929년 Brigden report에서 공식적인 정당화 근거를 마련한 것이다.[81] 영국의 경우, 자유무역을 통해 제조업에 특화해 수익체감 산업인 농업에서 노동력을 수익체증 산업이자 수출산업인 제조업으로 이동시키면 국민소득 증대에 아무 문제가 없지만, 호주처럼 수익체감 산업인 농업에 특화되어야 할 국가들은 전술한 규모에 따른 수익체감 때문에 자유무역을 따라 시행하는 데 문제가 있다고 인식되었고, 더욱이 호

면 때로는 관세가 가장 큰 이익을 가져오는 등 동 이론이 수립한 정책적 우선순위는 그 명확성을 잃어버린다. 또한, 현실적으로도 동 이론이 정책에 실제 사용되는 사례는 드문데, 동 이론은 관세 등 정부개입 무역정책을 반대하는 토론 목적으로 많이 사용된다. Paul Krugman, The Narrow and Broad Arguments for Free Trade, The American Economic Review, May, 1993, p. 364.

80 Douglas Irwin, Ibid., p.171.

81 The Economic Impact of Tariffs of the 1930s Australia: The Brigden Report Re-Examined, Mahinda Siriwardana, 1994, p.1.

주처럼 방대한 영토를 가진 신생국가로서 이민을 통해 인구를 늘려야 하는 상황에서는 농업과 원자재 특화를 통해서 이러한 인구 증가 목표를 달성할 수 있는지 의문이 제기되었다.

1920년대의 호주가 했던 이러한 고민의 뿌리는 19세기까지 거슬러 올라가는데, 1821년 자유무역론의 교역조건 문제를 나중에 제기하게 되는 토런스(Robert Torrens)의 선도적 문제인식에 이어, 1883년 영국의 공리주의 철학자이자 경제학자인 헨리 시지윅(Henry Sidgwick)은 비옥한 토지의 존재는 한계가 있기 때문에 추가적인 노동력이 농업에 투입될 때 수익체감이 이루어지며, 동 상황에서 농업에 특화된 자유무역이 이루어지면 경쟁을 상실한 제조업 분야에서 풀려나온 노동이 농업에서 충분히 고용될 수 없음에 주목하였다. 이 경우, 비록 1인당 평균 국민소득은 증가하겠지만 동 국가 내 소수의 인구(농장주)만이 자유무역의 혜택을 누리게 되는 상황이 초래된다.[82]

동 문제인식에 따라 1929년 Bruce 호주 총리는 Tasmania 대학 경제학 교수였던 브리그덴(J.B. Brigden)을 위원장으로 하는 총 5명의 저명 경제학자로 구성된 Brigden 위원회를 출범시키고, 호주 관세정책의 적절성에 대해 검토하여 줄 것을 요청하였다. 이에 동 위원회는 관세 없이도 호주의 수출산업들이 관세보호가 있었다면 동 수혜를 입을 산업(제조업)이 생산했을 것과 같은 수준의 국민소득을 충분히 달성할 수 있을 것인가라는 근본적인 문제를 본격 검토하였다.[83] 동 결과, 동 보고서는 호주처럼 큰 영토를 가진 신흥국으로서 이민을 계속 수용해야

---

82   Douglas Irwin, Ibid.p.173.

83   Siriwardana, Ibid.p.1.

하는 상황에서는 인구감소를 방지하고 풍부한 생산요소인 토지로부터 희소한 요소인 노동으로 소득을 이전시키기 위해 현재의 관세부과를 통한 제조업 보호가 계속 필요하다고 결론을 내렸다.

동 보고서는 호주는 1차 상품을 주로 수출하는 국가이자 질이 떨어지는 비경작 토지로 농업의 수익체감에 직면한 국가임에 유의하고, 자유무역은 자원을 경쟁력을 상실한 제조업에서 1차상품 분야로 이동시켜 소수의 농장주(토지 소유자)들의 소득을 높이지만, 실업을 확대해 인구증가를 억제하고 노동의 토지에 대한 상대적, 절대적 소득감소를 초래하는 부정적 소득분배 효과를 야기한다고 결론을 내렸다. 따라서 관세부과에 따른 보호무역 옹호는 그 논리적 귀결이었다.[84]

동 보고서는 호주가 부과하고 있는 관세의 핵심 긍정요인으로 첫째, 관세부과가 호주의 인구증가를 지탱할 수 있게 해 준다는 것과 둘째, 호주의 풍부 생산요소인 토지(농장주)로부터 희소 생산요소인 노동으로 소득을 이전시키는 소득분배 효과에 주목했다.

인구문제와 관련하여, 신생 이민국가로서 당시 호주는 정치적인 측면에서 유럽계 백인 이민을 지속 확대 유지해 인구를 증가시키는 것이 중요한데, 제조업에 대한 관세부과는 자유무역에 따라 제조업이 경쟁력을 상실해 노동력을 배출하는 것을 막아 실업증가로 인한 인구감소를 방지할 수 있다는 점이 부각되었다. 제조업이 기계화된 호주의 농업부문보다 더욱 많은 노동력을 사용하고 있고, 수익체감 상황인 호주 농업계의 추가 고용 여력 한계를 감안 시, 보호를 통한 제조업 생존은 고용 창출효과로 인구 증가를 지탱할 수 있다고 본 것이다.

---

84 Douglas Irwin, P.175.

실제 동 보고서는 자유무역 시행 시 일부 호주 제조업의 붕괴로 풀려나오는, 동일 임금수준으로 재고용되지 못할 노동력이 당시 약 23만 명에 달했을 것으로 추산하고, 호주 인구가 1926-27년의 650만 명 미만에서 1929년 1천만 명 이상으로 대규모 이민을 통해 증가하는 데 있어, 제조업에 대한 관세가 긍정적 영향을 미쳤으며, 동 관세가 없었다면 현행 생활수준의 인구 유지가 불가능했을 것이라고 결론을 내렸다.[85]

한편, 동 보고서가 주목한 국내 생산요소 간 소득분배 효과는 교역조건 문제보다 자유무역론에 대해 보다 중요한 함의를 갖는 중요한 문제였다. 동 보고서는 자유무역시 23만 명 실업 발생 예측분석을 통해 관세부과는 토지(농장주)의 희생을 바탕으로 노동에 대해 고용을 보조하는 효과를 낳았다고 판단하고, 이는 빈부격차 해소 측면에서 사회적으로도 바람직할 뿐 아니라 높은 생활수준의 인구증가를 지탱하게 하는 데 긍정적 역할을 한다고 주목하였다. 비록 자유무역이 생산요소의 왜곡을 방지해 국가 전체 측면에서는 보다 큰 이익을 가져올 수 있겠지만, 이는 소수 농장주들에게 유리한 소득 재분배 효과를 낳게 되어 노동자들의 소득을 향상시켜 이민을 통해 인구를 증가시켜야 하는 호주의 현실과는 부합하지 않다는 점이 부각된 것이다.

이러한 결론은 당연히 자유무역론에 큰 내상을 입혔다. 이에 많은 경제학자들이 반론을 제기하려 노력했지만 1920-1930년대 고전주의에서 신고전주의 경제학[86]으로의 이행시기에 호주 사례가 보여주는

---

85 Siriwardana, Ibid.p.3.

86 William Jevons, Carl Menger, Leon Walras, Edgeworth 등에 의해 발전된 신고전주의 경제학은 한계 효용, 수요와 공급의 균형, 개인의 합리적 의사결정 등을 중시한다.

문제점에 대한 보다 명확한 이론적 규명은 이루어지지 못했는데, 신고전주의 경제학에서 이에 대한 이론적 진전의 기반은 스웨덴의 경제학자들에 의해 먼저 이루어졌다.

리카르도에 의해 발전된 고전주의 자유무역론은 노동이라는 한가지 생산요소의 생산비용에 관한 이론이었지만 스웨덴의 경제학자 엘리 헥셔(Eli Heckscher)[87]와 베르틸 올린(Bertil Ohlin)[88]은 이를 더욱 발전시켜 자본과 노동이라는 2개 생산요소에 따른 Heckscher-Ohlin 정리(H-O Model)를 개발해 자본이 풍부한 국가는 자본 집약적 상품을, 노동이 풍부한 국가는 노동 집약적 상품을 수출하게 됨을 보여주었다.

1941년 스톨퍼(Wolfgang Stolper)와 사무엘슨(Paul Samuelson)은 Heckscher-Ohlin 정리에 기초하여 이보다 한 발 더 나아간 Stolper-Samuelson 정리를 제시하였다. 동 정리는 노동/자본 등 2개 생산요소 중 보다 풍부한 생산요소를 가진 국가는 이를 보다 집약적으로 사용해 생산된 상품을 수출한다고 전제하고, 보호관세가 수입품의 국내가격을 상승시킬 때, 동 수입상품 생산에 집약적으로 사용되는 국내 희소 생산요소의 실질소득은 증대되며, 반대로 수출품에 집약적으로 사용되는 국내 풍부

---

[87] Eli Heckscher(1879-1952)는 스웨덴의 Stockholm School of Economics의 경제학 교수로 국제무역의 소득분배의 영향에 대한 논문으로 Heckscher-Ohlin 정리의 기초를 놓았는데, 동 이론은 스웨덴어로 스웨덴에서 발표된 데다 유대인이어서 반유대주의 제약을 받아 초기 주목을 받지 못했지만 추후 그의 제자였던 Ohlin이 이를 더욱 발전시키고 국제적으로 확산시켜 Heckscher-Ohlin 정리로 정립되었다.

[88] Bertil Ohlin(1899-1979)는 스웨덴의 경제학자이자 정치인(스웨덴 자유당 총재와 상무장관 역임)으로 스승 Eli Heckscher의 이론을 발전시켜 Heckscher-Ohlin 정리를 만들었다. 1930년 Stockholm School of Economics에서 자신의 스승 Heckscher의 후임으로 경제학 교수가 된 그는 1977년 영국의 James Meade와 함께 국제무역 및 자본이동에 대한 이론을 개척한 실적으로 노벨 경제학상을 받았다.

생산요소의 실질소득은 감소됨을 보여주었다. Heckscher-Ohlin 정리가 먼저 국가가 요소집약도에 따라 무역을 하게 되는 이유를 보여주었다면 Stolper-Samuelson 정리는 이러한 무역결과가 국가내 생산요소간에 초래한 소득분배 효과, 즉 누가 무역의 승자이고 패자인가를 보여주었다고 할 수 있다.

동 정리가 호주에 시사하는 것은 노동 집약적 국내 제조업에 대한 수입관세는 노동에 대한 실질소득을 향상시키고, 자본, 즉 호주의 대농장주에 대한 실질 소득은 감소시킨다는 것이다. 이러한 결론은 비록 여러 전제조건을 충족해야 하지만 자본이 풍부한 선진국과 노동이 풍부한 개도국이 자유무역을 할 경우 선진국의 노동자들이 불이익을 받게 되므로 선진국 노동자들의 이익을 보호하기 위한 보호관세가 필요하다는 주장으로 귀결되어 큰 보호무역적 함의를 가졌다.

상기 Stolper-Samuelson 정리는 분명 1929년 Brigden 보고서의 소득분배를 위한 보호관세 필요성 주장에 힘을 실어주는 것이었다. 그러나 이에 대한 주목할만한 반박 시도가 1949년 시카고대 경제학 교수인 로이드 메츨러(Lloyd Metzler)에 이루어지게 되는데 메츨러의 역설(Metzler Paradox)이 그것이다.[89]

메츨러에 따르면, 관세는 수입품의 국내가격에 두 가지 영향을 끼친다. 첫째는 수입관세 부과로 인한 직접적인 가격인상 효과이고, 둘째는 동 가격인상에 따라 발생한 수입품에 대한 수요감소로 동 국가의 수출품에 대한 동 수입제품의 상대적 해외가격을 낮추게 되는 가격인하 효과이다. 이 경우, 관세가 수입 경쟁산업에 집약적으로 사용

---

89 Douglas Irwin, Ibid.p.178.

된 생산요소(희소 생산요소) 가격에 미칠 영향은 두 가지 효과 중 어느 것
이 큰지에 달려 있게 되는데, 메츨러는 만약 동 국가 수출품에 대한
해외 수요 탄력성이 매우 낮을 경우 수입품의 상대가격이 오히려 하
락할 수 있음을 입증했다.[90] 즉, 관세부과 시 자국 수출품에 대한 해외
수요 탄력성이 매우 낮을 경우에는 교역조건 개선 효과에 의해 수입
품의 상대가격이 오히려 하락하게 되고 이 경우 Stolper-Samuelson
정리와 상반되는 효과가 나타나게 된다.

　호주에게 이러한 메츨러의 역설이 적용될 수 있는지 여부는 메츨
러의 역설의 핵심 조건인 호주 수출품에 대한 해외수요 탄력성이 얼
마나 낮은지에 달려 있다. Brigden report에 대한 비판들은 동 보고
서가 메츨러의 역설이 가능할 수도 있는 상황, 즉 호주가 동 1차 상
품 수출이 세계시장에서 가진 독점적 힘이 매우 커 역효과가 날 가능
성이 있는 상황을 간과했다는 점을 지적하고 있는데, 이 점에 대하여
Brigden report는 호주 수출품에 대한 해외수요 탄력성이 어느 정도
인지 밝힌 바 없고 관련 데이터도 없어 당시 Brigden report 결론의
타당성이 이론만으로는 검증될 수 없다.[91]

　이와 관련, 호주에서의 메츨러 역설 적용가능성에 대한 실증적 연
구가 1958년 Queensland 대학 A.J. Reitsma에 의해 이루어진 바 있
는데, 동인은 현행 호주의 제조업에 대한 수입관세는 메츨러 역설이
가능하게 하는 교역조건 효과를 발생시키지 않으며, 따라서 Stolper-

90　메츨러 역설이 성립하는 조건은 수출재에 대한 해외수요의 탄력성과 수출재에 대한
　　　자국의 한계 소비성향에 의존하며, 동 조건들이 충족되어 이러한 역설이 일어나는 경
　　　우는 매우 예외적이다.

91　Siriwardana, Ibid.p.16.

Samuelson 정리는 호주에서 계속 유효하다고 결론내렸다.[92]

상기 결론에 대해서는 Stolper-Samuelson 정리는 2요소 2생산이라는 한정된 전제하의 정적인 모델로서, 장기적 측면 고려라는 동적 요소를 감안하고, 노동, 토지 외에 자본이라는 제3의 생산요소까지 추가 고려할 경우 결론은 달라질 수 있다는 점이 지적되기도 했지만,[93] 일반적인 컨센서스는 당시 호주 상황이 매우 예외적인 메츨러 역설 발생조건을 충족시켰을 가능성은 적다고 보고 있다.[94]

한편, 메츨러는 관세가 가져올 자국의 희소 생산요소의 소득증대 효과를 과장하는 경향은 호주에 국한된 것이 아니며 특히, 라틴아메리카 국가들에 더욱 강하게 나타남에 주목했다.[95] 중남미 국가들은 커피, 설탕, 구리 등 호주처럼 농업과 원자재 생산에 비교우위가 있어 이를 수출하고 공산품을 수입하는 무역패턴을 가지고 있는데, 동 수출품들에 대한 세계 수요는 매우 비탄력적이어서 호주와 상황이 비슷하다.

하지만 무역이 미치는 소득분배효과에 대해서는 호주보다 더 심각한 문제를 안고 있는데, 호주의 경우 인구증가 상황에서 기존의 높은 생활수준을 유지하는 문제였다면, 중남미에서는 이는 기존 인구

---

92 A.J. Retsman, Trade & Redistribution of Income - Is there still an Australian case?, the Economic Record, August, 1958.

93 M. Bernasek, A New Economic Enquiry into the Australian Tariff?, The Australian Quarterly, September, 1960 pp.76-80.

94 Siriwardana, Ibid.

95 이하 중남미에 대한 함의는 Lloyd Metzler, Tariffs, the Terms of Trade and Distribution of National Income, Journal of Political Economy 62 (Feb.1949), pp.23-24.

전체의 생활수준을 끌어올려야 하는 보다 절박한 문제이다.

실제 중남미 국가들은 구조주의 유산 등에 따라 적극적 산업화 정책(수입대체 산업화 전략)에 기초, 공산품에 높은 수입관세를 부과해 왔다. 하지만, 이러한 중남미 국가들의 관세 정책은 중남미 국가들의 주력 수출품목인 원자재들의 높은 해외수요 비탄력성을 감안 시 비록 메슬러 역설의 조건을 완전히 충족하지 못한다 하더라도 그 효과가 생각보다 높지 않을 가능성이 있음에 유의할 필요가 있다.

결론적으로 예외적인 메슬러 역설 적용 가능성에도 불구, 호주사례와 관련된 자유무역 논란은 비록 자유무역이 국가 전체의 소득을 향상시킬 수는 있겠지만 국가내 개인 및 계급간에 소득의 이전이라는 보다 중요한 소득분배 문제가 있다는 점을 선명히 부각시켰다. 소득분배에 대한 가치판단 없이 자유무역이 우월하다고 주장할 수 있는지에 대한 의문이 제기된 것이다.[96]

바. 후생경제학의 자유무역과 보상원칙

상기 호주 사례에서 제기된 자유무역이 야기하는 소득분배 문제는 이후 후생경제학에서의 보상 개념 도입으로 재조명되었다. 아담 스미스의 고전주의 경제학에서 국부의 개념은 생산기회 관점에서 재화의 총합을 의미했는데, 이는 한 경제가 토지, 노동, 자본이라는 주요 생산요소의 사용을 통해 생산하는 재화의 총합이라 할 수 있었다. 하지만, 영국의 고전주의 경제학에서 신고전주의 경제학으로의 이행기에 활동한 케임브리지의 헨리 시지윅(Henry Sidgwick, 1838-1900)은 시

---

96 Douglas Irwin, Ibid.p.179.

장가격으로 가치평가되는 생산된 재화의 총액 개념인 부(富)와 개인(소비자)들의 효용(utility)의 합으로서의 오늘날 후생(welfare)으로 불리는 부(富)를 처음으로 구분함으로써, 마샬의 소비자 잉여(consumer's surplus) 개념 도입을 거쳐 피구(Arthur Pigou)가 작명한 후생경제학(economics of welfare) 발전의 토대를 놓았다.[97]

후생경제학이 자유무역 논쟁에서 한 자리를 차지하고 있는 이유는 고전주의 학자들에게는 일단 국부를 최대화하는 것이 중요하고 자유무역하에서 일부 그룹이 더 가난해지는 소득분배 문제는 끝에 고려되어야 할 사항에 불과했던 반면, 후생경제학은 동 문제를 보상원칙(compensation principle)으로 정면으로 다루었기 때문이다. 보상원칙은 John Stuart Mill이 1825년 곡물법 폐지 논란과정에서 처음 단초가 될 수 있는 주장을 펼쳤는데, 그는 곡물법 폐지에 따라 피해를 입게 되는 농장주(토지 주인)에게 보상이 이루어지게 되면, 아무도 더 가난해지지 않게 되어 모두가 더 부유해질 수 있다는 점에 주목했다.[98]

이러한 Mill의 통찰에도 불구, 동 이슈는 이후 대체로 동면상태에 있다가 19세기 말에 유럽에서 효용(utility) 개념이 보다 정교화되면서 다시 부각되는 계기를 갖게 되었는데, 로잔학파로 불리는 이탈리아 제노아 귀족 가문의 경제학자 겸 사상가 빌프레도 파레토(Vilfredo Pareto)가 1894년 발표한 파레토 최적(Pareto Optimal)이 중요한 도구를 제공했다. 경제학에서 잘 알려진 대로 파레토 최적이란 자원배분이 가장 효율적인 상태로서, 구성원 가운데 어느 누군가의 효용을 감소

---

97 로저 백하우스, 경제학의 역사, pp.379-382.

98 Douglas Irwin, Ibid.p.183.

시키지 않고는 다른 사람의 효용을 증가시킬 수 없는 상태를 말한다.

이러한 파레토 기준을 무역에 적용하면, 자유무역에서 하나의 자원배분 결과 만약 아무도 더 궁핍해지지 않고 최소 1인이 더 부유해진다면(파레토 개선: Pareto Improvement), 이는 보호관세의 다른 자원배분보다 우월하다고 말할 수 있게 된다. 하지만 동 논제가 성립하려면, 자유무역하에서는 상기 호주 사례에서 보이듯이 일부 피해를 보는 그룹이 생기므로 보호무역보다 파레토 개선이 있다고 할 수 없는 난제를 해결해야 했는데, 파레토 기준에 보상원칙을 결합하면 동 테스트를 통과할 수 있을지가 관건이 되었다.

파레토 기준을 무역에 적용하려는 시도는 1939년 현대 경제학의 아버지로 평가되는 신고전파 종합 경제학의 대가 폴 사무엘슨(Paul Samuelson)에 의해 첫 진전을 이루었는데, 그는 국가가 동일한 개인과 생산자, 소비자로 이루어져 있다고 가정해 분배효과를 배제하고, 아울러 교역조건 효과도 배제하는 엄격히 제한된 전제조건하에서 자유무역이 자급자족보다 우월할 수 있음을 보여주었다.[99] 이후 상기 엄격한 두 가지 전제조건들을 완화해 동일한 결론을 내려는 노력들이 이어졌는데, 가장 큰 문제가 있었던 교역조건 효과 배제의 완화 시에도 보호의 수혜자들이 피해자들에게 보상을 할 수 있음이 1949년 남아공의 후생 경제학자 그라프(J.de V. Graaf)[100]에 의해 입증됨으로써, 후생 경제학에서 파레토 기준으로 자유무역의 우월성을 입증하려면

---

99 Ibid.p.184.

100 Johannes de Villiers Graaf, On Optimum Tariff Structures, Review of Economic Studies 17(1949-50), pp.47-59.

Mill에 의해 처음 제시한 보상원칙이 필요함이 확립되었다.[101]

한편, 동 과정에서 실제 보상이 없어도 보상 가능성의 존재만으로도 후생 경제학이 자유무역을 지지할 수 있는지에 대한 논의가 1930년대 영국에서 新후생경제학(New Welfare Economics) 발전이라는 배경하에서 이루어졌는데, 사회정책 시행에 있어 비용 편익 분석(cost-benefit analysis)의 토대를 놓은 것으로 평가되는 Kaldor-Hicks 기준 논의가 그것이다.[102]

1939년 헝가리 태생의 영국 경제학자 니콜라스 칼도르(Nicholas Kaldor)는 보상이 실제 이루어지지 않더라도 보상이 실제 이루어질 수 있는 상태라면(feasibly paid), 파레토 개선이 있는 것으로 보아야 한다고 주장했다. 이러한 잠재적인 파레토 개선 기준은 일면 경제적 부의 총합의 증가는 경제후생의 증가를 추정하는 데 충분하다는 전통적 견해와 상통하는 것이다. 한편, 1939년 영국의 저명 경제학자 존 힉스(John Hicks)는 칼도르의 주장을 지지하면서 이에 더하여 자유무역의 피해자가 이득을 본 자들에게 뇌물 내지 보상(예컨대 지주의 자본가에 대한 보상)을 함으로써 자유무역을 막을 수 있는지를 추가 기준으로 삼을 것을 제안했는데, 이는 제안된 정책에 따라 피해를 입게 되는 자들에게 동 정책을 저지할 보상방안을 개발하는 부담을 지우는 것이다.[103]

---

101 Douglas Irwin, Ibid.p.185.

102 Joseph Persky, Cost-Benefit Analysis and the Classical Creed, The Journal of Economic Perspectives, Vol.15, No.4(Autumn, 2001) pp.201-202.

103 Kaldor-Hicks 기준은 다음처럼 달리 표현될 수 있다. 즉, Kaldor 기준은 만약 이득을 본 자가 손해를 입은 자가 변화에 합의하도록 지불할 용의가 있는 최대 금액이 손해를 입은 자가 수용할 수 있는 최소 금액보다 크다면 파레토 개선이 있는 것이고, Hicks 기준은 만약 손해를 입은 자가 이득을 보는 자로 하여금 변화를 단념토록 하기

하지만, 자유무역이 실제 보상 없이 보상 가능성만으로도 파레토 개선을 가져오는 것으로 볼 수 있다는 상기 Kaldor-Hicks 기준은 두 가지 문제점에 바로 직면하게 되었다. 첫째 문제는 실제 일부가 더 가난해지는 상황보다 모든 사람이 더 부유해질 수 있는 가능성이 있는 상황이 더 우월하다고 판단하는 가치판단을 하게 되어 가치판단을 배제한 경제정책 달성이라는 목표와 멀어지게 된다는 점이다.[104]

두 번째로 지적되는 문제는 1941년 헝가리 태생의 미국 경제학자 스키토브스키(Tibor Scitovsky)에 의해 지적된 Kaldor-Hicks 기준의 논리적 일관성 문제인데, 그는 비록 자본가가 지주들에게 자유무역 시행을 위해 보상을 할 수 있다 하더라도(Kaldor 기준 통과), 동시에 지주들이 보호무역 시행을 위해 자본가에게 보상을 할 수 있음(Hicks 기준 통과)을 보여줌으로써 양 기준의 논리적 일관성 문제를 드러냈다. Scitovsky reversal paradox로 알려진 이러한 비일관성으로 인해 자유무역은 Kaldor 기준에 따라 보호무역보다 우위에 있을 수도 있고 동시에 Hicks 기준에 따라 보호무역이 자유무역보다 우위에 있을 수 있게 되어 어느 한 기준만으로는 충분히 경제정책의 우선순위를 정할 수 없는 문제점을 드러냈다.[105]

결국 후생경제학은 가정적 보상만으로는 자유무역의 우월성을 입증하지는 못했다고 평가된다. 그리고 자유무역하 일부 계층이 불이익

위해 지불할 용의가 있는 최대금액이 이득을 본 자가 그렇게 동의하는 데 수용할 수 있는 최소 금액보다 작으면 파레토 개선이 있다고 정리될 수 있다. 이 경우 논리적 일관성을 유지하기 위해서는 한 기준만이 아닌 양 기준을 모두 통과해야 한다.

104 Douglas Irwin, Ibid.p.187.

105 Persky, Ibid.p.202.

을 입는다는 소득분배 문제는 보상이 실제 이루어지지 않을 경우라도 자유무역이 최선이라는 주장에 대한 중요하고도 실제적인 반박 주장으로 계속 남았다.

사. 케인즈와 보호주의 거시경제학

보호주의 논거의 역사를 되돌아볼 때 일반인으로서는 전혀 뜻밖의 인물을 만나게 되는데, "거시경제학의 아버지"로 불리며 1920-30년대 적극적 재정정책으로 대공황의 해법을 제시한 케인즈(John Maynard Keynes)가 그 사람이다. 케인즈는 통상 그의 거시경제 이론만 널리 알려져 있고 자유무역에 대한 그의 입장은 국내에 많이 소개되어 있지 않지만 그는 영국에서 높은 실업이 문제되던 시기인 1920년대 후반 및 1930년대 초에 국내 고용증진에 우선적 관심을 두면서 관세 등을 통한 보호무역을 옹호해 자유무역론에 큰 파장을 일으켰다.

케임브리지 대학에서 자유무역 신봉론자인 마샬(Alfred Marshall)의 제자였던 케인즈는 당초 강한 자유무역 신봉자였지만, 1920년대의 영국의 극심한 실업과 경제침체는 그로 하여금 자유무역에 대한 입장을 수차 바꾸게 만들었다. 이러한 시대와 상황에 따른 그의 입장변화는 케인즈가 끝까지 보호주의자로 남았는지 아니면 잠시 혹은 장기간 보호주의에 경도되었다가 돌아온 자유무역론자인지 등에 대해 여러 해석의 원인을 제공했는데, 1930년대초 보호주의로 돌아선 이후 그의 국내 경제와 고용을 우선한 보호주의적 입장은 근본적으로 바뀌지 않았다고 평가된다.[106]

---

106 Joseph Cammarosano, John Maynard Keynes, Free Trader or Protectionist?,

　자유무역론자였던 케인즈는 1920년대말 영국이 전통적 조치로는 해결하지 못하는 막대한 국제수지 적자와 만성적 실업에 허덕이게 되는 상황에서 동 문제들을 해결하지 못하는 자유무역론에 대해 의문을 갖고 관세 등 수입제한조치를 대안으로 모색하였다.

　케인즈의 이러한 보호주의로의 경도가 그 단초를 드러낸 것은 4년여 연구 끝에 1930년 6월 출간된 「A Treatise of Money」에서였다. 1936년 출간되어 그의 기념비적 저작이 된 「The General Theory of Employment, Interest and Money」의 기초를 놓은 동 저서에서 케인즈는 영국정부가 1925년 sterling화를 1차 세계대전 물가수준으로 금과 고정시켜 금본위제로 복귀하는 결정을 내린 것을 비판하면서 전쟁에 따른 인플레로 sterling 가치가 희석되었음에도 불구, 동 결정을 내림으로써 sterling의 고평가가 초래되었고 이에 영국의 수출 경쟁력 및 국제수지 악화가 초래되었다고 지적하였다. 동 문제점을 시정하기 위해서는 sterling의 평가절하가 일어나야 하는데, 금본위제하에서는 직접적 조치가 가능하지 않으므로 대신 영란은행이 이자율을 높게 유지해 임금하락을 통한 국제수지 균형을 되찾는 전통적 방식이 마찰 없이 작동해야 한다. 하지만, 케인즈는 현실적으로 노조 등의 저항으로 이러한 시장 메커니즘은 제대로 작동되기 어렵다고 보고, 정부

Lexington Books, 2014. pp.12-14. 케인즈의 보호주의에 대해선 첫째, 1931년 공개적으로 보호주의를 천명한 수개월 후 영국이 금본위제를 폐기했을 때 또는 1933년 「The Means to Prosperity」 발표시 자유무역 캠프로 복귀했다는 단기 보호주의 경도설, 둘째, 그의 자유무역론 복귀가 단기 경도설보다 훨씬 늦은 1941년 혹은 그의 1942년 사망 즈음에나 이루어졌다는 설, 셋째, 그가 사망할 때까지 양 진영 간에 확실한 입장을 정하지 못했다는 견해 등이 있으나 Cammarosano는 케인즈의 국내경제 우선 보호주의 시각은 끝까지 근본적으로 바뀌지 않았다고 평가하고 있다.

가 개입해 국내 투자에 대한 보조금을 제공, 해외투자를 줄이고 국내
경제 확장조치를 취해야 한다고 주장했다. 이 점, 그는 비록 관세라는
표현을 직접 쓰지는 않았지만 다른 대안으로서 관세의 여지도 열어두
었다.[107]

케인즈는 1929년 가을 영국의 만성적 경기침체의 원인과 대응방안
을 조사하기 위해 노동당 정부에 의해 설립된 Macmillan Committee
on Finance and Industry에서 위원으로 활동했다. 동 활동은 케인즈
가 4년여 연구 끝에 완성했지만 아직 출간하지는 않은 「A treatise on
Money」상의 이론을 적용할 수 있는 좋은 기회를 제공하였고, 이에
그의 관세에 대한 보다 직접적인 지지입장이 처음 모습을 드러내게
되었다.[108]

그는 1930년 동 위원회에서 동 경제위기에 대처할 수 있는 방안으
로 ① 금과의 페그 비율 변경 ② 임금 인하 ③ 고임금을 보전하기 위
한 산업 보조금 ④ 국내산업의 생산성 증대 ⑤ 수입관세 ⑥ 국내 투자
보조금 ⑦ 국제적 중앙은행간 금리인하 공조라는 7가지 방안을 제시
했다. 이 중 ①~④ 4가지는 국내에서 생산하는 것과 해외에서 생산
하는 것과의 비용 차이를 조정함으로써, 영국의 수출을 증진해 국제
수지의 균형을 이루게 하고 이로써 영란은행이 이자율을 내릴 수 있
게 해 경제성장을 촉진할 수 있도록 하는 것인데, 케인즈는 4가지 모
두 정치적으로나 현실적인 측면에서 실행이 어렵다고 보았다. 또한,
남은 후반부 3가지 옵션 중 중앙은행간 공조도 현실성이 적어 수입관

---

107 Douglas Irwin, Ibid.pp.190-192. 보다 상세한 분석은 Cammarosano, Ibid.pp.84-
95 참조.

108 Cammarosano, Ibid.p.97.

세와 국내투자 보조금만이 현실적인 옵션으로 추천되었다.[109]

1930년 6월에 발표된 Macmillan report는 케인즈의 입장이 많이 반영되어 작성되었고 특히 통화정책의 관리 부분에 있어서는 그의 제안이 큰 변화 없이 수용되었다. 하지만, 대규모 공공사업, 관세 및 수출 보조금 등에 대한 그의 입장은 충분히 보고서 본문에 반영되지 못했는데, 이에 만족하지 못한 케인즈는 일부 위원과 함께 Addendum I을 부록에 첨부하여 이에 대한 그의 생각을 직접적으로 드러냈다. Addendum I 속의 내용은 상기 「A treatise on Money」의 골격을 그대로 옮겨온 것이었는데 그는 여기서 수입규제와 수출 보조금의 장점을 부각, 명시적으로 이를 제안하면서 관세에 보다 경도되기 시작했다.[110]

그는 실제 1930년 9월 경제자문위원회를 위해 준비된 보고서에서 관세의 유용성을 "simply enormous"하다고 강조한 데 이어, 다른 경제자문위원회 보고서에서는 수입품에 대해 일률적으로 10%의 관세를 부과하고, 수출에도 같은 비율의 보조금(bounty)을 주자고 제안하였다.[111] 이때까지의 그의 견해는 경제자문위에서 비공개로 제시된 것이어서 공개적 파장은 없었지만, 그는 1931년 3월 New Stateman and Nation誌에 기고한 「Proposal for a Tariff Revenue」 제하의 글을 통해 관세부과 옹호 입장을 공개적으로 천명함으로써 시사만화가 등장

---

109 Douglas Irwin, Ibid.pp.192-193. 두 가지 옵션 중 케인즈는 국내투자 보조금을 보다 선호하였다.

110 Cammarosano, Ibid.pp.97-105.

111 Douglas Irwin, Ibid.194.

할 정도로 큰 센세이션을 일으켰다.[112] 경제학자로서의 엄청난 명성을 가진 케인즈의 자유무역에서 보호무역으로의 변신은 당연히 큰 주목을 받았다.

케인즈는 상기 기고 글에서 고용을 증진해 경제를 활성화시키기 위한 방안으로 화폐의 평가절하, 명목임금 인하, 수입관세 3가지가 고려 가능한 정책이지만, sterling의 평가절하는 세계 금융시장으로서의 영국의 지위를 약화시키고, 명목임금 인하는 사회적 부정의와 큰 저항에 부딪치게 될 것이므로 수입관세가 가장 현실적인 방안이라고 주장하고, 모든 공산품과 半공산품에 대한 예외 없는 15%의 수입관세 부과와 식품과 일부 원자재에 대한 5% 관세부과를 제안하였다.[113]

그에 따르면 자유무역은 임금의 조정이 자유롭다면 유효한 주장이나, 다수의 임금소득이 계약에 의해 보호되어 임금이 경직적인 상황에서는 현실적 한계가 뚜렷했고, 한 부문에서 해고된 노동자들이 다른 부문에서 바로 재고용된다는 신고전주의 자유무역론의 가정이 잘 작동되지 않는 한 이를 전제로 이루어진 자유무역론은 더 이상 유효하지 않았다.[114]

이러한 케인즈의 변신은 많은 학자들의 반발을 야기했다. 그와 같이 경제자문위원회에 소속된 경제학자 로빈스(Lionel Robbins)는 관세부과는 상대국의 보복을 부른다면서 최종 보고서에 서명하기를 거

112 Zachary Carter, 존 메이나드 케인스, 김성아 옮김. ㈜로크미디어, 2021, pp.309-312.

113 재선된 트럼프 대통령의 모든 수입품목에 대한 10% 기본관세 공약을 지지하는 주장은 역사적 배경이 다름에도 불구, 케인즈의 1931년 15% 전 품목 관세부과 주장을 그대로 인용하면서 그를 소환하고 있다. Keynes' Support for Broad Tariffs, Andrew Rechenberg, Coalition for a Prosperous America, 2024.10.28.

114 Douglas Irwin, Ibid.p.196.

부하였고, 로빈스를 포함한 다수의 런던경제대(LSE) 경제학자들은
「Tariffs: The Case Examined, a restatement of standard arguments
against tariffs」 공저를 통해 관세가 실업의 구제수단이 될 수 없다고
반박했다.[115]

　동 논란은 1931년 9월 세계적 금융위기속에서 금 유출에 더 이상
대응할 수 없었던 영국정부가 금본위제를 폐기하고 sterling에 대해
급격한 평가절하를 단행함으로써, 통화가치를 불변으로 고정한 상태
에서 정책대안을 모색해 온 기존 논의의 근본적 전제가 바뀌는 새로
운 국면을 맞게 된다. 케인즈는 동 결정 직후 The Times of London
에 보낸 편지를 통해 상기 상황변화를 감안, 그의 관세부과 주장을 당
분간 보류하고 금에 연계될 sterling의 미래 수준 등 금본위제 폐기가
미칠 여러 함의를 검토하자고 제안하였다. 이러한 입장 변화는 케인
즈가 자유무역론으로 회귀한 것으로 일부에서 잘못 인식하게 만들기
도 했지만, 영국 국내 경제후생을 최우선을 하면서 이를 위한 최적의
수단을 모색해 온 케인즈 관점에서 그의 입장은 일관된 것이었다. 즉,
과거와 달리 sterling의 직접적 평가절하가 가능해진 상황에서는 수
출을 증진하고 수입을 억제하는 두 가지 효과가 있는 통화의 평가절
하가 단순히 수입만 억제하는 관세부과보다 더욱 효과적인 수단이 된
것이다.[116]

　한편, 동 시기 그의 관세에 대해 모호해 보이는 입장은 자유무역론
이 19세기와는 상황이 달라져 더 이상 영국에 적절하지 않으며, 따라

115　Zachary Carter, Ibid. p.312.

116　Cammarosano, Ibid.pp.126-127.

서 영국은 가능한 한 무역을 줄이고 자체 생산을 늘려야 한다는 일견 자급자족(autarky)을 옹호하는 듯한 입장으로까지 발전하는데, 그에게 국제분업에 의한 자유무역은 과거와 달리 산업혁명 후 대부분의 국가가 대량생산 체제를 갖춘 1930년대에는 해외 시장확보 등을 위한 경쟁으로 이어져 국가 간 친선 증진보다는 오히려 분쟁을 촉발시키는 것이었다.[117]

케인즈의 자유무역에 대한 회의적 입장은 1940년대에 더욱 강화되었다. 그는 일단 기존 이론의 핵심 전제가 완화될 경우, 즉 생산요소의 이동성과 생산요소 가격의 신축성 가정이 완화될 경우, 자유무역은 실업과 열등한 생산요소의 배합을 가져오게 되어 그 유효성을 상실한다고 보았다. 그에게 수입규제는 완전고용이라는 국내 경제목표와 고정환율하 국제수지 균형이라는 두 가지 대외 경제목표간 상충을 줄이는 데 유용한 수단이었는데, 완전고용을 위한 팽창적 수요정책은 고정환율하에서 수입확대를 유발해 국제수지를 악화시키는 문제점이 있어, 외환의 유출을 방지할 국제수지 보전 대책이 요구되는 상황에서, 1920년대와 1930년대에는 통화의 평가절하가 해법이었다면 1940년대에는 관세를 통한 수입규제가 그의 해법이 되었다.[118]

케인즈는 관세를 통한 수입규제가 완전고용을 추구하는 데 있어 합리적인 정책수단의 하나라는 생각을 강하게 확립하였다. 케인즈가 동 주장을 통해 당시 자유무역 진영에 얼마나 심대한 타격을 주었는지는 캠브리지의 저명 영국 여성 경제학자 조안 로빈슨(Joan Robinson)

---

117 Ibid.pp.128-133.
118 Douglas Irwin, Ibid.pp.200-201.

이 완전고용이라는 가정을 제거하자마자 국제무역의 고전적 모델은 난파선이 되어 버렸다고 언급한 것과 20세기 가장 영향력 있는 경제학자 중 일인으로 평가되는 힉스(J.R. Hicks)가 1959년 자유무역은 더 이상 경제학자들에게 심지어 이상(理想)으로서도 과거처럼 받아들여지지 않고 있다고 언급한 데서 잘 나타났다.[119]

하지만, 시간이 지남에 따라 비록 상기 케인지언의 입장을 완전히 허무는 것은 아닐지라도, 수입규제를 최소 다른 선호수단의 이용이 어려울 경우만으로 한정해 위상을 낮추려는 주장들이 대두되기 시작했다. 1930년대의 케인즈 주장의 핵심 전제는 고정환율과 명목임금의 경직성인데, 경제학자들은 점차 대외조정의 수단으로 수입규제보다 환율의 신축성을 보다 선호하게 되었다. 케인지언들은 환율의 안정을 위해 자유무역을 기꺼이 희생하려 했지만, 국제수지에 대한 후속 연구들은 수입규제보다 환율조정이 국제수지 개선에 있어 보다 효율적임을 보여 주었다.[120]

또한, 많은 경제학자들은 고정환율이 바람직한지에 대해 의문을 품기 시작했는데, 1953년 프리드먼(Milton Friedman)은 변동환율제는 통화정책을 특정 환율 유지에서 물가안정이라는 보다 중요한 경제 정책 목표에 집중할 수 있도록 해방시킬 수 있다고 주장했다. 즉, 환율이 변동될 수 있도록 허용함으로써 케인즈를 처음부터 관세에 주목케 한 디플레 쇼크가 회피될 수 있는데, 프리드먼은 변동 환율제가 정부로 하여금 대외균형에 대한 수단으로서 금 등의 외화자산 보유에 대

---

119 Ibid.p.201.
120 Ibid.p.202.

한 필요성을 제거해 국제수지 균형을 유지하는 데 있어 가장 직접적이고 유효한 수단임을 강조하였다. 1956년 미드(James Meade)는 이에 더 나아가 자유무역과 고정 환율은 현대에는 상호 양립하지 않으며, 모든 현대 자유무역론자들은 다양한 환율을 선호해야 한다고 주장하였다. 그에 따르면, 국내 물가안정, 환율안정, 자유무역 3가지 주요 경제정책 목표 중 두 가지만이 달성 가능하며 세 가지를 모두 달성하는 것은 상호 상충되어 가능하지 않은 일이었다.[121]

게다가, 1960년대 후반의 달라진 경제 환경은 케인즈 경제학의 한계를 노정했다. 과거의 디플레이션과 실업이라는 환경이 인플레이션이 실업과 동반되는 스태그플레이션으로 바뀌면서 과거의 틀에 부합했던 케인즈 프레임이 의문시되기 시작했으며, 아울러, 1968년 프리드먼에 의해 발전된 자연실업율 이론은 거시 경제학의 주도적인 틀로서 케인즈 이론을 대체하기 시작했다. 이러한 접근법에 따르면, 비록 명목임금이 단기적으로 고정된다 하더라도 정부정책은 통화 및 재정정책을 통해 항구적으로 실업을 낮추지 못하며, 보호무역 조치는 실업문제 해결에 도움이 되지 못한다.[122]

결론적으로 비록 관세를 통해 고용을 증가시키고 무역수지를 개

---

121 Ibid.p.203.

122 이러한 새로운 흐름의 전개는 분명 보호무역에 대한 케인즈의 논리를 제약하는 것이었으나, 1970년대 중반 Cambridge대 경제학자(CEPG: Cambridge Economic Policy Group)들은 환율의 변동이 허용되더라도 관세와 보호무역이 평가절하보다 우월하다는 주장을 펼치는 등 케인지언 보호주의의 영향력은 그 이후에도 쉽게 사라지지 않았다. CEPG의 주장에 대해서는 이후 많은 의문이 제기되었는데, Barry Eichengreen(1983)는 변동 환율과 실질임금의 경직성하에서도 관세부과는 특정조건하에서 생산과 고용을 오히려 감소시킴을 보여주는 등 이론적으로도 반박되었다. Ibid.p.204.

선시키는 모델을 구성하는 것이 불가능하지는 않지만 그러한 관세부
과를 위한 이론적 기초가 확고히 정립되었다고 할 수 없다고 평가된
다. 그럼에도 불구, 이러한 제약요인이 잘 이해되기 전까지, 케인즈
는 자유무역에 대한 회의를 확산시키고 자유무역론을 훼손하는 데 있
어 결정적인 역할을 하였는데, 오늘날 제2기 트럼프 행정부의 보편
관세 공약을 지지하기 위한 한 논거로 케인즈의 주장이 다시 소환되
고 있는 것은 케인즈가 보호주의에 미친 영향이 얼마나 컸는지 보여
준다.[123]

아. 구조주의와 수입대체산업화

Raúl Prebisch
*The image is in Public
domain / Arquivo Nacional
Collection

　　지금까지 소개한 자유무역론 논쟁들은 모두
영미권을 중심으로 한 주류 경제학에서의 논쟁
들이다. 하지만, 라틴아메리카를 중심으로 제3
세계에서는 이와는 완전히 다른 맥락에서 보호
무역론이 경제적 구조주의(economic structuralism)
와 정책으로서의 수입대체 산업화(ISI: Import
Substitution Industrialization)로 무장하고 1940년대
부터 1980년까지 성행하였다. 그리고 동 출발
은 1930년대 남미의 최대 경제국이자 선진국

---

123 케인즈의 자유무역에 대한 부정적 유산은 오늘날에도 계속되고 있는데, 트럼프 대
통령의 재선을 후원한 Coalition for a Prosperous America(CPA)는 최근 WITA
에 게재한 글에서 트럼프의 관세 공약을 지지하면서 그 주요 근거로 케인즈 역시 고
용증진을 위해 15% 전 품목 관세를 옹호했음을 상기하고 있다. Keynes' Support
for Broad Tariffs, Andrew Rechenberg, Coalition for a Prosperous America,
2024.10.28.

이었던 아르헨티나에서 케인즈의 영향을 크게 받아 "라틴아메리카의 케인즈"라고 불렸던 초대 UNCTAD 사무총장인 라울 프레비시(Raúl Prebisch)[124]에서 시작되었다.

아르헨티나는 1860년부터 1930년까지 농업에 특화, 최대시장인 영국에 쇠고기를 수출해 세계에 유례가 적은 급격한 경제성장을 이루었는데, 수도 부에노스 아이레스는 남미의 파리로 불리며 화려함을 자랑하였고 1914년까지 아르헨티나는 미국에 이어 세계에서 두 번째로 부유한 국가가 되었다.[125] 따라서 아르헨티나에서 리카르도의 비교우위론에 따른 자유무역은 거의 신성화될 정도로 당연히 받아들여졌는데, 아르헨티나의 수출업자는 물론 노동자들을 보호한다는 아르헨티나 사회주의 정당도 1920년대에 보호무역을 반대했다. 하지만 1929년 대공황의 시작은 상황을 급변시켰는데, 물가하락과 경기침체, 국제수지 악화는 아르헨티나가 금본위제를 포기하고 1931년 외환 및 수출입통제를 해야만 하는 상황으로 내몰았다.

당초 자유무역론자였던 프레비시는 이러한 급격한 상황변화에서 아르헨티나에 도움이 되지 못하는 전통적 리카르도 비교우위론에 대해 큰 회의를 갖게 된다. 당시 아르헨티나는 영국에 쇠고기를 수출해

---

124 Raúl Prebisch(1901-1986)는 독일 이민자였던 부친과 아르헨티나의 명문 Uriburu 가문 출신인 모친 사이에서 태어난 아르헨티나의 경제학자로 아르헨티나 중앙은행 창설을 주도하고 동 초대 general manager로서 케인즈의 영향하에 대공황기에 대처했다. 그가 1950년 유엔 라틴아메리카 경제위원회(ECLA, 스페인어 CEPAL) 사무총장 재직시 출간한 「The Economic Development of Latin America and Its Principal Problems」은 Prebisch-Singer 가설을 잉태하였다. 그의 상세한 일대기는 Edgar J. Dosmand이 2008년 쓴 「The Life and Times of Raúl Prebisch 1901-1986」 참조.

125 Dosman, Ibid, p.12.

벌은 외화로 미국으로부터 기계 등 공산품을 수입하는 삼각무역에 크게 의존했는데, 쇠고기의 지속적인 수출가격 하락은 교역조건 악화를 초래해 더 이상 동 구조를 지탱하기 어렵게 내몰았다. 이러한 농축산물 수출국인 아르헨티나의 급격한 교역조건 악화에 대한 문제인식은 이후 구조주의와 수입대체 산업화로 발전하여, 농산물은 공산품에 비해 상대적 가격이 장기적으로 하락해 필연적으로 교역조건 악화를 초래한다는 Prebisch-Singer 가설로 이어졌다.

1949년 독일 출생이지만 유대인이어서 나치를 피해 영국으로 망명한 개발경제학자 한스 싱어(Hans Singer)[126]와 아르헨티나의 프레비시에 의해 각각 대체로 같은 시기에 독립적으로 주장되어, 흔히 Prebisch-Singer 가설로 불리는 동 주장의 핵심은 공산품은 1차 상품, 특히 농산물보다 소득의 가격탄력성이 커서 소득이 증대할수록 공산품에 대한 수요가 농산물 등 1차 상품보다 빨리 증가해 제조업의 교역조건이 더 유리해지고 농산물은 그 반대가 된다는 것이다. 이 경우, 1차 상품에 특화한 개도국들은 제조업에 특화한 선진국과 무역을 하면 할수록 더욱 가난해질 것이므로 전통적 자유무역론에 따른 정책을 시행할 경우 경제발전은 요원해진다.

이러한 공산품에 비해 1차 상품에 불리한 교역조건이 존재한다는

---

[126] 그는 흥미롭게도 Cambridge의 Keynes 밑에서 공부해 박사 학위를 받았는데 영국으로 귀화한 후 1949년 「Relative prices of exports and imports of underdeveloped countries」제하의 UN 간행물에서 1차 상품의 150여 년에 걸친 지속적 교역조건 악화를 역사적 경험에 의거 제시함으로써 Prebisch-Singer 가설의 토대를 만들었다. 그는 이러한 인식하에 양허성 차관(soft loan)을 제공하는 기금 창설에 열심이었는데 그의 생각은 추후 IDA, UNDP, WFP의 창설에 영향을 끼쳤다고 평가된다(그에 대한 Wikipedia 평전 참조).

구조주의의 관찰은 논리적 귀결로 동 상황을 탈피하기 위해서는 국가 주도로 보호무역을 통한 수입대체 제조업을 육성이 필요하다는 수입대체산업론(ISI)을 해법으로 태동시켰다.

프레비시는 1950년부터 1963년까지 칠레 산티아고 소재 유엔 라틴아메리카 경제위원회(ECLA/CEPAL)의 executive secretary로서 활동하면서 ECLA를 전진 기지로 자신의 주장을 전파하였다. 이후 그는 1964년 초대 UNCTAD 사무총장에 취임해 1969년까지 재임하면서 보다 공정한 무역체제 창출을 위한 노력을 ECLA의 중남미 관점을 넘어 전세계로 확장하는데, 그의 문제제기는 GATT가 1964년 Chapter IV(무역과 개발)를 채택하도록 영향을 미쳤고, 개도국에 대한 일반특혜관세(GSP) 도입 등 1970년대 제3세계의 신국제경제질서(NIEO: New International Economic Order) 주장 확산에 크게 기여하였다.

프레비시는 1949년 5월 하바나 ECLA 제2차 세션회의에서 "Havana Manifesto"로 불리게 되는 보고서를 발표해 큰 센세이션을 일으키는데, 동 보고서에서 사용된 공산품을 생산하는 중심부(center)와 1차 상품을 생산하는 주변부(periphery) 개념은 이후 중남미, 미국의 neo-Maxist 경제학자들에 의해 한 극단으로 계승되어 60-70년대 제3세계를 풍미한 종속이론 발전으로 이어졌다. 동 모델들에 따르면, center와 periphery로 구성된 세계경제체제 내에는 불리한 교역조건에 따른 불평등한 상품 교환이 일어나 부의 주변부에서 중심부로의 이전이 일어나게 된다.

Prebisch-Singer 가설은 기본적으로 경험적 관찰에 근거해 있고 주류경제학의 이론체계를 따르지 않았기 때문에 주류경제학의 평가 대상이 되지 못했다. 또한 중심부(center)와 주변부(periphery)라는 세계

경제체제 주장과 이에 기초해 촉발된 제3세계 종속이론의 영향 때문에 초대 UNCTAD 사무총장이라는 공식 직함과 실제로는 중도적 성향의 친미주의자라는 일각의 평가에도 불구, Prebisch는 영미권에서는 비록 시기적 차이는 있지만 위험한 악당으로 인식되었고,[127] 상당 기간 미국 FBI의 감시의 대상이 되었다.[128]

하지만, 이러한 역사적 공과외에 프레비시를 자유무역론 관점에서 살펴보아야 하는 주요한 이유는 그가 주장한 가설에 따라 보호무역을 전제로 국가발전 모델로서 중남미에서 시행된 수입대체산업화 전략의 공과에 대한 평가 때문이다. 이는 특히 실패한 것으로 평가되는 중남미의 수입대체 산업화 전략이 한국 등 동아시아 국가들의 성공적인 수출주도 산업화 전략과 대비되고 있어 더욱 그러하다.

수입대체산업화 경제는 중남미에서 1940년대에서 1960년대 초까지만 해도 제법 좋은 성과를 내는 것처럼 보였다. 하지만 1960년대 초부터 위기의 징후가 나타나기 시작했는데, 성장률은 점차 하락했고 물가 상승률은 상대적으로 높게 나타났다. 1965년부터 1990년대 사이 한국과 라틴아메리카 주요 국가의 성장률을 비교해 보면, 한국의 평균성장률이 7.1%였던 것에 비해 가장 상황이 좋았던 브라질조차 3.3% 성장하는 데 그쳤다.[129]

수입대체산업화의 기반이 되는 국내 수요의 창출은 정부재정이 확대되어야 가능했는데, 정부재정은 1차 상품 수출에 의존했기 때문

---

127 Raúl Prebisch, Latin America's Keynes, Economist, 2009.3.5.

128 Dosman, Ibid.p.151 & p.287.

129 이하 라틴아메리카의 수입대체산업화 전략의 평가에 대해서는 김기현·권기수,『라틴 아메리카 경제의 이해』, 한울 아카데미(2011) 참조.

에 수입대체산업화의 운명도 결국은 1차 상품의 수출에 달려 있었다. 또한 수입대체산업화를 위해서는 자본재를 계속 수입해야 했기 때문에 이는 그대로 무역수지의 악화로 나타났다.

1960년대에 이미 한계를 드러내기 시작한 수입대체산업화 모델이 1970년대에도 지속될 수 있었던 것은 1970년대에 넘쳐난 오일달러 때문이었다. 1970년대 오일쇼크로 인해서 서구 경제가 침체한 상황에서 오일달러가 라틴아메리카로 몰리는 바람에 자본수지 흑자를 통해 경상수지 적자를 메울 수 있었지만, 이는 바로 80년대의 외채급증의 원인이 되었다. 1975년 GDP 대비 19%였던 라틴아메리카의 외채는 1982년 46%로 증가했는데 이는 결국 1980년대 미국의 금리상승으로 촉발된 외채위기의 원인이 되어 50년 이상 유지해 온 라틴아메리카의 수입대체산업화 모델도 이와 함께 종언을 고했다. 이후 중남미에 찾아온 것은 1989년 태동된 워싱턴 콘센서스에 의한 신자유주의의 물결이었다.

상기 중남미의 수입대체산업화 전략의 부정적 경험과 동아시아의 수출주도 전략의 성공은 많은 사람들에게 자유무역과 개방경제의 우월성을 시사하는 사례로 인용되어 왔다. 한국 등 동아시아 국가들이 라틴아메리카 경제와 달리 수출주도 전략을 채택한 것은 노동력을 제외하고는 산업화를 추진할 어떤 동력도 가지고 있지 않았기 때문이지만 양 전략의 이행 결과는 개방적이고 대외지향적인 수출주도 전략이 보호무역적이고 폐쇄적인 수입대체전략보다 우월하다는 증명으로 간주되었다.

하지만 동아시아 국가들도 기본적으로 라틴아메리카처럼 수입대체 단계를 거쳤고 중남미국가들도 수출증대를 위해 노력해 온 점이 있는 등 이러한 단순한 대비는 과장된 것이며, 수입대체전략을 비판할 때 과도한 보호무역 조치와 같은 과잉 요소와 환율의 고평가 같은 잘못된 거시정책 등 추진과정에서의 실수를 전략 자체의 문제점과 혼동해서는 안 된다는 점도 지적된다.[130]

한편, 라틴아메리카의 구조주의와는 결이 다르고 무역이론도 아니지만 개도국의 특유한 저개발 상황에 주목하면서 주류 경제학과 다른 시각에서 빈곤의 원인과 해법을 탐구한 1950-1960년대의 개발경제학(Development Economics)도 규모의 경제를 중시하면서 정부의 적극적인 개입을 주장한다는 측면에서 구조주의와 일정 유사한 맥락이 있다고 할 수 있는데, 산업연관효과를 중시한 불균형 성장론으로 유명해진 앨버트 허쉬먼(Albert Hirschman)의 「The Strategy of Economic Development(1958)」와 누적적 인과관계 개념으로 저개발 상태의 악순환에 주목한 군나르 뮈르달(Gunnar Myrdal)의 「Asia Drama: An Inquiry into the Poverty of Nations(1968)」 등이 대표적인 저서들이다.

동 저서들은 출간 당시에는 큰 화제를 모으면서 영향력을 행사하였지만 오늘날 이 이론들에 대한 주류 경제학에서의 평가는 박한데, 폴 크루그먼(Paul Krugman) 교수는 모델화될 수 없는 규모의 경제에 지나치게 의존함으로써 수학적 모델을 제공할 수 없는 이들의 방법론은 더 이상 주류 경제학에서 설 자리가 없다고 비판한 바 있다.[131] 아울러

---

130 Joseph Love, The Rise and Decline of Economic Structuralism in Latin America: New Dimensions, Latin American Research Review, 40.3(summer, 2005). 실제 양 전략 간의 차이가 다른 결과를 초래한 원인에 대해서는 문화적 요인을 포함한 다양한 원인분석이 이루어져 왔는데 상세 내용은 김기현·권기수의 상기 『라틴아메리카 경제의 이해』 참조.

131 Paul Krugman은 이들의 개발론을 "high development theory"라고 칭하면서

오늘날 개도국의 경제발전으로 세계에서 저소득국 숫자가 크게 줄어드는 추세인 만큼(세계은행 기준에 따른 저소득국은 2003년에서 66개국에서 2019년 31개국으로 감소) 별도의 하위 카테고리로서의 개발경제학이라는 것이 있을 필요가 있을지에 대해서도 의문이 제기된 바 있다.[132]

자. 신무역론과 전략적 무역이론

경제학에 있어 기존 정통 국제무역이론은 기술차이에 의한 리카르도의 비교우위론과 노동, 자본 등 요소부존도 차이에 의한 헥셔-올린 정리에 의해 이해되어 왔으며, 이에 따라 기술, 요소부존도 등의 차이에 따라 국가간 산업특화가 이루어지는 자유무역이 자원의 효율적 배분을 위해 최선의 정책인 것으로 이해되어 왔다.

이러한 전통적 자유무역론에 대해서는 그간 유치산업론, 규모체증/체감론, 소득 분배 및 보상문제, 시장실패에 따른 임금 격차 논쟁 등 다양한 문제제기가 있어 왔으나, 자유무역론은 일부 제약적 조건 확인에도 불구, 적어도 주류 경제학계에서는 국가들이 상호 합의하에 무역전쟁을 피할 수 있게 하면서 국부를 증진하는 최선의 국가 무역정책 수단으로 그 자리를 지켜 왔다.

하지만, 1970년대 말부터 폴 크루그먼(Paul Krugman) 교수 주도로

1970년대 이후 엄밀한 수학적 모델에 기초하여 발전한 현 주류 경제학에서 더 이상 모델제시 없이 내러티브에만 의존하는 모호한 개발경제학이 설 자리는 없다고 지적하였다. Paul Krugman, The Fall and Rise of Development Economics, Chapter 1 in Paul Krugman, Development, Geography and Economic Theory, MIT press.

132 Is there A Development Economics Anymore?, Ravi Kanbur, 2024.7.

시작된 소위 신무역론(New Trade Theory)과 같은 맥락에서 제시된 전략적 무역정책론(Strategic Trade Policy)은 기존의 전통적 무역이론이 오늘날 세계무역 흐름의 일부만을 설명하지 못한다는 것을 입증하고, 국가의 보호무역적 개입조치가 타국의 희생하에 자국에 이익을 가져올 수 있음을 이론적으로 보여줌으로써 그간 경제학 분야 중에서 가장 통일적으로 확립된 것으로 간주되어 왔던 국제무역론 체계를 흔들었다.

신무역론은 기존의 기술 및 요소 부존도 차이에 근거한 비교우위론이 비록 많은 무역현상을 설명하고 있기는 하나, 아울러 많은 무역현상을 놓치고 있다는 관찰에서 시작되었다. 예컨대, 기존 이론은 열대국가의 바나나와 온대국가의 밀이 상호 교역되거나 선진국의 첨단기계, 전자제품과 개도국의 농산물, 섬유가 교역되는 것은 설명할 수 있으나, 오늘날 프랑스와 독일이 유사한 기후와 기술, 자원을 가지고 있음에도 불구, 상호간에 많은 유사 상품무역(intra industry trade)을 하고 있는 것은 설명하지 못한다는 문제 인식이 그것이다.

이는 국제무역의 발생하는 이유가 기존의 기호, 기술, 요소 부존도 차이외에 다른 곳에도 있을 수 있다는 것을 의미하는데, 1980년대 신무역론은 이를 규모의 경제에 따른 수익체증(increasing return)과 불완전 경쟁에서 찾았다.[133] 신무역론은 규모의 경제의 존재는 불완전 경쟁[134]을 초래하면서 국가들이 소수의 차별화된 상품생산에 특화하도

---

133 Is Free Trade Passé?, Paul Krugman, Economic Perspectives-Vol 1, Number 2-Fall 1987, pp.131-133.

134 세계은행 보고서에 따르면 불완전 경쟁의 무역이론에의 도입은 요소의 효율적 배분이라는 전통 무역하의 이익에 부가해 아래 4가지 추가이익이 있다. 첫째는 Pro-competitive gain으로 불완전 경쟁하의 국내시장에 수입이 확대됨으로써 발생하는 국내시장에서의 경쟁 강화 이익이다. 이는 수입품이 독과점적인 국내기업의 행태

록 하는 인센티브를 창출하고, 이는 자연적으로 유사상품 교역 즉 산업 내 무역(intra industry trade)으로 이어지게 됨을 수리적 모델로 입증하게 된다.

1970년대 산업조직 학자들은 쉽게 적용할 수 있는 불완전 경쟁 모델을 개발하기 시작했는데, Michael Spence(1976), Avinash Dixit & Joseph Stiglitz(1977)의 불완전경쟁 일반균형론 논의는 국제 무역이론가들이 이를 불완전 경쟁에 기반한 수익체증 모델로 확립하는 데 기여하였다.[135] 이에 따라 Avinash Dixit & Victor Norman(1980), Kelvin Lancaster(1980) 및 Paul Krugman(1979) 등은 규모의 경제가 독점적으로 경쟁이 제한된 산업 내 상품에 있어 국가간에 작위적인 특화를 가져온다는 연구모델을 발표하였는데, 동 모델들은 수익체증이 각 상품 생산의 지리적 집중을 초래해 각 국가들이 이에 특화하고 교역하게 하는 독립적 요인임을 보여줌으로써 수익체증이 비교우위만큼이나 중요한 국제무역을 발생시키는 근본적 원인임이 밝혔다.[136]

를 규율한다는 측면에서 import discipline hypothesis라고 불린다. 둘째는 Gains from economic scale으로서 기업의 생산규모가 커질수록 평균 생산비용은 감소하고 이는 가격하락으로 이어짐을 의미한다. 셋째는 Gains from rationalization으로서 수입품이 국내시장에 진입하게 되어 경쟁이 강화됨에 따라 기술력이 가장 떨어지는 국내 한계기업들이 시장에서 퇴출되게 되고, 이에 살아남은 소수 국내기업들에 대한 수요는 더욱 증대해, 동 기업들은 보다 많은 생산을 하게 되면서 더욱 효율적이 됨을 의미한다. 이는 규모의 경제와 결합해 소비자 가격의 하락을 낳게 된다. 넷째는 Gains from variety로서 산업 내 무역(intra industry trade)을 통해 다양한 유사상품이 시장에 진입할 경우 기호에 따른 다양한 소비를 가능케 해 소비자 만족도가 높아지게 된다. Goods and imperfect competition, World Bank trade research, 2016 참조.

135 Krugman, Ibid.p.133.

136 Ibid.

　수익체증과 불완전 경쟁이라는 새로운 국제무역 원인을 찾은 학자들은 이제 동 원인이 자유무역이라는 기존 무역정책에 미칠 함의를 탐구하였다. 그리고 이는 특정 상황에서는 자유무역보다 정부의 개입이 상대국의 희생하에 보다 큰 이익을 가져올 수는 있다는 전략적 무역정책론(Strategic Trade Policy)의 등장으로 이어졌다.

　캐나다 UBC 대학의 브랜더(James Brander)와 스펜서(Barbara Spencer)는 1983년과 1987년 두 편의 논문을 통해 수출보조와 수입규제 같은 정부의 개입이 올바른 특정 조건하에서는 수익성이 큰 시장에서 외국기업의 진입을 방지함으로써, 국내기업의 수익을 크게 증대시키고 이에 따라 타국의 희생을 바탕으로 자국의 경제적 이익을 증진시킬 수 있음을 모델로서 입증해 학계에 큰 파문을 던졌다.[137]

　Brander/Spencer 모델은 복점(duopoly) 분석에 기반을 두었는데, 미국의 Boeing사와 유럽의 Airbus사 간의 항공기 시장을 둘러싼 과점시장에서의 경쟁이 대표적 예로 제시된다. 국제항공기 시장에서 단지 한 기업만을 수용할 수 있다고 가정 시, 미국의 Boeing사와 유럽의 Airbus사 두 개의 기업이 항공기를 생산하고 있을 경우, 만약 EU가 두 개의 기업에 의한 항공기 생산으로 입을 Airbus사의 손실을 보전하고도 남을 규모의 보조금을 Airbus사에 지원키로 결정한다면, 미국의 Boeing사는 손실을 감당할 수 없어 생산을 중단, 시장에서 철수하게 되고 이 경우 Airbus사는 통상적 이윤을 크게 상회하는 막대한 이익을 얻게 된다. 이러한 불완전 경쟁시장에서는 기업1의 행태변화가 기업2의 전략적인 최적 반응을 초래한다는 측면에서 동 모델은 전

137　The New Case for Protectionism, Fortune, 1985.9.16자 기사 참조.

략적 무역정책(Strategic Trade Policy)으로 불리게 되었다.

이러한 전략적 무역정책론은 최소한 일정 조건하에서는 정부가 국제경쟁을 하고 있는 자국 기업을 지원함으로써 타국의 희생하에 자국의 후생을 증대시킬 수 있음을 보여 주었다. 아울러, 상기 사례는 보조금 지원으로 설명되었지만, 특정 상품에 대한 국내시장이 매우 클 경우, 관세부과를 통해서도 국내 기업의 이윤을 보호하고 수입 해외기업의 이윤을 감소시키면 외국기업의 시장진입이 방지되어 국내 기업의 초과이윤을 허용하게 됨으로써 상기 보조금 지급과 같은 효과를 낼 수 있었다.[138]

크루그먼 교수는 이러한 새로운 이론들을 통해 한 국가의 비교우위는 더 이상 상대적으로 고정된 것이 아니며, 오늘날 무역은 점점 더 자의적으로 일시적인 우위에 의해 기반을 두고 있어, 기업의 전략, 정부의 정책, 그리고 단순한 운들이 비교우위와 무역패턴을 바꿀 수 있다고 주장하였다. 이러한 새로운 무역이론에서는 정부가 직접 비교우위를 창출할 수 있는데 미국의 우주 프로그램, EU의 에어버스 지원, 일본의 반도체 지원들이 이러한 대표적 사례로 간주되었다.

수익체증과 불완전 경쟁시장을 기술과 요소부존도 차이에 따른 비교우위와는 독립적인 무역발생 요인으로 본 신무역론 주장은 학계에서 큰 비판 없이 수용이 되었으나, 동 이론의 다른 축인 전략적 무역정책론에 대해서는 동 결론이 강하게 시사하는 보호주의 측면에서 많은 논란과 비판을 야기하였다. 전략적 무역론이 이전의 유치산업보호론 등과 달리 우월한 점은 이론적 모델이 명확해서 누구나 명료하

---

138 Krugman, Ibid.p.136.

게 그 전제 및 논리 전개과정을 검증할 수 있다는 데 있는데, 이와 관련하여 동 논문 발표 후 이론적으로 많은 한계가 지적되었다.[139]

우선 동 이론은 여러 가정에 입각해 있는데 동 가정이 달라지면 결론도 달라지게 된다. 예컨대, 불완전 경쟁시장 사례에서 1개 기업만의 시장에서의 생존 가능 전제를 완화해 시장이 다른 기업들이 추가로 진입하는 것을 허용할 수 있다고 전제하면 정부 보조금 지급의 효과는 국내기업의 초과수익에서 해외소비자 후생증대로 이전되어 버린다.[140] 한편, 보조금 지급의 시기 또한 문제시되었는데, Brander-Spencer 모델은 보조금 지급금액 결정이 수혜기업이 생산량을 정하기 전에 동 생산량 결정과 독립적으로 이루어지는 것을 전제했으나, 만약, 순서가 달라져 기업들이 생산량을 정한 후에 보조금 지급액을 알게 될 경우, 기업들은 동 보조금에도 불구, 가격을 인하하지 않아 보조금이 순전한 기업이익으로 변질될 수도 있다.[141]

이러한 가정 변경에 따른 이론적 한계외에 이를 실제 정책으로 수행하는 데 있어서도 여러 실제적 어려움이 지적되는데, 가장 대표적으로 지적되는 것은 상대국의 보복 가능성이다. 상기 보잉/에어버스 모델에서 만약 미국 정부가 EU의 에어버스에 대한 지원에 대항해 보복차원에서 보잉사에 대해 지원을 제공한다면 결과는 달라지게 되고 이러한 상호보복은 무역전쟁을 야기해 양측 모두 이전보다 더 궁핍해

---

139 이하 전략적 무역정책론의 한계에 대한 비판은 Goods and Imperfect Competition, World Bank Trade Research, 2016 참조.

140 Is Free Trade Passé?, Paul Krugman, Economic Perspectives-Vol 1, Number 2-Fall 1987, p140.

141 Douglas Irwin, Ibid.p.214.

지게 된다.[142]

이 점, 동 이론은 관세부과보다 수출보조금이 제시된 차이가 있지만 과거 자유무역론의 주요 예외로 확립된 교역조건론과 유사하다고 평가되는데, 일방적 무역정책으로 타국의 희생하에 이익을 취하는 "beggar thy neighbor policy"의 위험을 보여 준다고 할 수 있다.[143]

아울러 이러한 전략적 무역정책을 수행하기 위해 필요한 정보를 정부가 충분히 얻기도 매우 힘든데, 예컨대 만약 정부 보조금이 너무 적으면 아무런 기대효과를 낼 수 없게 된다. 또한, 한정된 정부 예산 하에서는 모든 산업을 지원할 수는 없으므로 선택과 집중을 해야 하는데, 이는 다른 산업 지원분을 감소시켜 지원 감소 산업의 비용을 증가시키게 되는 부작용을 낳게 된다. 한편, 국내정치적으로도 특정 산업에 대한 지원 추진시 특정 이해 그룹들의 영향력으로 인해 특정 혜택 그룹에 대한 과도한 지원으로 귀결되기 쉽다는 문제점도 지적된다.[144]

한편, 일부에서는 기업간의 전략적 상호작용의 적절성에 대해서도 의문을 제기하고 있는데, 세계 항공기 시장의 상황과 세계 밀 시장의 상황은 같을 수 없다는 점이 지적되었다. 이 점, 일차상품 생산에는 대규모 규모의 경제가 작동하기 어려우므로 전략적 무역정책론은 일차상품을 주로 생산하고 있는 개도국에게는 적절치 않은 정책이란 점도 지적된다. 더욱이 개도국들은 흔히 국내시장이 협소하기 때문에 전략적 무역정책론이 가정하고 있는 거대기업들이 동 국가를 생산 거

---

142 Paul Krugman, Ibid.pp.141-142.

143 Douglas Irwin, Ibid.p.212

144 Paul Krugman, Ibid.p.142.

점으로 정할 가능성도 거의 없다.[145]

결론적으로 전략적 무역정책론은 이론상의 여러 전제를 충족하기도 어려운 데다 시장구조와 경쟁적 라이벌관계의 형태에 따라 상충되는 결과를 도출하기 때문에 정부의 무역정책을 실제 인도하는 데에는 많은 한계가 있다고 평가되었다.[146, 147]

상기 한계에도 불구, 섬유, 철강 같은 전통산업보다는 막대한 R & D가 요구되는 첨단 하이테크 산업을 더 잘 설명하는 것으로 평가되는 새로운 무역론은 특정 산업에서는 최소 이론적으로 자유무역이 항상 최선이 아닐 수 있다는 점을 명확히 보여줌으로써 1980년대 미 주류 경제학계에서 자유무역에 대한 회의론이 다시 크게 확산되는 계기를 조성하였다. 이는 크루그먼 교수에 따르면, 비록 기존 무역이론에 대한 혁명은 아닐지라도 궁정 쿠데타라고 할 수는 있는 것이었다.

Paul Krugman
*US public domain file
as a work of US federal
government

실제 크루그먼 교수는 신무역론과 전략적 무역론이 내포하는 전통적 자유무역에 대한 부정적 함의를 1987년 "Is Free Trade Passé?" 제하의 글에서 아래와 같이 노골적으로 표현함으로써 큰 파문을 낳았다.

"free trade is not passé, but it is an idea that has irretrievably lost its innocence. Its status has

---

145 World Bank Trade Research, Ibid.

146 Ibid.

147 일각에서는 전략적 무역론이 보호주의 옹호론자들에게 잘못 이해되어 사용될 우려로 이론적 또는 실제적 의미에 있어 뒤로 물러섰으며, 이에 따라 20세기 중반의 개발 경제학과 같은 쇠락의 길을 걷게 되었다고 평가하고 있다. Free Trade Reimagined, Roberto Mangabeira Unger, Princeton University Press, 2007, p.141.

shifted from optimum to reasonable rule of thumb. There is still a case for free trade as a good policy, and as a useful target in the practical world of politics, but it can never again be asserted as the policy that economic theory tells us is always right."[148]

상기 글이 일으킨 자유무역론에 미친 파장은 매우 커서 그의 스승이자 국내괴리론을 정립해 시장실패로부터 자유무역론을 구한 것으로 평가되는 바그와티(Bhagwati) 교수가 이에 대응하는 글을 1989년에 발표하게 만들 정도였다.[149]

그러나, 동 발표 이후 전술한 전략적 무역정책론의 여러 한계가 지적되자 크루그먼 교수는 기존의 입장을 누그려 뜨리고 자유무역 진영으로 복귀하는 듯한 모습을 보이게 되는데,[150] 동 교수는 1992년 발표된 글에서 Brender/Spencer 모델은 경탄할 만한 훌륭한 모델구성이지만 장기적 중요성에 있어 필요 이상의 지적, 정치적 논쟁을 야기해왔다고 하면서, Brender/Spencer가 근본적으로 타당한 원칙을 발견했다는 생각은 전략적 무역정책론의 이론적 취약성에 의해 불식된다

148 Krugman, Ibid.p.132.

149 Bhagwati, Is Free Trade Passé after all?, review of world economics, vol 125. p.17-44. Bhagwati 교수는 동 글에서 Krugman 교수의 이론적 기여를 인정하면서도 Krugman 교수가 실제적으로 이행되기 어려운 전략적 무역론을 지나치게 강조하고 있다고 비판하였다. 그에 따르면 정부의 개입은 종종 로비 등에 의해 영향받을 뿐 아니라 생산성 기여없이 경제적 렌트만을 추구하는 활동 등에 의해 쉽게 포섭될 수 있고, 전략적 산업을 확인하고 지원하는 것은 큰 복잡성과 불확실성이 개입되어 원하는 결과가 담보되기 어렵다는 점을 지적하였다.

150 Krugman 교수의 스승인 자유무역의 대가 콜롬비아대 Bhagwati 교수는 Free Trade Today(2002)에서 Krugman 교수의 자유무역론에 대한 유보적 입장을 비판하고, Krugman 교수가 이후 자유무역 지지 캠프로 확고하게 다시 돌아왔다고 언급하고 있다.

고 언급하였다.[151]

이러한 전략적 무역론에 대한 논란에도 불구, 산업내 무역에 주목하면서 전통적 무역이론을 보완한 크루그먼 교수의 신무역론은 국제무역 패턴에서 특정 지역에 산업이 집중화되는 경제지리의 역할에 주목한 New Economic Geography[152]에 대한 기여와 함께 그 공헌을 인정받아 2018년 노벨 경제학상을 수상하였다. 하지만 이에 따른 명성과 NYT 기고 등을 통한 그의 활발한 대외활동은 이후에도 그의 자유무역에 대한 다소 모호해 보이는 입장 관련 계속 논란의 대상이 되었다.[153, 154] 한편, 그의 신무역론은 이후 산업보다 기업 차원에 더욱 집중해 무역패턴을 탐구하는 소위 New-new trade policy의 초석이 되었다.

151 Krugman, Does the Trade Theory Require a New Trade Policy?, The world Economy 15 (July 1992); pp.423-41.

152 그의 지리경제학 책은 국내에 번역 출간되었다. 폴 크루그먼, 폴 크루그먼의 지리경제학, 이윤 역해, 도서출판 창해, 2017.

153 2016 3.14 미 경제저널리스트 William Greider는 "Paul Krugman Raises the White Flag on Trade" 제하의 The Nation지 기고문을 통해 세계화 비판가들을 조롱해 명성을 얻어 온 NYT 칼럼니스트가 이제 변심해 자유무역 지지가 대부분 쓰레기임을 인정했다고 비난하였다. 한편, NAFTA, TPP, 한미 FTA 등에 대해 비판적 입장을 펼쳐온 미국 자유무역 반대 단체인 Coalition for Prosperous America(CPA)의 Ian Flether & Jeff Ferry는 2016. 9.27자 Huffpost 기고문에서 Krugman 교수의 87년 "Is Free Trade Passé?" 글을 상기하며 자유무역의 강한 비판자가 되어야 할 Krugman 교수가 TPP에 대해서도 우물쭈물하기만 했을 뿐이지, 실제로는 아무것도 않고 있는 등 비판을 회피할 정도로만 행동하고 있다고 비난했다.

154 트럼프 대통령의 재선을 후원한 Coalition for a Prosperous America(CPA)는 최근 WITA에 게재한 글에서 트럼프의 관세 공약을 지지하면서 그 주요 근거로 케인즈의 관세 옹호를 언급하는 한편 Paul Krugman도 싼 수입이 노동자들을 해치고 있음을 인정했다고 언급하고 있다. Keynes' Support for Broad Tariffs, Andrew Rechenberg, Coalition for a Prosperous America, 2024.10.28.

3. 자유무역론의 현 위상

1776년 아담 스미스의 국부론에 의해 기초를 닦고 리카르도에 의해 추가 발전된 자유무역론은 지난 200여 년 이상 많은 도전을 받아왔고 이에 동 이론의 한계도 보다 명확히 검증되어 왔다. 근본적으로 자유무역론의 근본적 우월성은 기본적으로 개인 간의 분업에 의한 거래의 필요성과 유용성을 국가 간의 분업과 특화생산으로 인한 무역으로 유추한 것에 있다.[155] 즉 근본적으로 국제 자유무역론은 노동의 분업에 대한 하나의 특수한 케이스라고 할 수 있다.[156] 하지만, 개인 간 분업에 의한 유용성을 국가간 분업과 특화로 유추한 논리는 국가는 개인처럼 불가분의 단일체가 아니라 개별 국민으로 구성되어 있는 집합체이기 때문에 완전히 같은 유추가 적용될 수 없다는 문제점을 바로 드러냈다. 전술한 호주 사례와 후생경제학 논의에서 드러난 소득분배 및 보상원칙은 여기에서 바로 파생되는 문제이다.[157]

하지만, 과거 자유무역에 대한 여러 반론에 있어 지속적으로 등장하는 가장 중요한 인식은 수익체감 농업에의 특화는 교역조건에 불리하니 국가의 보호에 의해 수익체증 제조업에 특화해야 한다는 시각이다. 리스트로 대표되는 한시적 유치산업보호론, 그레이엄의 수익체증 및 수익체감론, 마노일레스쿠의 임금격차론, Prebisch-Singer 가설 및 구조주의 등이 정도의 차이는 있으나 모두 이러한 사고에 빚을 지고 있다고 할 수 있는데, 동 주장들은 여러 이론적 내지 실제 적용상

---

155 Douglas Irwin, Ibid.p.217.

156 Roberto Unger, Ibid.p.215,

157 Douglas Irwin, Ibid. p.219.

의 한계가 규명되어 자유무역론의 근본적 우월성은 적어도 주류 경제
학계에서는 그 지위를 잃지 않았다고 평가된다.

아울러, 이와 다른 맥락에서 제기된 시장실패가 상존하는 현실 세
계에는 이론상의 자유무역이 적용될 수 없다는 강력한 비판에도 자유
무역론은 국내괴리이론으로 대응하면서 그 정책적 우월성을 어렵게
지켜낼 수 있었다.

하지만, 이러한 도전을 극복하고 이제는 완전히 이론적으로 확립
된 것처럼 평가되었던 자유무역론에 근거한 국제무역론은[158] 현대에
국가 간 기술격차(리카르도의 비교우위론)나 요소부존도(헥셔-올린 정리) 차
이로 설명될 수 없는 산업내 무역이 주요 무역패턴으로 자리 잡자 그
한계를 드러냈고, 이를 설명한 신무역론과 특히 전략적 무역이론은
국가의 정교한 개입이 줄 수 있는 장점을 분명히 제시함으로써 자유
무역론을 다시 흔들었다. 노벨상에 빛나는 크루그먼 교수의 유명한
1987년 "Is Free Trade Passé?" 문제 제기와 이에 따른 논란은 이를
잘 보여 준다.

하지만, 비록 특정 조건하 정부의 개입의 우월성을 보여주는 이론
구성이 가능하다 해도, 이러한 정부의 수입규제는 동 규제가 ① 고려
되는 특정 상황에 부적절할 수 있고 ② 이해관계자들의 로비가 횡행
하는 국내 정치 프로세스가 규제 시행시 상황을 더욱 악화시킬 수 있
으며 ③ 무역 상대국의 무역보복은 국가개입에 의한 효용성을 모두

---

158 Paul Krugman 교수는 2008년 노벨 경제학상 수상 연설에서 자신이 조교수로 근무
하던 첫 해에 국제무역론을 탐구하고 있다고 말했더니 이미 완전히 확립되어 더 이상
발전시킬 흥미로운 분야가 남아 있지 않은 국제무역론을 왜 연구하느냐고 물은 동료
의 반응을 소개하고 있다.

되돌릴 수 있다는 현실적 한계가 지적되는데,[159] 전략적 무역론도 여러 가정상 전제조건들의 문제와 아울러 이러한 현실적 적용상의 한계로 자유무역론을 무너뜨리는 일반이론으로 정립되었다고 볼 수는 없다고 평가된다.[160]

반면, 이론적 측면에서 가장 강하게 확립된 자유무역에 대한 반론이자 예외는 개인이나 일개 기업이 강한 시장지배력을 가진 상황에서 동 시장지배력을 자신에게 유리하게 이용해 교환비율을 설정할 수 있는 문제점이 국가간 교역에도 적용될 수 있다는 교역조건론이다. 최적 관세론으로 이론적 완성을 이룬 동 주장은 일국의 일방적 조치에 따른 "beggar thy neighbor" 정책 소지가 있어 국제협력이 강조되어 왔으며, GATT/WTO의 관세양허와 관세감축을 위한 다자라운드는 이러한 정신위에 기초하고 있다고 할 수 있다. 이 점 최근 논란이 된 전략적 무역론도 국가 개입의 필요성 강조보다는 일국의 일방적 보호조치가 가져올 무역보복 폐해를 감안, 국제협력의 중요성을 다시금 일깨웠다는 측면에서 바라볼 수 있다. 다만, 이러한 교역조건론은 주어진 교역조건을 관세부과로 인위적으로 변경하는 것을 말하는 것이지 구조적으로 농업같은 1차 상품이 내재적 내지 장기적으로 교역조건에 불리하다는 구조주의와는 결이 다름에 유의해야 한다.

마지막으로 살펴볼 부분은 장하준 교수의 화제 저서 「사다리 걷어차기」가 잘 보여주고 있는 역사적 증거에 따른 자유무역론에 대한 비판인데, 이는 부정될 수 없는 실제적인 사례들이라 이를 반박하는 것

---

159 Paul Krugman, The New and Broad Arguments for Free Trade, p.363 및 Douglas Irwin, Ibid.p.228-229.

160 Ibid. p.215.

은 매우 어려운 일이다. 하지만, 자유무역론의 발전과 도전역사를 탐구한 어윈(Douglas Irwin) 교수는 "자유무역 논란을 중재하는 방법으로서 역사적 증거에 호소하는 것은 자유무역론 반박 논리를 만드는 데 도움이 되어 오지 못했다"라고 하면서 "임금격차론, 수확체증론, 호주 사례 및 케인즈 주장에서 동 주장은 실질적으로 아무런 역할도 하지 못했고 교역조건론, 유치산업보호론 및 전략적 무역론에서는 작고 비생산적인 역할만을 수행했다"고 그 의미를 축소하였다.[161] 그에 따르면, 자유무역론 논쟁 발전에 있어 중심 역할을 한 것은 이를 지지하는 이론의 발전이지 역사적 증거는 아니었다. 하지만, 역사적 증거가 영향을 끼친 대표적 이론인 유치산업보호론이 오늘날 학계에서 모호한 지위를 유지하고 있는 만큼 이에 따른 논란은 향후에도 지속될 것이 분명하다.

자유무역론은 많은 도전에도 불구, 오늘날에도 경제정책 수행에 있어 그 이론적 가치와 우월성이 상실되지는 않았다고 평가되며, 거의 모든 경제학자들은 자유무역이 바람직하다는 데에 동의해 왔다.[162] 하지만, 실제 적용상의 국내정치적 어려움을 차치하더라도 교역조건, 소득 재분배, 시장실패라는 이론적 문제점으로 동 독트린이 지지되기엔 국제협력, 시장치유, 보상 등 여러 조건이 충족되어야 함이 확인되었고, 불완전 경쟁과 수익체증에 기반한 신무역론과 전략적 무역론은

---

161 Douglas Irwin, Ibid.p.221.

162 크루그먼 교수는 비록 자유무역론이 이론적으로 완전하지 않다는 점이 확인되었지만, 다른 보호주의 정책들은 상대국의 보복 유발 등 더 큰 실패로 종결될 가능성이 크다는 점에 유의하고, 자유무역론의 자리를 대신 꿰찰 어떠한 다른 단순하고도 쉽게 정의되는 보호주의 정책은 존재하지 않으며, 신무역론자도 동시에 자유무역을 최선의 정책으로 지지할 수 있다고 지적하였다. Paul Krugman, Ibid.p.362&365.

경우에 따라 정교한 정부개입의 정당성을 지지해 주기도 한다. 아울러, 이론적 미비 지적에도 불구, 이를 지지하지 않는 많은 역사적 경험이 존재한다는 사실은 자유무역론이 향후에도 끊임없는 논란의 대상이 될 수밖에 없는 운명임을 시사하고 있다. 실로 자유무역론 논란은 비록 현대 인류가 직면한 가장 큰 이슈와는 거리가 멀지만, 현대의 어떠한 이슈도 이처럼 이론과 실제 적용상의 긴장을 보여주는 것도 없다.[163]

---

163 Roberto Unger, Ibid.p.221.

II

FTA의 법적·경제적 기초와 미국의 FTA정책

II

FTA의 법적·경제적 기초와
미국의 FTA정책

1. GATT 24조 FTA MFN 예외의 기원

최근에는 그 열풍이 다소 꺾였지만 2차대전 이후 최혜국대우 (MFN) 원칙으로 대변되는 다자 무역주의의 예외로서 허용된 관세동맹 및 자유무역지대 같은 지역 특혜관세협정(PTA)이 FTA란 이름으로 1990년대 이후 전 세계를 휩쓴 바 있다. 바그와티(Bhagwati) 교수가 first regionalism이라고 지칭한 1960년대의 1차 유행 이후 성과 없이 시들었다가 1980년대 이후 다시 유행한 최근의 FTA 열풍은 그간 다자주의를 적극 옹호해 온 미국이 1985년 이스라엘과의 FTA 체결 이후 소위 "competitive liberalism" 정책을 추진함에 따라 1기 트럼프 행정부 출범 이전까지 세계적인 유행으로 자리 잡았다.

FTA 대신 WTO 다자주의를 중시해 온 것으로 평가받던 한국 역시 이러한 세계적 조류 속에서 FTA 지각생이라는 자아 인식하에 2004년 칠레와의 FTA 체결을 필두로 본격적인 FTA 체결에 나섰으며, 그 결과 미, 중, EU, 호주, 인도 등 대부분의 주요 교역국과 FTA를 체결한 FTA 선도국이 되었다.

하지만 이러한 최근의 세계적인 FTA/PTA 광풍에 대해서는 그 남용으로 당초 취지와 달리 WTO 다자체제를 훼손시킨다는 우려가 지속 제기되었는데,[1] 이러한 FTA들이 세계적인 자유 다자무역 형성으로 나아가는 "building blocks"이 될지 아니면 이를 저해할 "stumbling blocks"이 될지 주목되어 왔으며, 아울러 이러한 특혜무역 허용의 법적 근거인 GATT 24조의 형성 배경에 대해서도 많은 연구가 이루어졌다.

GATT의 핵심 원칙인 MFN에 대한 예외 허용조항으로서 관세동맹과 자유무역지대 등을 규정한 GATT 24조는 그간 형성 배경이 잘 알려지지 않아[2] 미스테리한 조항으로 많은 추측의 대상이 되어 왔고, 특

---

1 Jagdish Bhagwati, Termites in the Trading System, How Preferential Agreements Undermine Free Trade, 2008, Oxford University Press 참조.

2 GATT 24조의 기원은 미 국무부가 1946년 9월에 작성한 ITO 설립헌장 초안 33조인데, 최혜국대우(MFN) 원칙의 유일한 예외로 관세동맹만을 규정하고 있었다. 관세동맹 예외가 허용된 것은 관세동맹은 완전한 경제적 정치적 통합체로 가는 첫걸음으로 인식되었고, 제3국에 대한 차별이라는 관점보다는 국경(frontier)과 관세 주권의 관점에서 이해되었기 때문이다. 1947년 10월 제네바 회의 초안에서는 완전한 주권의 제한으로 헌법개정이 필요한 관세동맹으로의 즉각적 이행이 어려운 정치적 현실이 고려되어 관세동맹을 달성하기 위한 잠정협정(interim agreement)도 예외로 포함되었고, 1948년 3월에 Havana 헌장 44조에서 자유무역지대(free trade area)가 MFN 예외사항으로 새로이 포함되고 이를 형성하기 위한 잠정협정도 허용됨으로써 현행 GATT 24조 예외가 완성되었다. Kerry Chase, Multilateralism compromised: the mysterious origins of GATT Article XXIV, World Trade Review, 2006. pp.3-6.

히 "substantially all the trade" 조건[3] 등 관련 규정의 적용이 엄격히 이루어지지 않게 되면서 많은 비평가들로부터 극도로 탄력적이며 구멍이 많고 모호한 조항으로 비판되어 왔다. 실제로 1947년 성안된 이래 GATT 작업반(working party)이 GATT 24조를 충족하는 것으로 결정한 지역무역협정은 1993년 체결된 체코와 슬로바키아 간 관세동맹협정이 유일하며, GATT 규범에 부합하지 않는다고 결정된 지역무역협정은 단 한 건도 없는 실정이다.

이와 관련, 우루과이 라운드는 「Memorandum of Understanding on Article XXIV」를 채택하고 WTO하에서의 지역무역협정을 심사할 지역무역협정위원회(Committee on Regional Trade Agreement)를 창설하였으나, 상황은 크게 바뀌지 않았으며, GATT 24조를 보다 명료하게 개선하기 위한 호주 등 국가들의 시도 또한 결실을 맺지 못한 바 있다.

2차대전 전후 MFN 원칙을 근간으로 세계 무역질서를 디자인한 미국이 GATT 24조에 대해 어떠한 태도를 취했으며, 그 결과 어떠한 배경 속에 현재의 GATT 24조가 탄생했는지와 관련, 과거의 전통적인 이해는 GATT의 전신인 ITO 설립 국제회의에서 영연방국가들과의 특혜무역 존치를 주장한 영국의 입장과 아울러 개도국 간의 지역통합 허용을 희망한 개도국들이 협상을 깨는 것을 방지하고, EU통합의 걸림돌을 제거할 필요성도 감안, 미국이 특혜무역 반대 원칙에서 후퇴해 타협을 했다는 것이었다.

하지만, 2006년 브랜다이스 대학의 케리 체이스(Kerry Chase) 교수

---

3 "substantially all the trade" 조건이란 FTA 등이 GATT 24조 예외를 받아 MFN 의무의 예외로 인정되기 위해서는 일정 섹터만의 부분적 자유화로는 불충분하고 거의 대부분 섹터에 대한 자유화가 이루어져야 함을 의미한다.

는 미국의 관련 역사적 사료를 연구해 World Trade Review에 발표한 논문을 통해 이러한 이해는 불충분한 것으로 미국이 당시 캐나다와 비밀리에 무역협정 협상을 진행한 것이 24조에 관세동맹에 더해 자유무역지대(FTA 허용의 근거)가 추가로 포함되게 된 숨겨진 원인임을 밝혔다.[4]

동 연구에 따르면, 외환위기 상황에 처해 있던 캐나다는 1947년 10월 30일 대미 수출확대를 위해 미국에게 양국 간 무역을 자유화하는 협정 체결을 제의하는데, 당시 미 의회로부터 관세 감축협상 권한을 위임받지 못한 미 국무부가 이를 비밀 교섭으로 5개월여 진행한 것이 GATT 24조 자유무역지대 포함의 근본 원인이었다. 미측이 이렇게 엄격히 비밀을 유지하려 한 것은 언론 노출로 인한 미 의회 자극을 피하려는 것이 주목적이었지만, 동 협정이 당시 교섭 중인 하바나 헌장 42조의 관세동맹 MFN 예외조항과 부합되지 않는다는 점도 주요 고려요인이었다. 비록 하바나 헌장 제네바 초안 15조에는 회원국 2/3의 동의를 얻어 MFN 예외를 인정받을 수 있는 근거 조항이 있었지만, 전망이 불확실한 동 규정 적용 대신 관세동맹 조항을 수정키로 한 것이다. 하지만, 관세동맹을 수정해 자유무역지대를 MFN 예외로 추가하는 방안은 기존 정책에 비추어 너무나 큰 방향 변경이었기 때문에, 미국은 레바논과 시리아를 통해 제안하는 우회 방식을 추진하는데, 궁극적으로 레바논, 시리아 제안에 대한 프랑스 수정 제안을 통해 목적을 달성하게 된다.[5] 이러한 비밀 추진에도 불구, 트루만 행정부가 ITO 미 상원비준을 포기해 ITO가 좌초하자 동 무역협정도 같은 운명

4　Kerry Chase, Multilateralism compromised: the mysterious origins of GATT Article XXIV, World Trade reivew, 2006.

5　Ibid. pp.12-16.

을 맞이하게 되는데, King 캐나다 총리는 당초 동 협상을 지지했음에
도 불구, 그의 임기종료가 다가오면서 협정안이 완성되자, 정치적 부
담을 느낀 나머지 입장을 번복했고, 협정은 물거품이 되어 버렸다.[6]

최근까지 국제 무역질서의 대세였던 FTA의 근거조항인 GATT
24조의 자유무역지대 조항의 핵심 동기가 당시 비밀리에 진행된 캐
나다·미국 특혜무역 협정 때문이었다는 사실은 중요한 발견으로 국
제무역론의 대가인 바그와티 콜럼비아대 교수는 이를 "astonishing
archival discovery"라고 평한 바 있으나,[7] FTA의 가장 적극적인 추
진국가임에도 국내에는 동 사실이 널리 알려져 있지 않다. 어찌되었
건 이러한 역사적 의미를 갖는 수정이 미 국무부 최고위층의 사전승
인 없이 국무부의 총 8인만의 관여에 의해 비밀리에 추진되었다는 점
은 현 국제무역에 있어서 동 조항의 중요성에 비추어 매우 흥미롭다
고 할 수 있다.

2. GATT 24조 적용의 완화

상기와 같이 당초 관세동맹만을 염두에 두었으나 미국의 캐나
다와의 FTA 비밀 추진 등에 힘입어 자유무역지대를 포함해 탄생한
GATT 24조는 동 남용을 막기 위한 장치를 규정하고 있었지만, 동 장
치들은 점차 완화되어 사실상 의미를 상실하였으며, 이는 추후 상세
서술할 80-90년대 FTA가 범람하는 법적 근거를 제공하게 되었다.

---

6   Ibid.p.19.

7   Jagdish Bhagwati, Ibid.p.20.

GATT 24조(UR 이후 GATS 5조 포함)는 MFN의 예외로서 인정되는 FTA의 제한요소로서 "합리적 기간(a resonable length of time)" 내에 자유무역지대가 형성될 것과 특정 부문만의 부분적 관세철폐가 아닌 실질적으로 모든 부문의 관세를 철폐할 것("substantially all the trade") 등을 핵심 요건으로 규정하고 있으나, 이는 모호한 문귀에 대한 완화된 해석을 통해 이빨 빠진 호랑이로 전락했다. 예컨대, "substantially all the trade" 조건의 의미에 대해서는 전체무역의 60%, 80%, 90% 등 다양한 주장이 존재했고 이는 "합리적인 기간" 조건도 마찬가지였는데, 추후 1994년 UR에서 채택된 GATT 24조에 대한 understanding에서 회원국들은 단지 예외적인 경우에만 10년을 초과해야 한다는 보다 완화된 합의를 도출함으로써, 동 조건은 단지 10년이 왜 부족한지 설명을 제공하기만 하면 되는 것으로 완화되었다.[8]

이와 관련, 이미 1970년 댐(Kenneth Dam)은 단지 두 가지 주요 상품에만 적용되는 유럽 석탄 및 철강공동체는 GATT 24조 예외 대상이 될 자격이 없음을 지적하였는데,[9] EC조차 자격충족 여부가 의심받던 상황에서 여타 국가들의 FTA는 불문가지였다. 동 문제점을 시정하기 위해 WTO 지역무역협정위원회가 1996년 설립되었지만, 모든 국가들이 완화된 기준의 FTA를 체결하던 분위기에서 자신에게 부메랑이 되어 돌아올 엄격한 기준이 주장되기는 어려웠고, 동 규율은 사실상 사문화되었다.

이에 더해 GATT 24조의 추가적인 완화는 1970년대 개도국들의

---

8   Bhagwati, Ibid.p.22-23.
9   Ibid. p.23.

新국제무역질서 주장에 근거한 특별대우(SDT: Special and Differential Treatment) 논거에 따라 1971년 UNCTAD에 의해 도입된 일반특혜관세(GSP) 제도와 1979년 동경 라운드에서의 Enabling Clause 채택에 따라 개도국 간 FTA에는 GATT 24조가 적용되지 않도록 하는 제도적인 변화로 이루어졌다. 그리고 이러한 개도국에 대한 예외는 "정책공간(need for policy space)"이라는 명분으로 합리화되었다.[10]

3. FTA의 경제적 효과 논쟁

FTA는 자유무역 확산에 기여하는 것으로 최근까지 전 세계의 대세가 되어 왔지만, 실제 FTA가 자유무역에 기여하는 것인지에 대해서는 경제학계에서 많은 논란이 있다.[11] 동 논의에 가장 큰 목소리를 내어 온 인물은 국내괴리 이론을 정립하면서 FTA 남용의 다자무역체제에서의 위험성을 지속 경고한 바그와티 콜롬비아대 교수이다.

동 교수는 일찍이 FTA 즉 Free Trade Agreement와 Free Trade는 다른 것이며, FTA는 차별적 무역을 의미함에도 불구, 자유무역협정이라는 이름 때문에 대중에게 FTA가 무조건 자유무역에 기여하는 것으로 잘못된 인식을 심어줄 우려가 있어 FTA대신 PTA(Preferential Trade Agreement)란 용어를 써야 한다고 주장해 왔는데, 이에 PTA라는 용어

10　Bhagwati, Termites in the Trading System, p.28.

11　특혜무역을 중시한 주요 경제학자로는 20세기 최대의 영향력을 가진 영국의 Maynard Keynes였는데, 영국의 입장을 대변한 그는 2차대전 종전 무렵 영국의 식민지 Imperial Preference 유지를 주장하였다.

도 FTA와 더불어 널리 쓰이게 되었다.[12]

하지만, PTA의 경제적 영향에 대해 초기 결정적 기여를 한 사람은 1950년 The Customs Unions Issue 논문을 통해 관세동맹의 무역전환 효과와 무역창출 효과를 분석한 바이너(Jacob Viner)였다. 비록 그의 이론은 관세동맹에 관한 것이었지만 FTA 등 여타 PTA에도 확장 적용되었는데, 그에 따르면, PTA가 협정 체결국에 이득이 될지는 효율적 역외 수입선이 관세철폐로 비효율적 역내 수입선으로 대체되는 부정적 무역전환효과와 비효율적 국내생산이 보다 효율적인 무역으로 대체되는 긍정적 무역창출 효과 사이의 상대적 힘의 크기에 달린 문제였다.

일반적으로 FTA에서는 무역창출 효과와 무역전환 효과가 동시에 발생하지만 전자는 후자보다 ① FTA 체결전 파트너 국가간 관세나 무역장벽이 클수록, ② 비회원국에 대한 관세/비관세 장벽이 작을수록, ③ FTA 참여국이 많을수록, ④ FTA 참여국가들이 상호 더욱 경쟁적이거나 덜 보완적일수록, ⑤ FTA 체결 전 회원국 간 경제관계가 밀접할수록(Natural Partner 의미) 크다고 알려져 있다.[13]

바이너의 무역전환 효과 논의가 중요한 점은 양자이건 다자 간이건 모든 무역자유화는 좋은 것이라는 믿음에 경종에 울렸다는 점인데, 바그와티 교수는 무역전환 효과를 경시하는 일부의 주장과 달리 무역전환 효과가 오늘날 중요한 이유를 아래와 같이 제시하고 있다.[14]

---

12 반면 RTA(Regional Trade Agreement)라는 용어는 다수의 PTA가 지역 인접성과 무관하다는 이유로 점차 사용 빈도가 감소하는 경향을 보였다.

13 Salvatore, Dominick, International Economics, 1995, pp.305-306.

14 Jagdish Bhagwati, Ibid. pp.52-57.

첫째, 오늘날 세계무역에서는 경쟁이 치열하기 때문에 매우 적은 이윤으로 거래되는 상품이 대다수이며, 따라서 소폭의 관세철폐라도 "knife-edge" 상대적 비교우위 결정에 큰 영향을 미칠 수 있다.

둘째, GATT 24조는 PTA 형성시 비회원국에 대한 관세인상을 금지하고 있지만, 양허된 MFN 관세율이 실행관세율보다 낮을 경우에는 관세가 인상될 수도 있다.

셋째, PTA 형성 시 비회원국에 대한 관세인상이 금지된다고 하나, 현실에서는 반덤핑 등 정부의 "administered protectionism"을 통해 비회원국에 대한 차별이 강화되어 무역전환이 일어날 수 있다.

넷째, 특혜관세를 충족하기 위한 강화된 원산지 규정을 통해 무역전환 효과가 발생하고 있다는 많은 증거가 있다.

다섯째, PTA는 무역전환 효과보다 무역창출 효과가 실제 때때로 크다는 중력모델 계산결과는 PTA로 증가된 무역이 무역창출과 무역전환 모두를 포함한 무역이라는 문제가 있기 때문에 신뢰도가 떨어진다.

여섯째, Paul Wonnacott와 Mark Lutz가 처음 제기한 "natural trading partners" 주장에 따르면, PTA가 교역량과 지리적 인접성(물류비용)이라는 기준으로 결정되는 자연스러운 무역상대국간에 형성될 경우, 무역전환 효과보다 무역창출 효과가 더 클 가능성이 크다. 하지만, 실제 무역량과 지리적 인접성이 항상 같이 동반되지 않을뿐더러, A국은 B국에게 주요 교역국이나 B국에게 A국은 미미한 교역국일 수도 있고, 양국 간 기존의 높은 무역액도 역외가공 무역처럼 인위적 경

우가 있을 수 있다.[15]

반면, 바이너의 이러한 무역전환 효과는 정적인 측면만을 고려한 것으로 FTA는 중장기적으로 역내 경쟁이 제고되어 경제효율이 향상되며, 규모의 경제를 실현할 수 있고, 외국인투자 유치로 경제발전을 도모할 수 있는 동적인 후생증진 효과가 있음이 아울러 지적되고 있다.

상기 무역전환 효과 우려와 함께 제시되는 또 하나의 PTA 문제는 복잡한 원산지 기준 문제이다. PTA의 전 세계적 확산은 복잡한 특혜 원산지 규정으로 인해 오늘날 더 이상 PTA를 개별적 우려가 아닌 전 세계적 시스템 우려로 만들고 있는데, 바그와티 교수는 이를 "스파게티 볼(Spaghetti Bowl) 효과"로 칭했고, 동 용어는 전 세계적으로 퍼져 아시아 PTA에 대해서는 "Noodle bowl"이라는 모방용어까지 등장하였다.[16]

일례로 미국과 싱가폴 FTA의 원산지기준은 284페이지 분량에 달했는데, 동 문제의 심각성에 대해서 바그와티 교수는 동 문제를 미리 인식했다면, GATT 24조는 의심의 여지없이 달리 쓰였을 것이라고 지적한 바 있다. 이점 "만약 NAFTA가 정말로 자유무역에 관한 것이라

---

15 실제 EU는 무역전환효과로 3%의 무역을 미국에서 빼앗아 역내무역으로 대체한 것으로 추산되었다. Building Blocks, Economist, 2012.12.22. 참조. 하지만 EU 통합의 경제적 효과에 대해서는 무역창출 효과가 더 컸다는 긍정적인 분석이 주인데, 실제 여러 RTA에 대한 최근의 실증적 연구결과는 무역창출 효과와 더불어 놀랍게도 "reverse trade diversion"이 나타나고 있음이 지적된 바도 있다. 이는 RTA가 비록 체결국 간보다는 작지만 전반적인 무역장벽을 낮추기 때문인 것으로 추정되었다. Multilateralising 21st Century Regionalism, Richard Baldwin, OECD, 2014, p.26 참조. 동 글에서 Baldwin은 또한 RTA의 관세철폐 효과도 그리 크지 않음에 주목했는데, 전 세계 수입의 절반 정도가 RTA의 대상이 되지만 실제 단지 16.7%의 수입만이 특혜관세의 대상이며, 특혜마진도 매우 낮아 전 세계 2% 이하의 수입만이 10% 이상의 특혜 관세 마진을 향유했다. Ibid.p.9.
16 Jagdish Bhagwati, Ibid.p.63.

면 수백 페이지 대신 한 페이지만이 필요할 것"이라는 비판적 언급은 주목할 만하다.[17]

한편, 순수한 경제적 효과와는 다른 차원에서 PTA는 새로운 이슈를 태동시켰는데, 미국 등 강대국이 PTA 협상시 개도국들에게 지재권, 노동, 환경, 의약품, 자본통제 등 무역과 직접 관련이 적은 문제들을 포함시키는 추세가 그것이다. 이는 개도국간의 PTA에는 동 요소가 없다는 측면에서 두드러진 특징으로 볼 수 있는데, 노동과 환경기준을 PTA에서 포함시키는 것은 겉으로는 이타적인 것으로 포장되어 있지만, 실제로는 다수의 핵심 ILO 협약을 비준하지 않은 미국이 AFL-CIO 등 미 노조 등의 주장에 편승해 자국 산업 보호를 위한 보호주의적 동기를 뒤에 숨기고 있다고도 지적되었다.[18]

결론적으로 바그와티 교수는 PTA가 전 세계적 다자 자유무역을 진전시키는 "building blocks"이 될 가능성보다 "Stumbling Blocks"이 될 가능성에 큰 우려를 표명하면서 다자주의를 적극 옹호하였는데, 그는 한때 자신의 입장은 "Multilateralist freak"로 지칭되는 소수 입장에 불과했지만 이제는 거의 모든 경제학자들이 자신의 입장에 동의하고 있다고 주장한 바 있다.[19]

이러한 바그와티 교수와 반대 입장으로 PTA의 다자무역체제의 순기능을 중시한 사람으로는 로버트 로렌스(Robert Lawrence), 제프리 쇼트(Jeffrey Schott), 프레드 버그스텐(Fred Bergsten) 등이 있는데, 로렌스는 최근

---

17   Ibid.p.69.

18   미국은 국내법과의 상충 등의 사유로 ILO의 8개 핵심협약 중 단지 2개(강제노동 금지협약 및 아동노동 금지협약)만 비준하였다.

19   Bhagwati, Ibid, p.12.

의 FTA가 단순히 관세철폐를 넘어 "깊은 경제통합(deep integration)"[20]을 추진하고 있음에 주목하면서 바그와티 교수의 비판은 FTA의 dynamic welfare 증진 효과를 고려하지 않은 것이며, 동 효과는 부정적 무역전환효과를 뛰어넘는 것이라고 주장했다.[21]

아울러, CATO 연구소의 에드워드 허진스(Edward Hudgins)는 비록 다자체제가 가장 바람직하지만, 약간의 무역전환 효과를 감수하더라도 양자 및 지역협정 등 모든 가능한 방법을 통해 무역자유화를 추진해야 한다고 주장하고, FTA는 어려운 무역장벽 이슈를 다루는 데 있어 회원국이 많은 WTO보다 유리한 이점이 있음을 환기하였다.[22] PIIE의 제프리 쇼트 또한 미국기업이 미국이 참여하지 않은 다수 FTA로 인해 해외시장에서 불이익을 받고 있으므로 FTA에 적극 나서야 한다고 주장했다.[23]

이와 관련하여, 1996년 "competitive liberalization"을 주장해 미 FTA정책에 큰 영향을 준 바 있는 버그스텐은 2010년 선진국, 2020년 개도국의 무역자유화 목표를 설정한 1989년 APEC 보고르 선언에 주목하고, GATT와 일치되는 방법으로 무역자유화를 추진하며, 내부지

---

20 "깊은(deep) 통합"은 관세철폐 외 추가 무역규범을 포함하는 21세기형 RTA의 특징으로 주목되는데, 이는 WTO에서 다루어진 분야에서 이루어진 약속보다 더 강한 약속인 "deeper-than-WTO commitment"와 아예 WTO가 다루지 않은 분야의 약속인 "beyond-WTO-commitment" 두 가지로 구성되며, 이는 "WTO+"와 "WTOx"로 표시되기도 한다.

21 Robert Lawrence, Regionalism, Multilateralism and Deeper Integration, 1999, pp.41-45.

22 William Cooper, CRS report "Free Trade Agreements: Impact on US Trade and Implication for US Trade Policy", 2014, p.12.

23 Ibid.p.13.

향적 무역블럭 창설에 강한 반대 입장을 표명한 APEC의 기본 무역자유화 원칙인 개방적 지역주의(open regionalism)에 큰 관심을 보였다. 그는 APEC의 open regionalism이 회원국 간 자유화 조치가 MFN 원칙에 의해 비회원국에 모두 적용됨에 유의하면서, 무임승차를 방지하고 자유화를 더욱 확산시키기 위해 APEC 회원국이 취한 자유화 조치와 유사한 조치를 취한 모든 국가들에게 APEC 자유화 조치의 혜택을 향유토록 허용하는 conditional MFN 방식을 제안하였다.[24]

4. FTA와 regionalism

가. The First Regionalism

상기와 같은 비밀스러운 배경 속에 탄생한 GATT 24조상의 FTA는 1958년 EC 출범을 계기로 1960년대에 1차 붐을 일으키는 데 NAFTA(North Atlantic Free Trade Area), PAFTA(Pacific Free Trade Area), LAFTA(Latin America Free Trade Area/1980년에 LAIA, 즉 Latin America Integration Agreement로 대체) 등이 대두되었으나, EC와 EFTA를 제외하고는 1960년대 말까지 모두 실패해 바그와티 교수가 First Regionalism이라고 부르는 동 추세는 바로 막을 내리게 된다.[25]

흥미로운 것은 1960년대 추진된, 1994년 NAFTA와 영문약칭이 동

---

24 Bergsten, Open Regionalism, working paper, PIIE, Jan. 1997, World Economy Vol. 20(5), Aug. 1997 전재, p. 554.

25 Jagdish Bhagwati, Regionalism versus Multilateralism, The world Economy, Vol.15, 1992 참조.

일한 North Atlantic Free Trade Area인데, 영국과 미국의 경제통합을 목표로 한 동 논의는 1967년 프랑스가 미국의 트로이 목마역할을 할 것이라는 우려로 영국의 EC가입을 거부한 데 자극받아 French Socialist에 기울어진 EC에 대항해 앵글로 색슨 영미권의 경제통합을 이루려는 동기에 의한 것이었다.

동 추세는 특히 동 아프리카(East African Common Market)와 라틴아메리카(Latin American Free Trade Area)를 중심으로 개도국에서도 활발히 추진되었는데, EC 출범과 아울러 통합의 이점을 부각한 Cooper & Massel(1965), Johnson(1965), Bhagwati(1966) 등 학계의 움직임에도 영향을 받았다. 이 시대 개도국들은 수입대체 산업화를 이루기 위한 수단으로서 협소한 국내시장의 한계를 극복하고 규모의 경제를 얻기 위해 경제통합을 추구한 것이 특징이다.[26]

하지만, 개도국들의 동 노력은 모두 실패로 끝났는데, 동 원인은 경제통합 과정을 가격에 의한 시장주도로 한 것이 아니라 관료들 간의 협상에 의해 자의적으로 산업을 배분하고 이에 따라 무역을 하려 했기 때문인 것으로 분석된다. 즉 "마차를 말 앞에 두는(putting the cart before the horse)" 오류를 범했기 때문이다.[27]

한편, 이러한 개도국 상황과 달리 선진국에서 EC 모델을 따르려는 유행이 일어나지 않은 것은 근본적으로 미국이 다자주의와 비차별 원칙에 충실해서 지역주의에 관심을 두지 않았기 때문이다. GATT 출범 당시부터 MFN에 기초한 무차별 원칙을 주창해온 미국이 EC 출범을

---

26 Jagdish Bhagwati, Regionalism and multilateralism: an overview, Cambridge University press, 2010, p.28.

27 Bhagwati, Termites in Trading System, p.30.

용인하고 이를 지지한 것은 냉전시대의 공산주의 위협("red menace")에 공동 대응하기 위한 정치적 원인이 컸다.

나. The Second Regionalism

하지만 이러한 상황은 1980년대 이래 전 세계를 강타한 2차 지역주의의 대두에 의해 근본적 변화를 맞게 된다. 동 변화는 1985년 이스라엘과 첫 번째 FTA를 체결하고 캐나다와 FTA를 추진하는 등 GATT 24조를 적극 활용하기 시작한 미국의 입장변화가 근본적 추동력을 제공하였는데, 이에는 여러 요소가 복합적으로 작용하였다.

우선, 미 행정부의 인식변화가 중요한 역할을 했는데, USTR 및 국무부 부장관을 역임한 로버트 죌릭(Robert Zoellick)과 워싱턴 싱크탱크인 IIE(Institute for International Economics)의 프레드 버그스텐(Fred Bergsten)은 regionalism은 다자주의에 대한 대안(alternative)이 아니라 유용한 보완재(supplement)라는 인식하에 PTA는 다자라운드와 동시에 추구될 수 있으며, 다자주의를 오히려 촉진하는, "stumbling block"이 아닌 "building blocks"으로 기능한다고 보았다. 다자주의와 지역주의 두 다리로 동시에 걷는다("Walking on two legs")는 이러한 주장은 1996년 버그스텐의 논문에 의해 "경쟁적 자유화(competitive liberalization)"[28] 전략이라고 불렸다.

실제 1985년 미국의 첫 FTA인 이스라엘과의 FTA 체결은 경제적 이유보다는 외교안보적 고려가 핵심 사유였지만, 1982년 11월 GATT

---

[28] Fred Bergsten, Competitive Liberalism and Global Free Trade : A Vision for the Early 21st Century, PIIE, 1996.

각료회의시 EC가 뉴라운드 출범에 반대하자 미 의회의 보호주의 압력 속에 당시 William Brock 무역대표가 양자 옵션을 추구한 것이 동 체결의 또 다른 주요 배경이었고, 이는 다자주의 진척이 없으면 미국은 양자로 갈 수밖에 없다는 메시지를 세계에 던진 것이라고 할 수 있었다.[29] 동 메시지는 1990년 Brussel 각료회의에서 우루과이 라운드 타결이 실패하자 1991년 NAFTA 협상을 개시한 것으로 다시 반복되었는데,[30] 이는 1980년대 미 의회 내 팽배한 보호주의 압력에 대응하기 위한 수단으로 regionalism이 활용되었음을 의미한다.[31]

상기 인식의 변화는 당시 GATT에 부정적이었던 학계 일각의 시각과도 관련이 있는데, MIT 대학 경제학과가 소재한 매사추세츠 Cambridge의 주소 50 Memorial Drive에서 연유한 "Memorial Drive School"로 불린 학자들은 "GATT는 죽었다"(Thurow, Davos) 또는 "GATT는 죽어야 한다"(Dornbusch) 등의 과격한 주장을 펼치면서 다자주의에 대한 대안으로 지역주의(regionalism)를 옹호하였다. 동 주장은 다자주의를 미국의 전후 이타주의로 인식하면서 이제는 미국의 이익을 돌보아야 할 필요가 있다고 생각하는 미 의회 내 민주당 서클의 관심을 끌었다.[32]

---

29 1982년 미국의 뉴라운드 출범 실패는 결국 1986년 각료회의시 우루과이 라운드 출범합의로 귀결되었다. Jagdish Bhagwati, Termites in the Trading System, 2008, p.38.

30 Jeffrey Schott, Assessing US FTA Policy, Free Trade Agreements, US Strategies and Priorities, p.361.

31 Jagdish Bhagwati, Termites in the Trading System, 2008, pp.38-39.

32 Jagdish Bhagwati, Regionalism versus Multilateralism, The world Economy, Vol.15, 1992, p.29.

한편, 80-90년대 FTA 열풍의 또 다른 배경으로는 NAFTA 출범 이후 Baker 국무장관이 남미의 부채탕감 요구에 대해 "Trade, Not Aid"를 변형한 "Trade, Not Debt Relief" 슬로건으로 대응하면서 부채탕감 대신 무역을 카드로 하는 PTA를 추구한 데에도 기인했다. 동 결정은 이어 2000년대 초 죌릭 무역대표에 의해 전 세계 국가와의 PTA체결 추진으로 확대되어 Bush 대통령 시절 모로코, 싱가폴, 요르단, 페루, 콜롬비아, 파나마, 중미국가 등과 FTA가 적극 추진되었다.[33]

미국의 이러한 PTA로의 방향전환에는 EC의 비회원국과의 적극적 PTA 체결도 영향을 끼쳤는데, EC의 여타 비회원국 국가와의 PTA 체결은 EC의 PTA Hub-spoke 관계 구축으로 간주되어 GATT에서 EC의 영향력이 확대될 우려가 제기되었다. 아울러, 무엇보다 EC의 단일시장을 완성하는 "Europe 1992"와 1987년 미국-캐나다 FTA(CUSFTA) 체결은 전세계에 이제는 regionalism이 대세임을 공표하는 효과를 낳았다.[34] 이에 따라 PTA 대신 다자주의를 고수하던 한국 같은 나라들도 "FTA 지각생"이란 인식하에 적극적인 FTA 체결로 정책방향을 전환하게 되었다.

한편, 일부 개도국들은 핵심시장에서 경쟁국을 제치고 우위에 서고, 국내 경제개혁 성과를 국제협정을 통해 고정시킴으로써("lock-in effect"), 보다 유리한 외국인투자 환경을 조성하기 위해 매우 적극적으로 FTA 체결에 나섰는데 칠레와 멕시코가 이의 대표적인 국가였다.[35]

---

33 Bush 행정부의 양자 FTA 추진정책 현황은 III장 5. 바. Bush/Obama 행정부와 FTA 참조.

34 Bhagwati, Regionalism and Multilateralism: an overview, p.30.

35 Jeffrey Schott, Assessing US FTA Policy, Free Trade Agreements, US Strategies

이렇게 발동이 걸린 Second Regionalism은 동 물결에 동참하지 않으면 기존 시장을 잠식당할 것이라는 우려로 낳음으로써, 실패한 1차 지역주의와 달리 성공적인 2차 지역주의 열풍을 가져왔는데, 이는 한국, 일본 등 다자주의를 중시해 온 동아시아에도 동참을 강요했다.[36]

한편, 관세철폐에 중점을 둔 전통적 의미에서의 FTA는 NAFTA, TPP 같은 Mega-FTA 탄생을 통해 거대한 경제블럭(Mega Regionalism)을 형성하는 추세를 노정하면서 전통적 관세감축외에 글로벌 공급체인의 원활한 작동을 도울 수 있는 지재권, 경쟁, 노동/환경, 환율 등 새로운 무역규범이 포함된 21세기型 "deep RTA"로 진화했는데, 신 무역규범 창출 기능 마비로 WTO가 주변화되는 상황에서 이러한 "deep RTA"가 글로벌 공급체인에 가져올 긍정적 효과가 주목되었다.

이에 이러한 새로운 국제 트렌드 속에서 다자주의가 완전히 와해되지 않도록 WTO는 이들 RTA가 상호 조화되어 다자주의 강화로 이어질 수 있도록 새로운 RTA에 포함될 모범사례 가이드라인 및 기본 원칙들을 제시하는 작업, 즉 regionalism의 다자화 역할에 착수해야 한다고 주문되기도 했다.[37] 하지만 이렇게 기대되었던 Mega Regionalism의 긍정적 효과도 트럼프 대통령의 깜짝 당선과 TPP 탈퇴로 관심권에서 멀어졌다.

---

and Priorities, p.362.

36 2001년 1월 다보스 회의에서 일본 재무차관은 일본도 마침내 양자 FTA를 체결토록 강요되었다고 언급하고, 전 세계적으로 다양한 크기와 모양의 양자 FTA 협정들이 어떻게 "building blocks"으로서 전 세계 자유무역 체제 구축에 기여해 나갈 수 있을지 의문을 표시하였다.

37 Multilateralising 21ˢᵗ Century Regionalism, Richard Baldwin, OECD, 2014.

5. 미국 FTA 정책의 특징과 변화

전술한 대로 다자주의를 옹호하던 미국은 1985년 이스라엘과의
FTA 체결을 시작으로 적극적인 FTA 체결 정책으로 방향을 바꾸었는
데, 1996년 버그스텐의 "competitive liberalization" 주장을 죌릭 무
역대표가 적극적으로 실행에 옮김으로써, 오늘날 미국은 총 20개국과
의 14개 FTA를 체결한 국가로 변모하였다.

미국의 FTA 체결 현황

1) U.S.-Israel FTA: 1985.6.11 이행법안 서명, 1985.9.1 발효

2) U.S.-Canada FTA: 1988.9.28 이행법안 서명, 1989.1.1 발효

(※ 추후 NAFTA로 대체)

3) NAFTA: 1993.12.8 이행법안 서명, 1994.1.1 발효

4) U.S.-Jordan FTA: 2001.9.28 이행법안 서명, 2001.12.17 발효

5) U.S.-Singapore FTA: 2003.9.3 이행법안 서명, 2004.1.1 발효

6) U.S.-Chile FTA: 2003.9.3 이행법안 서명, 2004.1.1 발효

7) U.S.-Australia FTA: 2004.8.3 이행법안 서명, 2005.1.1 발효

8) U.S.-Morocco FTA: 2004.8.17 이행법안 서명, 2006.1.1 발효

9) U.S.-Bahrain FTA: 2006.1.11 이행법안 서명, 2006. 8.1 발효

10) DR-CAFTA: 2005.8.2 이행법안 서명, El Salvador (2006.3.1),
    Honduras and Nicaragua (2006.4.1), Guatemala
    (2006.7.1), Dominica(2007.3.1), Costa Rica (2009.1.1)
    발효

11) U.S.-Oman FTA: 2006.9.26 이행법안 서명, 2009.1.1 발효

12) U.S.–Peru FTA: 2006.4.12 협정 서명, 2007. 12.14 이행법안 서명, 2009.2.1 발효

13) U.S.–Colombia FTA: 2006.11.22 서명, 2011. 10.21 의회통과 및 대통령 이행법안 서명, 2012.5.15 발효

14) U.S.–South Korea FTA: 2007.6.30 서명, 2011.10.21 의회통과 및 대통령 이행법안 서명, 2012.3.15 발효

15) U.S.–Panama FTA: 2007.6.28 서명, 2011.10.12 의회통과 2011.10.21 대통령 이행법안 서명, 2012.10. 31 발효

※ 트럼프 1기 행정부 출범이후 2017.1 TPP 탈퇴 및 Transatlantic Trade and Investment Partnership(TTIP) 협상 중단

※ 바이든 행정부는 IPEF협정(Indo-Pacific Economic Framework)을 추진, 2023.3월 필라 2 공급망 협정이 발효되었으나 시장접근이 포함되어 있지 않아 FTA는 아니며, 현재 진행 중인 케냐와의 무역협정(2020년 FTA로 시작되었으나 2022년 바이든 행정부는 FTA 논의를 중단하고 현 STIP 협상으로 대체)과 2022년 대만과의 21세기 무역 이니셔티브에 따른 협정도 FTA로 간주되지 않음.

미국이 1990년대 이후 적극적인 FTA 정책으로 전환한 이후 많은 국가들이 미국과의 FTA 후보국으로 거론되었고 실제 많은 국가들이 FTA 체결을 희망하였는데, 지금까지 실제 체결된 국가들을 살펴보면 몇 가지 특징이 드러난다.

우선, 현재까지 체결된 FTA 상대국들은 호주, 한국 등 일부 예외

를 제외하곤 모두 개도국들이다. 미국은 전통적으로 EC, 일본, 중국 등 거대 경제권과는 양자 FTA보다 WTO 다자무대에서 다루는 것을 더 선호해 왔는데, 이는 오래된 양자 무역현안이 FTA를 한다고 쉽게 해소될 가능성이 적었고, 무엇보다 거대 경제권 간에 상호 특혜를 주고받는 FTA를 체결할 경우 다자무역체제에 부정적 영향을 줄 것으로 우려되었다.[38]

이 같은 고려로 클린턴 행정부 당시 TAFTA(Transatlantic FTA) 제안은 거부된 바 있었고, 일본과의 FTA 구상도 부정적 반응을 받았다. 하지만, DDA가 사실상 사망선고를 받은 가운데 더 이상 이러한 고려는 의미가 적어졌는데, 오바마 행정부는 비록 트럼프 대통령 당선으로 제동이 걸리긴 했지만 TPP와 TTIP라는 Mega-FTA를 통해 일본 및 EU와 FTA를 추진하였다.

아울러 브라질, 아르헨티나, 베네수엘라 등 좌파성향 중남미국가들을 제외하고는 대다수의 중남미 국가들과 FTA를 체결했다는 점도 눈에 띄는데, 이는 미국의 세력권이었던 중남미 지역에 대한 우선적 고려와 아울러 좌초한 미주자유무역지대(FTAA)[39]가 개별국가별로 이행되었다고 평가될 수 있다.

상기 기본 특징외 미국이 FTA 체결 대상국을 선정할 때 고려되었던 기준은 2003년 5월 IIE 개최 FTA와 미국 통상정책 컨퍼런스에서

---

38 실제 미국이 EU나 일본과 양자 FTA를 추진할 경우 이는 WTO/DDA 다자협상에 치명적일 것이라고 평가되었다.

39 1994.12.11 마이애미 미주정상회의에서 협상출범이 합의된 FTAA는 NAFTA를 확대한 미국, 캐나다, 멕시코, 브라질, 아르헨티나 등 34개국이 참여하는 대규모 메가 FTA였으나, DDA와 유사한 이유로 협상 진전이 지지부진했고 결국 2005년 협상타결 시한이 불발되면서 폐기되었다.

죌릭 무역대표가 비공식적으로 13가지 요소를 언급한 바 있는데, 제 프리 쇼트는 이를 크게 아래 4가지로 대별하였다.[40]

첫째 요소는 국내정치적 고려인데, 구체적으로 동 FTA가 미 의회 에서 얼마나 쉽게 통과될 수 있을지 여부이다. 둘째는 경제정책적 고 려로 미 기업의 수출증가와 투자보호 등에 있어 미국의 경제이익에 얼마나 부합할지 여부이다. 셋째는 FTA가 광범위한 국내 제도개혁을 요구하는 만큼 파트너 국가들이 얼마나 굳건한 개혁의지를 가지고 있 느냐 여부이고, 마지막 요소는 외교정책적 고려로 동맹 강화와 미국 의 전략적 이익에 얼마나 부합하는지 여부이다.

상기기준 중 특히 많은 논란을 빚은 기준은 실제 FTA 파트너국 선 정 시 중요한 요소로 작용해 왔던 외교정책적 고려였다. 사실 냉전시 대에 미국의 통상정책 수행에 있어 외교 정책적 고려는 소련의 "red menace"에 대처하기 위한 핵심 고려사항이었는데, 냉전 종료 후 동 추세는 약해졌다가 9.11 이후 다시 강해지는 추세를 보였고, 동 추세 는 FTA 정책에도 그대로 투영되었다.

1985년 첫 FTA 대상국가였던 이스라엘은 이론의 여지없이 외교 적 고려가 압도적인 사례였는데, 동 고려는 이후 바레인, 오만, 모로 코, 요르단 등 여타 중동 국가들과의 FTA와 호주, 한국 등 동맹국과 의 FTA 체결에도 지속 적용되었다. 실제 호주는 미국과의 동맹국으로 서 이라크전을 지지한 대가로 협상추진이 결정되었던 반면, 뉴질랜드 는 1984년 반핵법안 제정 이후 미 핵 함정의 뉴질랜드 기항 금지정책 으로 미국과 불화를 빚어 온 데다, 이라크전 반대입장 표명으로 인해

---

40 Schott, Ibid. pp.365-367.

FTA 체결 대상국가에서 배제되었다.[41] 한미 FTA의 경우도 주미 한국 대사관의 대의회 아웃리치 활동에서 양국의 경제적 혜택과 함께 동맹 강화라는 외교안보적 메시지가 항상 수반되었다.

호주와의 FTA는 호주가 당시 사실상 유일한 선진국 FTA 파트너란 점 외에도 외교정책적인 함의가 컸는데, 호주는 FTA를 통해 기존의 안보동맹을 경제동맹으로 확장하는 의미를 부여하였고, 죌릭 무역대표는 미 의회에 통지한 협상목표에서 WTO에서의 협력강화와 함께 태평양에서의 안보협력 증진을 밀, 보리 설탕, 쌀 등 농산물 수출증대와 함께 주요 사유로 적시하였다.[42] 호주는 미국의 FTA추진에 있어 선진국의 주요시장 확보와 안보를 동시에 주요 요소로 고려했다는 측면에서 한미 FTA와 유사한 맥락에서 추진되었다고 평가할 수 있다.

콜롬비아, 한국, 파나마와의 FTA가 미 의회를 장악한 민주당의 반대로 장기 표류하다가 2011년 어렵게 이행법안이 의회에서 통과된 이래, 미국은 더 이상 개별국가와의 양자 FTA를 추진하지 않고 DDA 사실상 좌초 이후 TPP와 TTIP로 양분되는 메가 FTA/RTA협상에 매달려 왔다. 이러한 미국의 전략은 2015년 10.7 TPP의 타결로 성과를 내는 듯 보였으나, 반 무역정서에 힘입은 트럼프 대통령의 당선으로 TPP 탈퇴와 함께 TTIP 협상이 중단되고, NAFTA, 한미 FTA 같이 상업적으로 의미 있는 기존의 FTA들이 미국의 일자리를 뺏는 "horrible" 무역협정으로 비판되어 재협상되면서 FTA/RTA 체결이 미국의 통상정책에서 설 자리는 거의 없어졌다.

---

41 2003.3.28 Grassley 의원 등 17명의 상원의원은 부시대통령 앞 서한을 통해 미·호주 FTA협상에 뉴질랜드를 포함시킬 것을 요구했지만 거부되었다.

42 Schott, Ibid.p.98.

III
미국 통상정책의 패러다임 변화와 보호주의

Ⅲ

미국 통상정책의 패러다임
변화와 보호주의

1. 미 통상 패러다임의 구분

미국의 통상정책 기조는 전술한 자유무역론의 성쇠를 배경으로
시대상황을 반영해 변천하여 왔다. 즉, 18세기 영국으로부터 독립 이
후 신생국가로서 자립할 수 있는 산업을 육성하는 유치산업 보호론
에 기반한 보호무역주의에서 시작해 2차대전 후 영국으로부터 패권
을 물려받은 후에는 "red menace"로 불린 공산주의 확산에 대응하면
서 일방적이고 비상호적 시장개방을 제공하는 자유무역을 추구하되,
일부 민감한 국내산업을 별도로 보호하는 선별적인 보호주의 시기를
맞이하였다. 이후 미국 일본의 부상 등에 따른 제조업 경쟁력 약화와
전례 없는 무역수지 적자 속에서 상호주의를 엄격히 적용해 일방적
규제조치를 쏟아낸 "New Protectionism" 시기를 거쳐 냉전붕괴 후
세계화를 배경으로 WTO를 기반으로 한 다자주의 시대를 열었는데,

2016년 트럼프 대통령 당선 이후 격화된 미중 패권 경쟁과 경제안보의 대두는 다시 강한 보호주의로의 회귀 패러다임을 보여주고 있다.

한편, 상기 미국의 통상정책 패러다임 변화는 선별적 보호주의 시기(1934-74), 조건적 보호주의 시기(1974-94), 법적 다자주의 시기(1994-)로 구분되기도 하였는데,[1] 이에 기반해 건국 이후부터 각 시기별로 미국 통상정책이 어떻게 자유무역과 보호주의 사이에서 변화해 왔는지를 고찰하고, 동 기반하에서 2017년 트럼프 행정부 이후 새롭게 대두된 보호주의 기조를 살펴보기로 한다.

상기 패러다임 변화 과정에서 주목할 것은 미 의회에 대외통상권한을 부여한 미국의 독특한 미 의회와 행정부와의 역학관계인데,[2] 악명높은 19세기 Smoot-Hawley 법안 제정 이후 지속적인 상호주의 무역법(RTAA) 제정을 통해 미국은 국내 보호무역 압력에 취약한 의회로부터 통상권한을 보다 국제적이고 자유무역을 지향하는 행정부로 이관해 보호무역에 저항하는 매우 특징적인 양상을 시현해 왔다.

---

1 Nitsan Chorev, Remaking U.S. Trade Policy, From Protectionism to Globalization, 2007, Cornell University Press.

2 commerce clause로 불리는 미국 헌법 1조 8절 3항은 주와 주 간의 무역과 국제무역 권한을 행정부가 아닌 의회에 부여하고 있다.

2. American school(National system)의 태동

가. Tariff of Abomination of 1828

미국의 무역정책은 영국으로부터의 독립과 함께 시작되는데, 독립 직후 1789년 최초의 소집된 미 의회에서 통과된 최초의 주요 법률은 관세법이었다. 동 법안의 주요 목적은 관세수입을 얻기 위함이었는데, 신생 독립국으로서 마땅한 재정수단이 적은 상황에서 관세수입은 매우 중요했다. 실제 1913년 연방 소득세가 시행되기 전 관세수입은 때때로 정부수입의 95%에 달하기도 할 정도로 미 재정에서 가장 큰 비중을 차지했는데,[3] 이는 당시 관세법의 목적이 수입억제라는 보호무역 동기보다는 재정수입에 있었음을 보여준다.

하지만 신생국가로서 제조업 육성을 위한 보호무역 시행의 필요성이 바로 제기되기 시작했는데, 실제 1816년 관세법에 의해 모직, 면화 등의 제품에 25% 관세가 부과되는 등 재정수입과 아울러 국내산업 보호를 위한 무역정책이 시행되었다. 이러한 국내 제조업 보호 및 육성 기조는 추후 "American school" 또는 "American system", "National system"이라고 불리는 영국의 고전주의 경제철학과 구분되는 미국의 독자적 보호주의 경제관을 태동했다.

American school은 크게 3가지 요소로 구성된다. 첫째는 "support industry"로 요약되는 고관세 부과를 통한 국내시장보호(특히 1861-1932)와 보조금 지급을 통한 국내산업 육성(특히 1932-1970)이며, 둘째는 "create physical infrastructure"로 대변되는 교통 분야 등에

---

3   History of tariffs in the United States, wikipedia 참조.

서의 국내 인프라 구축을 위한 정부투자, 셋째는 "create financial infrastructure"로 대변되는 생산기업 육성을 위한 연방은행 창설이 그것이다.

상기 첫째 요소는 제조업 육성을 위한 보호무역주의를 의미하는데, 1791.12.5. 초대 재무장관이었던 알렉산더 해밀턴(Alexander Hamilton)은 의회의 요청에 따라 미국이 해외 공급으로부터 필수적 물자(특히 군대)의 독립을 장려할 수 있는 방안을 담은, 미국 역사에서 가장 유명한 문건 중 하나로 꼽히는 「Report on Manufactures」 보고서를 의회에 제출해 그 단초를 마련한다.

해밀턴은 상기 보고서를 통해 유치산업 보호를 위한 정책수단으로 보호관세, 수입금지, 원자재 수출금지 및 보조금 4가지의 장단점을 분석하였는데, 보조금 제공이 제조업 육성에 가장 바람직하다고 보았다. 그가 보조금 지급을 가장 선호한 이유는 첫째, 보조금 지급이 이윤 가능성을 높여 보다 직접적인 제조업 육성책이 될 수 있고, 둘째, 관세와 달리 보조금은 물자의 부족을 초래하지 않으며, 셋째, 보조금은 수출을 증대시키고 국내시장을 확대시킨다는 이유였다. 그는 관세에는 보다 미지근한 지지만을 보냈는데 그에 있어 관세는 경쟁적인 상업과 비경쟁적인 산업 모두에게 보호를 제공해 소비자에게 고물가 부담을 지우고 관세회피와 밀수를 통해 재정수입을 약화시킬 우려가 있었다.[4]

결론적으로 동 보고서는 21개 품목에 대한 5-10% 정도의 온건한 관세인상, 5개 제조업 생산용 원자재에 대한 5% 관세인하, 그리고

---

4   Douglas Irwin, Clashing Over Commerce, 2017, p.82.

5개 산업(석탄, 양모, 돛 제조용 천, 면화, 유리)에 대해서만 보조금 지급을 제
안했는데 그의 선호와 달리 보조금 지급 산업이 5개로 축소된 것은
재원의 한계와 의회에서의 정치적 지지 부족이라는 현실을 인식했기
때문이었다.[5]

　해밀턴의 사상은 추후 "Father of American System"으로 불리는
켄터키 상원의원 출신의 Henry Clay에 의해 계승되어 발전되는데,[6]
"American System"이란 용어 자체도 그가 1824년 의회 연설에서 사
용한 데 연유한 것이다. 그는 세 차례 하원의장을 역임하면서 John
Adams 대통령 당선에 기여한 바 있는데, 1834년 Andrew Jackson 대
통령과 민주당에 대항해 창당된 Whig당의 리더로서 활약하면서 미
국의 산업화와 보호무역주의를 주도하였고, 후술하는 1833년 Adams
Compromise Act 제안을 통해 1832년 연방 고관세 입법에 반발해 초
래된 South Carolina주와의 Nullification Crisis를 봉합하는 데도 기여
하였다.[7]

　American School의 주요 지지기반은 제조업이 발달되어 유럽으로
부터 저렴한 수입품을 막아야 할 필요가 있었던 뉴잉글랜드와 Mid-
Atlantic 지역이었고 이는 공화당의 입장으로 대변되었다. 반면, 대규
모 plantation 농장을 주로 경영하면서 해외 공산품을 소비하고 면화
와 담배를 수출하던 남부에서는 보호적 수입관세 부과를 반대했다.
동 반대입장은 남부지역 출신의 Jackson 대통령과 민주당에 의해 지

5　Ibid.pp.82-83.

6　Henry Clay의 American System에 대한 기여는 Maurice Baxter, Henry Clay and
　the American System, University Press of Kentucky, 1995 참조.

7　각주 9참조.

지되었는데, 이러한 갈등은 노예 해방이슈 외에 추후 남북전쟁으로 발전하게 되는 또 다른 원인으로 작용하게 된다. 이러한 생산기반에 기반한 지역적 갈등 속에 1816년 관세법이 영국 상품수입을 충분히 막지 못하자, 1828년 평균 관세율을 30%로 인상시키는 소위 "Tariff of Abomination"이라고 불리는 전 방위적 보호주의 관세법이 시행되게 된다.

상기 강력한 보호주의적 관세법이 통과될 수 있었던 배경으로는 "you scratch my back and I'll scratch yours"로 요약되는 의원들 간의 상호거래가 지적된다.[8] 동 법안에 반대하는 의원들은 너무 강한 보호적 관세부과가 포함되면 최종 투표에서 부결될 확률이 크다고 생각해 전략적으로 전 방위적 고관세를 부추겼는데, 이에 따라 일부 품목에는 100% 관세가 부과되는 등 1828년 관세법안은 강한 보호무역 법안으로 변질되었다. 하지만, 동 법안은 당초 반대파의 전략적 기대와 달리 의원들간의 상호 밀어주기로 의회에서 통과되어 버렸다.

상기 법안통과에 대한 남부지역의 강한 반발로 Jackson 대통령은 전임 Adams 대통령이 골격을 잡은 1832년 관세법 시행을 통해 관세를 다시 소폭 인하했는데, 동 인하가 충분하지 않다고 느낀 남부주, 특히 South Carolina주는 1832년 11월, 헌법에 위반되는 연방법을 주(state)가 무효화시킬 수 있다는 무효화 독트린을 천명하면서 이를 무효화하는 조치(Ordinance of Nullification)를 통과시키고, 동 관세법 시행 시 연방을 탈퇴하겠다고 위협했다. 이에 연방 의회는 1833년 3월 Jackson 대통령의 요청에 의해 대통령이 필요하다고 판단 시 연

---

8   Fundamentals of U.S. Foreign Trade Policy, Stephen Cohen, Robert Blecker & Peter Whitney, Westview press, 2003, p.30.

방법 집행을 담보하기 위해 군대의 무력사용을 허용하는 the Force Bill을 통과시키며 대응함으로써 Nullification Crisis로 불리는 위기가 조성되었다. 동 위기는 결국 1833년 소위 Adams Compromise Act[9]라는 타협법안 시행으로 봉합되었지만 의류와 철강제품에 대한 1828년 관세법의 고관세는 계속 유지되었고 결국 이러한 남북간의 갈등은 1861년 남북전쟁으로 이어졌다.

이러한 갈등 속에서 1840년대까지 정권의 변화에 따라 관세율은 상당한 부침을 겪었는데, Whig당의 집권에 따른 1842년 보호주의 관세법 시행과 1846년 민주당이 의회를 장악하게 됨에 따라 취해진 관세인하 조치는 이러한 지역적 기반에 의거한 당파적 움직임의 대표적 사례이다.

남북전쟁(1861-65) 이후 첫 번째 일반적 개정인 1883년 관세법에 이어 이후 50년간 7차례(1890, 1894, 1897, 1909, 1913, 1922, 1930)에 걸친 일반적 관세법 개정이 이루어졌는데, 기본방향은 1894년 및 1913년 개정을 제외하고는 국내산업 보호를 강화하는 것이었다.[10]

나. Smoot-Hawley Tariff Act of 1930

상기 보호강화 관세법 제정 추세는 1930년 미 역사상 가장 악명높은 보호무역 법안인 Smoot-Hawley Tariff Act 제정으로 그 절정을 맞

---

9 동 법안은 Nullification Crisis를 해소하기 위해 South Carolina주 상원의원 John Calhoun과 American System의 선구자인 켄터키주의 Henry Clay 상원의원에 의해 발의되었는데, 1832년 관세법에 따른 관세율을 1842년까지 점차 인하해 1816년 관세율 수준인 20%까지 낮추는 것을 주요 내용으로 했다.

10 Chorev, Ibid.p.44.

이하게 된다. 1차 세계대전 기간 유럽 밖에서의 광범위한 농업생산량 증대는 유럽의 전후 생산 복구와 맞물려 1920년 농업의 과잉생산을 초래, 농산물 가격하락을 유발했는데, 1929년 시작된 대공황은 1929년부터 1933년까지 농산물 가격을 51% 하락시켰다.

이러한 농산물 가격하락에 대응하기 위해 Willis C. Hawley 하원 세입위원장(오리건/공화당)은 1928년 12월 농산물 수입관세 조정에 대한 청문회 개최를 고지했는데, 이듬해 1월부터 세입위는 총 43일에 걸친 청문회를 통해 1,100명의 개인으로부터 총 10,684페이지에 달하는 의견을 청취했다. 동 과정을 거쳐 하원에서 의결된 법안은 유타주의 모르몬교 교회의 지도자로 원칙적으로 거의 모든 관세감축에 반대했던 "보호주의의 사도(apostle of protectionism)" 이자 "설탕 상원의원(Sugar Senator)"으로 불린 Smoot 의원이 위원장인 상원 재무위원회 심의에 들어갔는데,[11] 문제는 이러한 과정을 거쳐 인상된 관세안이 농업에 국한된 것이 아니라 각 분야의 제조업이 너도나도 보호관세 인상의 문이 열린 기회를 틈타 로비를 통해 관세를 올려 자신들의 이익을 관철시켰다는 것이다.

농업 보호를 명분으로 보호 빗장이 열리자마자 의원들에 대한 압력을 통해 제조업 요구가 들어오고, 노동계도 올라타는 등 걷잡을 수 없이 전선이 확대되어 의원들 간의 "정치적 거래(log rolling)"를 통해 결국 미국 사상 최악의 오명을 가진 보호주의 관세법이 탄생했다. 동 동 법안 시행에 따라 관세부과 대상 수입품의 평균 관세율은 입법 당시 계산으로는 35.65%에서 41.14%로 약 6%(증가비율로는 15%) 인상시

---

11   Douglas Irwin, Ibid. p378.

킬 뿐이었으나, 많은 품목이 종량관세 형식으로 부과되었기 때문에 수입품 가격이 반토막 나는 디플레 속에서 그 인상효과는 더욱 커졌고 1932년에는 미 역사상 최고 수준인 59.1%까지 치솟았다.[12]

아이오와 태생으로 미국 최초의 미시시피강 서부지역 출신 대통령이었던 후버 대통령은 유능한 행정가이자 지식인으로서 평가되었는데, 그는 비록 동 법안에 대한 논란을 잘 알고 있었지만[13] 자신이 농가 보호를 위해 필요성을 촉구한 법안이 여당인 공화당 주도로 18개월간의 복잡한 타협과정을 거쳐 어렵게 의회를 통과한 만큼 이를 거부할 수는 없었다.[14] 결국 동 법안은 1930년 6월 17일 서명되어 그 다음날 시행되었다. 하지만 대공황 시기에 시행된 동 법안은 대공황을 초래한 주범으로 비판받게 된다.

그러나, 널리 퍼진 일반적 인식과 달리, 보호주의 관세의 대명사가 된 동 법안이 실제 1929년 10월 주가폭락으로 시작된 미국의 대공황(Great Depression)에 얼마나 큰 원인을 제공했는지에 대해서는 논란의 여지가 크다. 당시 사람들은 대공황이 동 법안 입법시기에 발생했

---

12 전체적으로 볼 때 동 법안으로 평균 관세율은 1929년 40%에서 1932년 59%로 올라 약 47%가 상승했지만 동 47% 중 실제 직접적인 법안으로 인한 관세 인상효과는 15% 정도에 불과했고 나머지 30% 관세 인상부분은 관세부과 대상 품목의 2/3가 종량 관세(specific duty)여서 1929년 이후 49% 하락한 심각한 수입품 가격하락에 기인한 것으로 평가된다. Ibid. pp.389-391.

13 1,028명의 경제학자들은 동 법안의 문제점을 비판하는 성명을 1930.5.5. NYT 1면에 게재하였고 324개 신문 사설 중 238개는 동 법안에 대해 우려를 표명하였다. Ibid. p.386.

14 후버 대통령은 비록 동 법안이 완벽할 수는 없었지만 다른 의무도 지닌 어떠한 대통령도 의회에서 수백 명의 의원들이 거의 16개월간 씨름했던 개별 3,300품목에 대한 복잡하고 소모적인 결정을 내릴 수 있는 척 할 수 없다고 언급하며, 자신의 법안 서명을 합리화하였다. Ibid.p.387.

기 때문에 Smoot-Hawley 법안이 대공황의 주요 원인이라고 생각했지만, 오늘날 대부분의 경제학자들은 은행 패닉으로 초래된 통화 및 금융시스템 불안정을 대공황의 주요 원인으로 지목하고 있고, 동 법안은 매우 작은 역할에 그쳤으리라 본다. 이는 종량관세 효과로 평균 관세율이 치솟기는 했어도 관세부과대상 수입이 미국 GDP의 1.4%로 전체 경제규모에 비추어 매우 미미했기 때문이다.[15]

비록 대공황의 직접적인 핵심원인이 아니었다 할지라도 동 법안이 당시 국제무역질서에 가져온 후폭풍은 전례가 없는 것이었다. 동 법안 심의가 종료될 무렵 이미 23개국으로부터 59개의 항의가 국무부에 접수되어 있었고, 법안 통과 후 동 항의국 숫자는 42개국으로 늘었다. 실제 법안 통과 후에는 캐나다,[16] 프랑스, 멕시코, 이탈리아, 스페인, 쿠바 등이 즉각적으로 바로 미국제품 수입에 보복관세를 시행하였고, 이러한 국가는 지속적으로 늘어났다. 국제연맹(League of Nations)의 1933년 보고서에 따르면, 1931년 9월 이후 16개월간 23개국이 전방위적 관세인상을(그 중 3개국은 2배로 인상), 50개국이 부분적 관세인상을 단행했고, 32개국은 수입쿼터 같은 양적규제를 시행했다.[17]

관세보다 더욱 국제무역을 위축시킨 것은 각국에서 시행된 외환

---

15 Ibid.p.400.

16 즉각적인 보복관세 부과 국가 중에서는 미국의 對캐나다 수출의 약 1/3에 해당하는 16개 품목에 보복관세를 부과한 캐나다의 반발이 가장 강했는데, 1929년 당시 미국 수출의 20%가 캐나다로 향하고 있었던 만큼 캐나다의 보복관세는 의미가 컸다. 동 갈등은 캐나다에서 1930년 7월 추가 보복 관세를 시행한 친영국 보수당 정권 탄생에 기여했고, 결국 미국의 對캐나다 수출은 21% 감소하였다. 한편, 설탕에 대한 관세부과는 대미 설탕 수출에 크게 의존하던 쿠바 경제에 매우 큰 영향을 미쳐 결국 1933년 친미 정권 붕괴로 이어졌다. Ibid. p.404.

17 Ibid. p.406.

통제였다. 1931년 오스트리아 은행 파산으로 인해 초래된 금융위기는 이웃국가들로 확산되어 독일, 노르웨이, 덴마크, 그리스, 유고슬라비아, 체코, 우루과이, 아르헨티나, 콜롬비아 등 유럽과 중남미 국가들이 연이어 외환 통제를 통해 사실상 수출입을 직접 통제하는 조치를 취했다.

이러한 경제위기는 또한 19세기 중반 이후 자유무역 기조를 유지해 온 영국으로 하여금 동 기조에서 이탈하게 만들었는데, 1932년 3월 Import Duties Act of 1932가 제정되어 거의 모든 수입품목에 10%의 관세가 부과되었고[18] 이어 같은 해 7-8월 캐나다 오타와에서 개최된 Imperial Economic Conference에서 합의된 오타와 협정을 통해 MFN 원칙에서 벗어나게 되는, 영국 구식민지 국가들과의 특혜무역체제(British imperial preference)를 수립되게 된다. 비록 동 무역블록은 Smoot-Hawley 법안에 대한 직접적인 보복조치로 시행된 것은 아니었지만, 캐나다 총리는 동 법안으로 잃은 미국 시장을 제국특혜관세로 인한 영국시장 진출로 메꾸어야 할 필요가 있다고 언급하는 등 오타와 협정 성립에 큰 영향을 끼쳤다.[19]

---

18 동 법안의 상세 내용은 Wikipedia의 「The Import Duties Act of 1932」 참조. 동 10% 보편적 관세부과는 전 품목 15% 관세부과를 주장한 케인즈 및 트럼프 2기 행정부의 10% 보편관세 공약을 연상시킨다.

19 Ibid. p.407. 오타와 협정으로 수립된 제국 특혜관세체제는 1937년까지 가입국 간 약 20%의 관세 특혜를 제공함으로써 미국은 전체 수출의 1/3 이상을 차지하는 주요 시장에서 큰 불이익을 입었다. 오타와 특혜관세 체제는 당초 5년간 존속할 것으로 전제로 출범하였으나 수 차례 연장되었고, 미국의 폐지 노력에도 불구, GATT 출범 시에도 살아남았으나 인플레 속에 실효적 특혜관세율이 계속 줄어들어(1937년 11% → 1953년 7%) 결국 1973년 영국이 EEC에 가입할 때 점진적으로 폐지되기 시작, 1977년 완전히 폐지되었다. 이에 대해선 Wikipedia의 Imperial Preference 참조.

Smoot-Hawley 법안 제정 이후 1930년대 초반에 전개된 이러한 부정적 상황 전개로 세계무역은 사실상 붕괴상태에 놓이게 되었다. 실제 1929년 13억 3천 4백만 불이었던 미국의 유럽으로부터의 수입은 1931년 3억 9천만 불로 급감했고, 동 기간 미국의 대유럽 수출 또한 23억 4천 1백만 불에서 7억 8천 4백만 불로 급감했다. 전세계 교역 또한 1929년에서 1934년까지 약 66%가 감소했다.[20]

하지만, 역으로 보호무역 폐해의 전 세계적 교과서 사례가 된 Smoot-Hawley Tariff Act는 대공황 시기 각국에서 시행된 고관세를 상호 협상에 의해 낮출 상호주의의 필요성을 환기시키면서 미 의회가 제정하는 포괄적 관세법 시대의 종언을 가져와, 선거구의 보호 압력에 취약한 의회에서 동 압력에 보다 자유로운 행정부로 관세권한을 이관하는 미국 통상정책 패러다임의 대전환을 초래하게 되었다.

3. 선별적 보호주의(1934-74)

가. The Reciprocal Trade Agreements Act of 1934(RTAA)

Smoot-Hawley Tariff Act of 1930의 악몽은 1932년 대선을 앞두고 왜 이렇게 과격한 보호주의 법안이 가능하게 되었는지에 대한 반성으로 이어졌다. 1931년 12월 미국수출입협회는 의회는 선거구의 보호주의 압력에 취약할 수밖에 없어 전체 국익을 반영한 관세법을 성안할 수 없다는 문제 인식하에 무역정책 프로세스를 의회에서

---

20 Chorev, Ibid. p.45.

행정부로 위임시키는 것이 무역확대와 경제성장을 위한 가장 빠르고 안전한 방법임을 주장하였고, 동 주장은 National Foreign Trade Council, National Automobile Chamber of Commerce, American Manufacturer's Export Association 같은 대외지향적 미국 업계의 지지를 얻었다.[21]

미 업계의 동 인식전환은 국제무역을 망친 Smoot-Hawley 법안에 대한 반성과 함께 해외의 보복관세들과 오타와 협정이 초래한 차별적 특혜관세 체제가 대공황이 잦아들고 경기회복이 시작되는 시기에도 그대로 남아 있어 미국의 수출에 큰 장벽으로 작용했기 때문인데, 1932년 미 대선에서 동 법안은 자연스럽게 정치적 쟁점이 되었다.

재선을 노리는 후버 대통령과 공화당의 선거 플랫폼은 Smoot-Hawley 법안을 옹호하면서 관세감축에 강하게 반대하였다. 반면, 루즈벨트 후보를 내세운 민주당은 비록 당내 공업지역인 북부의 이해와 농업지역인 남부의 이해관계 상충으로 정치적으로 민감한 미국의 일방적 관세감축을 공약할 수는 없었어도 Smoot-Hawley 법안이 외국의 보복관세를 초래해 국제무역을 파괴했다고 맹비난하였다.[22] 결국 1932년 대선은 "대공황을 초래한 대통령"으로 비판받은 후버 대통령의 참패와 민주당 루즈벨트 대통령의 당선으로 이어졌는데, 루즈벨트 대통령은 뉴딜 정책과 아울러 외국의 관세와 미국의 Smoot-Hawley 고관세를 상호주의에 입각한 협상을 통해 감축하는 방안을 Cordell Hull 국무장관을 통해 적극 추진하게 된다.

---

21   Ibid. p.46.
22   Douglas Irwin, Ibid.pp.419-420.

Cordell Hull
*US public domain file from
Library of Congress

남부 테네시주 출신의 Hull 국무장관은 보호주의에 저항해 온 남부의 정치적 입장을 계승한 인물로 특히 개방된 국제경제와 평화롭고 협력적인 세계질서와의 상관관계를 굳게 신봉하는 사람이었다.[23] 그는 무려 12년에 가까운 기간 미 국무장관으로 재직하면서 유엔 설립에 기여하는 등 이러한 신념을 실현시키려 노력했는데,[24] 무역장벽 제거를 통해 세계 평화를 증진하려면 상호주의에 의거 쌍방이 같이 관세를 감축하는 무역협정이 필요하며, 이러한 상호적 무역협정을 위해서는 관세부과 권한이 의회에서 대통령으로 이관될 필요성이 있다고 보았다.

이에 Hull 국무장관은 의회로부터 상호주의 무역협상 권한을 받기 위한 무역법안을 Hull 국무장관의 신념을 순진한 것으로 본 George Peek 대통령 무역보좌관의 견제 속에서[25] 준비하게 되는데, 동 법안은 뉴딜정책 법안통과에 우선순위가 밀려 다소 지체되다가 1934년 3월 루즈벨트 대통령에 의해 의회에 공식 제출되었다. 동 법안의 핵

23　그는 1948년 회고록에서 1차 세계대전이 그의 정치적 사고에 있어 이정표가 되었음을 언급하고, 통상(commerce) 문제가 전쟁과 평화로부터 분리될 수 없고, 전쟁은 종종 공정하지 않게 설정된 경제적 라이벌 관계로 촉발된다고 주장하였다. 그는 이러한 경제적 라이벌 관계를 관세장벽을 낮추고 자연스럽지 않은 무역장애 제거를 통해 해소하면 전쟁이 방지될 수 있다고 보았다.

24　그는 1945년 유엔 설립에의 기여 등으로 노벨 평화상을 수상하였다.

25　George Peek 대통령 무역보좌관은 일리노이 출신의 농업경제학자로 초대 미국 수출입은행장으로도 활동했는데, 관세감축은 일방적인 무장해제이며 물가상승을 도모하는 뉴딜정책과 맞지 않는다면서 Hull 국무장관과 계속 대립하였고, 1935년 사임한 이후에도 1936년 출간한 저서 「Why Quit Our Own!」을 통해 RTAA를 강하게 비판하였다.

심내용은 상호적 조치가 상대국에 의해 취해진다는 전제하에 농산물 및 공산품에 대한 관세를 50%까지 조정할 수 있는 권한을 대통령에게 위임하여 줄 것과 동 협정을 사후 의회의 승인이 불필요한 행정협정(executive agreement)으로 처리해 줄 것을 요청하는 것이었다.

이러한 요청은 과거와 비해 매우 파격적이고 포괄적인 내용을 포함하고 있었는데, 이는 과거 의회가 행정부에 무역협정 체결을 위임한 적은 있었으나, 사후 의회의 승인없이 위임한 사례는 결코 없었고, 아울러 동 권한에 따라 체결된 무역협정상 관세감축은 1923년 이래 미국 무역법에 규정되어 온 MFN 원칙이 적용되어 모든 국가에 동등하게 적용되었기 때문이다.[26] Hull 국무장관은 동 위임 조치가 미국을 대공황에서 빠져나오게 할 수 있도록 미국 상품이 해외시장을 개척할 유용한 도구이며, 만약 동 위임이 없어서 상대국이 협상결과가 추후 의회에 의해 거부되거나 수정될 가능성이 있다고 생각할 경우, 관세양허 협상에 적극적으로 임하지 않을 것이라고 동 필요성을 강하게 어필하였다.[27]

공화당은 동 법안이 관세에 생명을 의지하고 있는 모든 산업에 대해 대통령에게 절대적인 생사 결정권을 부여하는 것이며 위헌적 위임이라고 강하게 반대했지만, 결국 동 법안은 3년만 시행한다는 조건하에 타협되어 1934년 6월 4일 의회를 통과하였다. 이렇게 전례 없이 포괄적인 권한을 대통령에게 부여하는 무역법안이 공화당의 강한 반

---

26 MFN 적용에 따른 다른 국가들의 무임승차를 최소화하기 위해 협상상대국이 주요 공급자인 상품에 한정해 협상 타결이 이루어졌다. USITC, US Trade Policy Since 1934, p.66.

27 Chorev, Ibid.p.47.

발에도 의회에서 통과될 수 있었던 것은 1932년 대선과 함께 치루어진 의회선거에서 민주당이 상하원 모두를 큰 차이로 승리해 장악한데다, 자유무역을 지지해 온 남부지역 정치인들이 테네시 출신 Hull 국무장관에 더하여 하원 세입위 등 무역을 다루는 핵심 위원회 위원장들을 맡고 있었기 때문이다.[28]

이러한 배경 속에서 시행된 RTAA로 약칭되는 1934년 상호주의 무역법(The Reciprocal Trade Agreements Act of 1934)은 미국의 통상정책이 보호 성향이 강한 의회주도에서 개방 성향이 강한 행정부 주도로 바뀌게 되는 결정적 계기로 작용하였다. 동 법은 3년 한시적 성격이어서 1937년에 다시 연장될 필요가 있었지만 민주당이 1936년 선거에서 다시 크게 승리했기 때문에 공화당의 반대에도 불구하고 어렵지 않게 연장되었다. 이후 민주당의 의회 장악이 장기간 이어져 법안 연장에 유리한 여건이 지속되고 2차 세계대전을 겪으면서 미국의 고립주의가 퇴조하는 가운데 공화당의 반대입장도 완화되어 동 법은 적용기간이 1년 혹은 2년으로 단축되기도 했지만 1962년 케네디 라운드를 위한 새로운 방식의 무역확장법(TEA: Trade Expansion Act of 1962)으로 대체되기 전 1958년까지 11번 효력이 연장되었다.[29]

RTAA는 효과는 바로 나타났다. 1844년부터 1934년 90년 동안에는 단지 21개의 무역협정만이 추진된 반면(그중 18개는 상원 비준 거부 등으로 실패), RTAA 이후 1934년부터 1945년까지 미 국무부는 쿠바와의 협

---

28 노스 캐롤라이나주 출신의 Robert Doughton 하원 세입위원장과 미시시피주 출신 Pat Harrison 상원 재무위원장이 대표적이다. Douglas Irwin, Ibid.p.417.

29 Michael Hiscox, The Magic Bullet? The RTAA, Institutional Reform, and Trade Liberalization, International Organizations 53, 4, Autumn 1999, p.676.

정을 시작으로 의회 승인을 요하지 않는 28개의 상호 무역협정을 성
공적으로 체결하였다.[30] 하지만 GATT 출범 계기 주요국 간 양허협상
결과로 관세율이 크게 하락하기 전까지는 양자 무역협정들로 인한 미
국 내 관세인하 효과는 그리 크지 않았는데, 이는 RTAA의 주안점이
국내 관세인하보다 해외 관세인하에 더 초점이 맞추어져 있었음[31]을
의미했다. 실제 1936년까지 이행된 초기 13개 무역협정 체결로 미국
평균 관세율은 46.7%에서 40.7%로 6% 하락하는 데 그쳤다.[32]

나. ITO 좌초와 GATT 출범의 의미

RTAA로 관세 감축 권한이 의회에서 행정부로 이관된 이후 보다
국제주의적인 기조가 유지된 가운데 2차 세계대전의 종료는 미국의
세계 경제패권을 초래했는데, 전후 국제경제체제를 디자인하는 과정
에서 새로운 무역정책 구상은 RTAA가 추구하는 양자적 차원에서의
무역장벽 제거 차원을 넘어 글로벌 차원에서의 새로운 무역질서를 구
축하려는 미국 무역정책 역사에 있어 가장 대담한 정책 전환으로 이
어졌다.

2차대전 후 세계질서 구축과정에서 해외 경제정책 방향을 둘러
싼 미 국무부와 재무부간 경쟁에서 주도권을 잡은 것은 국무부였
다.[33] 1933년부터 11년 넘게 국무장관을 역임, 최장수 국무장관이 된

---

30   Chorev, Ibid.p.49.

31   Douglas Irwin, Ibid.p.467.

32   Ibid. pp.440-441.

33   국무부가 2차대전 전후 국제경제질서 구축과정에서 재무부 대신 주도권을 행사하게
      된 것은 1941년 3월 전시 영국을 지원하는 Lend-Lease 프로그램 시행이 계기가 되

Cordell Hull 국무장관과 미 국무부는 세계 평화구축을 위해 개방된 다자 세계무역체제를 구축하려 하였고, 이는 GATT와 국제무역기구 (ITO: International Trade Organisation) 설립 시도로 구체화되었다.

개방된 국제경제가 평화를 가져온다는 Hull 국무장관의 RTAA 비전은 의회 일각에서의 회의론적 시각에도 불구, RTAA 연장 필요성을 기존의 대공황으로부터의 경제회복에서 세계평화 위협제거로 옮기게 하는 한편, 전후 새로운 국제경제질서 구축 논의가 임박했다는 인식은 1943년 RTAA가 통상적인 3년이 아닌 2년으로 한정되어 의회에서 통과하는 배경이 되었다.[34] 그리고 동 과정에서 미국은 영국과 체결한 상호원조협정 이행방안을 협의하면서 전후 무역장벽 제거와 국제경제질서 구축에 대한 비공식 논의를 시작하였다.[35]

당초 미국은 영국과의 전후 국제경제질서 논의 시 RTAA에서 위임받은 방식대로 선택된 품목에 대해 양자협상을 해서 관세인하를 하는 방안을 염두에 두었으나, 영국은 보다 과감하게 다자협상을 통해 전

없었는데, 과도한 차관 상환부담이 1차대전 후 세계경제에 불안정성을 키웠다는 비판을 의식, 영국에 직접 차관을 제공하는 대신 미 대통령이 만족할 만한 직·간접적인 혜택을 영국이 제공한다는 조건을 걸고 현물을 빌려주고 나중에 현물로 되돌려받는다는 형식을 취한 동 지원 프로그램 시행으로 재무부보다 국무부의 역할이 중요해졌다. Ibid.p.456.

34 Robert Baldwin, US Trade Policy Since 1934: An Uneven Path Toward Greater Trade Liberalization, National Bureau of Economic Research, 2009.10. p.2-3.

35 동 협의는 양국은 세계 무역장벽 철폐를 위한 조치를 취한다는 1942년 미영 상호원조협정 제7조 이행 문제 협의 계기에 이루어졌는데 영국은 경제학자 James Meade의 다자간 무역조약 체결을 목표로 하는 국제통상연맹(International Commerce Union) 제안을 기본입장으로 해서 James Meade, Lionel Robbins 등 경제학자들이 포함된 대표단을 워싱턴에 파견해 국무부와 협의를 가졌고, 경제학자 케인즈 역시 미 재무부와 별도 협의를 가졌다. Irwin, Ibid.p.460.

분야에 걸쳐 관세를 감축하는 방안을 선호하였다. 이에 미국도 기존 RTAA 위임범위를 넘어선다는 한계에도 불구, 동 방안을 완전히 배제하지는 않았는데, 1944년 10월에 정부에 회람된 다자 간 무역조약 초안은 전 분야에 걸친(horizontal) 50% 관세감축 제안이 포함되어 있었다. 하지만 당시 미국의 우선순위는 국제무역 문제보다 UN 설립과 IMF/IBRD 설립을 통한 브레튼우즈 체제 설립이 우선이었기 때문에 동 문제는 후순위로 밀렸는데, 1945년 6월 만료되는 RTAA를 다시 연장하면서부터 비로서 본격적으로 논의되었다.[36]

1945년 RTAA 연장 논의시 미 국무부는 영국, 캐나다와의 사전 협의를 반영해 전 품목에 걸친 수평적(horizontal/across-the-board) 50% 관세 감축안 위임을 준비했는데, 의회 협의과정에서 국내 민감품목에 대한 부정적 영향을 우려한 의회의 반대로 결국 기존의 선별적 품목별 협상방식으로 50% 감축하는 것으로 절충되어 의회에서 승인되었다.[37] 이에 미국은 품목별로 주요 공급국과 양자 협상을 해서 관세감축을 하고 이를 MFN 조항을 통해 다자화하는 "multilateral-bilateral" 접근법을 제안할 수밖에 없었는데, 실망한 캐나다는 미국의 제안을 따른다 하더라도 처음부터 많은 국가들을 다자협상 테이블에 모으는 것은 소국들이 관세감축에 저항해 양허수준이 낮아지는 결과를 초래할 우려가 큰 만큼, 이를 방지하기 위해 two track 접근법을 취하자고 제안하였다.

캐나다가 제안한 two track 접근법은 1단계로 8-12개 정도의 핵심

36　Douglas Irwin, Ibid.p.462.

37　Ibid.p.471.

국이 모여 관세 감축 및 비관세 장벽 제거 협상을 진행함과 아울러 동 결과를 다룰 국제무역규칙에 합의를 도출하고 이후 2단계로 보다 많은 국가들이 모이는 다자 협상을 개최해 핵심그룹 협의결과를 토대로 국제무역기구를 수립하는 방안이었는데,[38] 실제 동 접근법이 채택되자 이는 ITO 좌초로 인해 GATT 대안 체제 설립이라는 의도치 않은 결과로 이어졌다.

미국은 1946년 11월 선거서 공화당이 1932년 이후 놓쳤던 다수당 지위를 14년만에 회복하는 정치적 변화가 생겨 동 로드맵 추진에 어려움이 생기기도 했지만,[39] 로드맵 1단계인 핵심그룹 회의를 1948년 4월 제네바에서 23개국이 참석한 가운데 개최할 수 있었다. 동 회의에서는 다수 조항을 RTAA에서 따온 국제무역규칙 문안협상보다 양허협상에 어려움을 겪었다. 특히, 미국의 양모(wool)에 대한 관세감축 불가 입장에 대한 호주의 강한 반발과 영국의 제국 특혜관세 폐지 문제가 큰 걸림돌이었는데, 양모 문제는 트루만 대통령의 양모 관세 감축 금지법안에 대한 거부권 행사 및 일부 신축성 제시로 해결되었지만 영국의 오타와 협정에 따른 제국 특혜관세 철폐는 영국의 강경입장으로 결국 살아남았다.[40]

---

38 Ibid.p.472.

39 공화당은 전통적으로 RTAA에 부정적이어서 1946년 상하원을 다시 장악한 후 이를 폐지하려 했으나, 2차대전 종전 직후의 변화된 국제경제 여건은 공화당 기반 업계로 하여금 RTAA를 지지하게 만들었고, RTAA의 국제평화에의 기여도 다수 공화당 의원들에 의해 인정되어 입장을 바꾸었는데, 트루만 대통령이 보완책으로 1947년 모든 무역협정에 도피조항(escape clause)을 포함시켜야 한다는 행정명령을 내리면서 RTAA는 1948년 다시 연장될 수 있었다. Robert Baldwin, Ibid.p.6.

40 오타와 협정에 따른 영국의 제국 특혜관세는 1977년에야 완전 철폐되게 된다. 1941년 미영 상호원조협정 협의차 영국은 저명 경제학자 케인즈를 워싱턴에 파견, 추

제네바 핵심그룹 협상 타결 이후 로드맵 2단계로 ITO 설립을 위한 회의가 1947년 11월 쿠바 하바나에서 53개국이 참여한 가운데 소집되었다. 양허협상은 제네바 회의에서 주요국 간 이미 이루어졌기에 동 회의는 ITO 설립협정 문안만을 교섭했는데, 협정문은 고용과 경제발전, 제한적 비즈니스 관행, 상품협정을 포함해 106조까지 이어져 GATT를 훨씬 뛰어넘는 분량으로 커졌고, 거의 모든 조항들에 이의가 제기되고 예외가 설정되는 등 큰 진통을 겪었지만 협상은 결국 1948년 3월 타결되어 하바나 헌장이 모습을 드러냈다.

이후 트루먼 행정부는 공화당이 의회를 장악하고 있는 현실을 감안해 동 조약 비준을 위한 상원제출을 1948년 11월 선거 이후로 미루었는데, 실제 1948년 11월 선거 시 트루먼 대통령이 재선되고 민주당이 다시 의회를 장악하게 된 후인 1949년 4월에야 동 비준안은 미 상원에 제출되었다. 이는 ITO 하바나 헌장 협상 타결 이후 1년이나 지난 후인데 이러한 지연은 정치적 환경외에도 외교환경의 급변, 경제계의 일치된 반대 등 동 비준안의 좌초를 미리 예고하는 것이었다.

1949년의 외교환경은 마샬플랜, NATO 창설, 중국 공산화 등 급박한 안보이슈들로 채워져 미 정부에 있어 ITO는 뒷전이었는데 1950년 한국전쟁은 이에 기름을 부은 격이었다.[41] 더욱이 하바나 헌장에 추가 포함된 국제 상품협정과 각종 예외허용, 완전고용 달성을 위한 경제개발 등의 무역제한적 조항들은 계획경제 초래 논란을 빚으며 동 비

후 국무장관이 되어 6.25 발발의 한 원인이 된 애치슨 라인으로 유명해진 Dean Acheson 국무부 차관보와 면담을 가졌는데 Acheson의 제국특혜관세 철폐 요구를 케인즈는 거부했다. Irwin, Ibid.p.458.

41 Ibid.pp.504-505.

준안 통과에 앞장서야 할 미 경제계를 완전히 등 돌리게 했는데, 미 상공회의소, 전미 대외무역위원회(NATC), 전미 제조업 협회(NAM) 및 미국 농업연맹(American Farm Bureau Federation) 등 주요 경제단체들이 모두 반대대열에 동참함으로써 동 비준안은 추진동력을 완전히 상실 하였다.[42] 결국 동 비준안은 상원 외교위원회가 본회의에 동 비준안을 상정조차 하지 않음으로써 의회 심의과정에서 표결에 부쳐지지도 못 한 채 좌초되는 운명을 맞이하였다.

이러한 결과는 ITO 하바나 헌장이 발효되기 위해 필요한 1-2년간 잠정적으로 ITO 기능을 수행토록 설계된 GATT가 ITO의 기능을 항 구적으로 대신해야 함을 의미했는데,[43] 흥미롭게도 각종 무역 제한조 치로 점철된 ITO 대신 훨씬 간결한 무역원칙으로 구성된 GATT 체제 의 성립이 자유무역 확산에 더욱 도움이 되었다는 평가가 존재한다.[44]

국제기구 설립 조약이어서 상원의 비준을 받아야 했던 ITO와 달 리 GATT는 행정협정이어서 미 의회의 승인이 불필요했다. 하지만 이 러한 조약 성격의 결여는 GATT가 국제기구로 오인될 수 있는 표현을 사용할 수 없도록 강제했는데 "조약 당사국(members)" 대신 "공동으로 행동하는 체약국단(Contracting Parties acting jointly)"이란 표현이 GATT 최고 의사결정기구를 표현하는 용어로 사용되었다. 그럼에도 불구, 이러한 1-2년간의 임시적 ITO 기능 수행을 전제로 한 국제기구적 성

---

42 Robert Baldwin, Ibid. pp.3-4.

43 1955년 GATT 체약국단은 GATT의 임시적 성격을 보완하고 국제기구로서의 성격 을 강화코자 GATT 규칙과 무역자유화 협상을 관리할 기구(OTC: Organization for Trade Cooperation) 설립에 합의, 아이젠하워 대통령은 이를 위한 법안을 의회에 제 출했지만 미 의회는 이를 처리하지 않았다. Irwin, Ibid.pp.516-517.

44 Ibid.p.506.

격의 조항들은 ITO의 좌초에 따라 GATT가 ITO를 대체해 사실상 국제기구로서 기능할 수 있도록 하는 데 크게 기여하였다.[45]

전술한 대로 GATT는 ITO의 임시 대체적 성격으로 인해 ITO의 상업정책 부분만 옮겨와서 ITO의 완전고용, 경제개발 및 국내경제 발전을 위한 무역제한적 조항들은 포함되지 않았는데, ITO를 GATT가 대체했다는 것은 국제무역체제 정립에 있어 국내적 고려가 최소화되었음을 의미했다.[46] 즉, ITO 대신 GATT 체제가 출범한 것은 1934년 RTAA 제정 이후 시작된 패러다임인 전반적으로는 자유무역을 추구하되, 국내적으로 민감한 분야에 대해서만 자유화 대상에서 제외해 보호한다는 선별적 보호주의가 지속 적용될 수 있는 환경이 조성된 것이다.

GATT의 의사결정구조는 컨센서스 방식이어서 표면적으로는 미국의 영향력이 제한되지만, 실제로 미국은 세계 최대시장이라는 경제적 위상과 전후 패권국 지위를 사용해 GATT의 의사결정 프로세스를 주도했다. 실제 GATT의 의사결정 관행은 당초 ITO 설립과정도 그러하였듯이 핵심그룹 간 먼저 협의되는 관행을 낳았는데, 미국과 EU가 타협을 먼저 이룬 후, 동 결과가 Quad(미국·EU·일본·캐나다), G7 등의 보다 큰 그룹에게 제시되고, 그 후 전체 회원국 대신 주요국 대사들만이 초청된 "Green Room 프로세스"를 통해 주요 국가들 사이에서 협의된 후 전체 회원국 회의에서 추인되는 방식으로 정착되었다. 투명하지 못한 동 프로세스는 WTO 출범 후 DDA 협상관련 2003년 칸쿤 각

---

45   Chorev, Ibid.p.53.

46   Ibid.p.54.

료회의에서 개도국 반발로 크게 문제시된 후 쇠락하였다.

결론적으로 GATT는 미국 무역정책 형성에 주요한 역할을 수행하지는 못했다고 할 수 있는데, GATT는 주로 미국이 여타국에게 미국의 무역어젠더에 따라 무역자유화를 요구하는 수단으로만 사용되었고, 다른 국가들로부터 미국이 무역자유화를 요구받았을 때는 미국은 이를 회피하는 경향을 노정하였다.

다. 선별적 보호주의의 작동 메커니즘

2차대전 후 미국은 세계 패권국가로서의 지위를 확립하게 되는데, 경제력 측면에서도 미국의 산업은 가장 강한 경쟁력을 가지게 되어 국내산업 보호 필요성은 상대적으로 약하게 취급되었고, 해외시장에서의 무역장벽 제거 필요성도 적어 엄격한 상호주의가 적용되지 않았다.

이는 냉전의 도래와 함께 소위 "red menace"로 불리는 공산주의 팽창에 대응하기 위해 대외 외교정책을 담당하는 국무부 주도로 유럽과 일본의 재건과정에서 이들에게 미국이 경제원조와 함께 일방적으로 국내시장을 제공하는 형태로 나타났다. 하지만 이러한 일방적 무역자유화에 대한 미국 국내에서의 강한 저항도 1940년대와 1950년대에 나타났는데, 유리, 도자기, 섬유, 공예품, 펄프, 석탄, 석유업계 등은 무역자유화에 반대하면서 무역구제를 요청했다.

이에 따라, 1934년 RTAA 이후 일반적으로는 자유화를 추구하되 소수의 민감품목만을 특별히 예외로 보호하는 선별적 보호주의가 타협으로 자리 잡았으며, 동 과정에서 행정부와 의회는 각기 다른 역할을 수행하였다.

1) 미 행정부에서의 무역자유화

1934년 RTAA로 인한 관세인하 권한의 행정부로의 이관은 여러 측면에서 국내 보호주의 세력에 맞서 자유무역 세력이 보다 우위에 설 수 있는 근거를 제공하였다. 우선, 보호주의 그룹들은 보호를 얻기 위해 이제 행정부를 직접 접촉해야 했는데, 임명직 행정부 관료들은 선출직 의원보다 접촉 기회도 상대적으로 제한되었고, 정치적 압력에도 덜 취약하였다. 아울러, 대통령은 전체 국민에 의해 선출되었기에 특정 그룹의 이해관계를 벗어나 전체 국익 차원에서 문제를 바라볼 수 있었다.[47]

더욱이 RTAA의 상호적 성격은 미국이 해외 무역장벽을 제거하기 위해서는 미국도 국내 장벽을 낮출 것을 요구했는데, 이는 과거 국내 수입경쟁산업이 국내에서 보호를 위한 로비를 할 때 팔짱 끼고 방관하던 수출산업을 반대 로비를 하기 위해 정치무대로 끌어들이는 계기로 작용하였다.[48] 이는 분명 무역을 둘러싼 정치게임의 역학에서 자유무역 캠프가 보다 힘을 받게 되었음을 의미했다.

한편, 행정부 내부에서도 통상을 담당하는 부서가 무역자유화를 지정학적 외교 목표의 한 수단으로 중시함으로써 보다 자유로운 무역을 옹호한 국무부였다는 측면도 무역자유화가 강화될 수 있는 한 원인으로 작용하였다.[49] Hull 국무장관의 유산을 물려받은 국무부의 이러한 적극적 역할은 1960-62년 시행된 GATT의 Dillon Round 명칭

---

47 Chorev, Ibid.p.57.

48 Ibid.p.58.

49 Ibid.

에서도 보이는데, 동 라운드 명칭은 협상출범 직전까지 국무부 차관이었던 Douglas Dillon 재무장관에서 연유했다.

한편, 1957년 3월 25일 로마협약으로 출범한 유럽경제공동체(EEC)는 역외국에 대한 차별관세로 미국 수출기업에 대한 무역전환 효과가 크게 우려되었는데, 미국은 이에 대응해 EEC 회원국들의 관세를 인하시키려는 노력을 경주하였다. 우선 1958년 RTAA 연장 시 3년이 아닌 5년간의 장기간 권한위임을 요청, 4년의 위임을 받았고, 비록 평균 관세감축 한도는 20%로 제한되었지만 품목에 따라선 50% 이상의 대폭적 관세감축도 허용해 주는 등 의회도 동 우려 해소에 적극 부응하였다.[50]

1958년 RTAA 승인 후 미 행정부는 1960-61년 첫 단계로서 GATT에서 EEC의 GATT 24조 조건 충족 여부에 대해 의문을 제기한 데 이어[51] 1961년 Dillon Round를 통해 EEC의 역외 관세율 인하를 추진했다. 하지만, Dillon Round의 관세 감축 효과는 기대에 크게 미치지 못하는 수준이었는데 가중 평균 4% 감축에 그쳐[52] EEC 형성에 따른 특혜관세 마진 우려를 해소하기에는 충분하지 않았다. 이에 대한 추가 작업은 관세감축 공식에 의거, 전 품목에 걸친 일률적 관세감축을 통해 선진국의 공산품 관세를 거의 40% 감축한 1963-67년 케네디 라운드의 몫이 되었는데, 이러한 GATT 관세인하 라운드를 통해 미국의

---

50 Douglas Irwin, Ibid.p.520.

51 GATT 24조는 관세동맹이나 자유무역지대가 MFN 의무 예외로 인정받을 수 있는 조건을 규정하고 있는데, 전 부문에 걸친 자유화 의무인 "substantially all trade" 조건과 관세동맹 형성 후 역외관세율이 전체적으로 관세동맹 형성 전 참가국 간 관세율보다 높거나 제약적이어서는 안 된다는 두가지 조건을 충족해야 함을 규정하고 있다.

52 USITC, Ibid. p.69.

평균 관세율은 1962년 12%, 1967년 9.9%까지 낮아지게 된다.[53]

2) 미 의회에서의 선별적 보호주의

미 의회는 공화당의 소극적 입장 등 당파적 입장 차이는 있었지만 대체로 일방적 관세부과 조치를 자제하면서 RTAA를 1958년까지 지속적으로 연장해 주었는데, 대신, 기본적으로 RTAA 법안의 연장시한을 조정하면서 행정부를 통제하는 한편, 무역자유화가 취약 국내산업에 피해를 미치지 않도록 여러 가지 장치를 둠으로써 무역자유화와 국내 보호압력과의 균형을 유지했다.

기본적으로 미 의회는 RTAA를 연장해 주면서 그 시한을 기본 3년에서 상황에 따라 수시로 조정해 승인했는데, 1943년 승인 시 2년, 1948년 승인 시 1년, 1949년 및 1951년 승인 시 2년, 1953년 및 1954년 승인 시 1년, 1958년 승인 시 4년 등 행정부의 요청 기간을 의회의 필요성에 따라 조정하면서 의회의 통제권한을 행사했다.[54]

아울러, 보다 구체적인 對행정부 통제수단을 확보하기 위해 위험점(peril point)과 도피조항(escape clause) 제도를 도입하고, 특정 취약산업에 대한 고관세 유지 내지 수입쿼터를 허용하는 소위 "pocket" 보호장치 등을 수단으로 사용하였으며, RTAA를 통한 행정부로의 권한위임 범위는 관세인하에 국한된 것이었기 때문에 수입쿼터 부과 등 여타 보호조치에 관한 권한을 계속 보유했다.[55]

우선 미 의회는 1946년 공화당의 상하원 장악 후 RTAA에 미온적

---

53 Chorev, Ibid.p.59.

54 Hiscox, Ibid.p.676.

55 Chorev, Ibid.pp.59-60.

인 공화당의 우려를 반영해 1948년 RTAA를 단지 1년만 연장하는 타협을 하면서, 관세위원회로 하여금 국내산업이 수입으로 인해 피해를 입지 않을 최소관세율을 설정케 해 대외 협상 시 미 행정부가 그 이상으로 관세감축을 하지 못하도록 견제하는 소위 위험점(peril-point) 조항을 행정부의 반대에도 불구 도입했다.[56] 동 조항에 따라 행정부는 의회에 사유를 설명하지 않고는 동 조항에서 규정된 관세율 이하로는 관세율을 낮출 수 없게 되었는데,[57] 1년 후 의회는 동 조항을 폐지했지만 1951년 RTAA에서 동 조항은 다시 도입되었다.[58]

또한 1951년 RTAA는 수입급증으로 인한 국내산업 피해를 조절하는 압력 조절 밸브로 여겨지는 도피조항(escape clause) 즉 세이프가드를 법제화하였다. 동 조항의 원형은 1934년 RTAA에서 처음 나타나는데, 이는 양자 협상 타결에 앞서 업계에 의견제시 기회를 제공하여 특정 산업이 동 양허제공으로 중대한 피해를 입게 될 것임을 보여줄 수 있을 경우, 대통령은 동 품목에 대한 관세인하를 할 수 없었다.[59]

1934년 RTAA에 따라 도피조항이 처음 미국의 무역협정에 도입된 것은 1943년 미국의 멕시코와의 양자협정에서였는데[60] 멕시코로부터의 수입 급증으로 국내산업에 중대한 피해가 발생할 경우 양허를 수정해 관세를 인상할 수 있도록 허용되었다. 이후 1947년 트루먼 대통

---

56 Robert Baldwin, Ibid.p.6-7.

57 Douglas Irwin, Ibid.p.502.

58 Chorev, Ibid.p.60.

59 Ibid.

60 Sheela Rai, Recognition and Regulation of Safeguard Measures Under GATT/WTO, Routledge, 2011, p.15.

령은 향후 모든 양자 및 다자 협상에서 동 조항을 반영할 것을 지시하는 행정명령을 발표함으로써 1947년 GATT에도 19조로 동 조항이 승계되었다.[61]

1951년 RTAA의 도피조항은 대통령이 예상치 못한 수입급증으로 중대한 피해가 발생하거나 발생할 위협에 있는 경우 양허를 철회하거나 새로운 관세를 부과할 수 있도록 하되, 오늘날 국제무역위원회(ITC: International Trade Commission)의 전신인 관세위원회(Tariff Commission)로 하여금 피해 여부를 판단토록 하고, 대통령에게 동 위원회의 권고를 거부할 수 있는 재량권을 부여하는 시스템을 도입하였다(단, 거부권 행사 시 대통령은 의회에 동 사유 통보 필요). 이어 4년 후 1955년 RTAA는 관련 요건을 국내산업이 보다 용이하게 수혜를 입도록 개정하였고, 1958년 RTAA는 의회가 2/3 표결로 대통령의 거부권을 번복할 수 있도록 의회의 권한을 강화하였다.[62]

1955년 아이젠하워 행정부에게 부여된 RTAA는 또한 국가안보를 이유로 한 관세감축 면제를 규정한 국가안보 예외조항(national security clause)을 도입하였는데, 수입이 국가안보에 필수적인 산업을 위협할 경우 수입쿼터를 부과할 수 있도록 허용하였고, 동 조항에 따라 1959년 석유에 대한 수입쿼터가 도입되었다.[63]

의회가 행정부의 무역자유화를 통제하기 위해 사용한 또 다른 방법은 절차적인 것으로, RTAA는 관세감축 협상을 전 품목에 걸친

---

61 Robert Baldwin, Ibid.p.6. 아울러 이환규, 미국 통상법상 도피조항의 실체적 요건, 미국헌법연구 제22권 제2호, 2011.8. pp. 278-280 참조.

62 Chorev, Ibid.pp.60-61.

63 Robert Baldwin, Ibid.p.9.

(across-the-board) 일괄적 공식에 의한 감축이 아닌 품목별(item-by-item)로 하도록 하는 입장을 행정부의 변경 요구에도 불구, 지속 견지하였다. 전술한 대로 GATT가 출범하게 된 계기 역시 영국, 캐나다의 희망과 달리 미 의회가 품목별 권한만을 부여해 소국들의 저항으로 관세 감축 수준 저하가 우려되자 핵심국가들끼리 관세 감축 협상을 먼저하는 two track approach를 취한 데 따른 것이었기 때문에 동 조건의 의미는 중요했다.[64] 동 품목별 제한은 전술한 대로 케네디 라운드를 위한 1962년 무역확장법에서야 풀리게 되는데, 상세 내용은 후술한다.

3) 1962년 무역확장법과 케네디 라운드

1960년 취임한 케네디 대통령은 Dillon Round의 충분치 못한 성과로 EEC 출범에 따른 우려를 계속 가지고 있었던 미 업계의 목소리에 대응해야 했는데, 1962년 중반 만료될 RTAA를 다시 연장할지 아니면 더 과감한 새로운 방식을 제안해야 할지 선택을 해야 했다. 그리고 양자 선택지에서 케네디 대통령이 취한 것은 새로운 방식인 후자였다.

1962년 1월 케네디 대통령은 RTAA를 대체하는 새로운 무역프로그램, 즉 무역확장법(TEA: Trade Expansion Act)을 선보였는데, 그는 동법안의 필요성을 ① EEC에 대한 대응 ② 국제수지 악화 방지 ③ 경제성장 촉진 ④ 공산주의 대처 ⑤ 일본과 여타 개도국들의 국제 무역체제로의 통합 증진이라는 5가지 사유로 정리해 제시하였다.[65]

64　각주 36, 37 참조.

65　Douglas Irwin, Ibid.p.522.

동 법안은 기본적으로 의회가 무역협상권한을 행정부에 위임하는 과거의 RTAA를 계승한 것이었지만 별도의 특징들을 가지고 있었다. 우선 전술한 대로 RTAA상의 전통적 품목별 관세 감축을 버리고 전 품목에 걸친(across-the-board) 수평적 관세 감축방식을 채택하여 50%까지 관세 감축 권한을 위임하였고, 논란 많은 위험점(peril point) 제도를 폐지하였으며, 관세인하로 인한 수입급증으로 피해를 입게 될 근로자들을 보호하는 방식도 이전 관세감축 품목에서 제외하는 방식 대신 정부가 피해 근로자에게 직접 소득보전을 하고 전직훈련을 제공하는 무역조정지원(TAA: Trade Adjustment Assistance) 방식으로 변경되었다. 케네디 행정부는 동 법안을 "trade or fade" 구호하에 적극 홍보하였고 업계의 전반적 지지를 얻어 통과된 동 법안은 케네디 라운드의 기반을 제공하였다.[66]

1962년 TEA에서의 또 하나 중요한 변화는 특별무역대표(STR: Office of Special Trade Representative)의 창설이다. Dillon round까지는 국무부가 미국의 통상을 담당해 왔으나, 국무부는 태생적으로 통상이익보다 외국과의 우호친선을 중시하는 외교적 고려에 의해 강한 협상을 하지 못하는 경향이 있고,[67] 국내산업 이해에도 어두운 반면, 상무부는 무능하고 농업계의 이해에 민감하지 못하다는 미 의회의 인식이 존재했다. 이러한 우려는 결국 대통령실(Executive office of President) 내에 대외무역협상을 주도할 특별무역대표(STR) 창설로 귀결되어 수석대표 및

66 Ibid.p.523.
67 미 의회의 국무부 및 외교관에 대한 이러한 인식은 1924년 미 외교관 Hugh Gibson 이 작명한 것으로 알려진 외교관을 지칭하는 "striped pants cookie pusher"라는 용어 사용에서도 잘 드러난다.

협상 주도권이 국무부에서 STR로 넘어가게 되었다.

STR은 미 의회의 주장에 따라 미 의회에 의해 창설된 기관으로 의회가 사실상의 주인의식을 가진 기관이라 할 수 있었는데 "executive broker"로서 주로 다자 무역협상에 있어 국내산업과 외국정부, 행정부와 의회 그리고 행정부처간 조정역할을 할 것으로 기대되었다.[68] 하지만 TEA는 케네디 대통령의 의사에 따라 STR의 지위나 설치장소 등을 직접 규정하지는 않았는데, 케네디 대통령은 1963년 1월 행정명령을 통해 대통령실의 한 조직으로서 STR을 설립하고 초대 STR로 전 국무장관인 Christian Herter를 임명하였다.

STR은 약 25명의 소수 직원만으로 케네디 라운드 업무를 수행했는데 이는 국무부, 상무부, 농업부 등의 지원을 받았기에 가능했다. 하지만 케네디 라운드가 종료되자 STR의 존재감은 매우 작아졌다. 1969년 닉슨 대통령의 무역보좌관인 Maurice Stans은 무역조정 업무를 STR에서 자신으로 이관받기를 원했는데, 비록 의회와 이해그룹의 반대로 실현되지는 못했지만 그는 일본과의 섬유협상을 직접 수행하는 등 STR보다 강한 존재감을 보여주었고, 이에 따라 비록 대통령실에 설치되었지만 대통령과 유대가 없는 STR의 위상은 쪼그라들 수밖에 없었다. STR의 위상은 닉슨 대통령이 1971년 백악관이 주도하는 11명의 각료급 인사들이 참여하는 Council on International Economic Policy(CIEP)를 설립함에 따라 다시 위축되었는데 닉슨 대통령은 STR을 CIEP 안에 공식 편입코자 희망했지만 의회의 저항으로 이루어지

68　Chorev, Ibid.p.62.

지 못하였다.[69]

이러한 STR 위상 약화 시도에 의회는 오히려 STR의 위상 강화로 대응했다. 의회는 1974년 무역법 제정 시 STR에 대한 section을 신설해 STR이 대통령실 내에 각료급 지위(cabinet rank)를 갖도록 명문화하였는데 포드 대통령은 이를 수용해 1974년 법안에 서명하였다.[70] 이후 STR은 동경 라운드 이후 1979년 무역법에 따른 카터 행정부의 통상조직 개편에 따라 현행 USTR로 개편되었는데 동 과정에 대해서는 후술한다.

포괄적 무역자유화를 가져온 1962년 TEA가 미국내 보호주의 그룹의 반대에도 불구하고 가능할 수 있었던 것은 "trade or fade" 캠페인 외에도 섬유산업에 대해서는 수출자율규제를 제공하고, 관세위원회가 권고한 유리와 카펫산업에 대해서는 관세를 인상하는 한편, 관세위원회가 피해를 입었다고 판정한 납, 아연, 석유 등 품목들을 협상대상에서 제외하는 조치를 취함으로써 보호주의 세력이 연합하지 못하도록 중립화하는 조치를 취한 데 크게 힘입었다. 이러한 무역자유화를 추구하되 민감품목 보호를 위한 예외조치는 선별적 보호주의의 특징을 잘 보여준다.[71]

동 시기 미국에서 예외적으로 보호를 받았던 주요 품목은 설탕, 육류, 석유, 섬유, 철강 등이다. 설탕의 경우, 미 의회는 1934년에 이미 쿼터제를 도입하였는데, 1937년 Sugar Act는 국내생산업자와 해외국

---

69 I.M. Destler, American Trade Politics, Institute for International Economics, 2005, pp.103-106.

70 Ibid.p.107.

71 Chorev, Ibid. p.62.

가간에 시장을 배분하는 쿼터제를 시행하였고, 1948년 Sugar Act는 국내 생산지역들에 고정된 생산쿼터를 할당하였다. 이러한 고정 설탕 쿼터제는 1974년 말에야 폐지되었다. 육류의 경우도 보호적 성격의 Meat Import Act of 1964가 제정되었고, 석유의 경우, 1955년 RTAA 에서 국가안보 위협을 근거로 수입통제를 할 수 있도록 허용된 후 1959년 강제적인 쿼터시스템으로 대체되었다.[72]

하지만, 그 중 가장 강한 보호를 받는 데 성공한 산업은 비교적 조기에 외국과의 경쟁에 직면한 섬유산업이다. 1958년부터 1960년까지 미국의 면화수입이 150% 폭증하자 미 섬유업계는 1962년 TEA법안 제정을 계기로 수입쿼터를 강하게 요구하였는데, 케네디 대통령은 면화업계의 지지를 얻기 위해 연구지원 등을 강화하는 7개 항의 지원책을 발표하는 한편, 보호적 섬유무역체제 수립을 위한 별도의 GATT 회의 소집을 약속하였다.[73]

동 결과 도출된 것이 GATT의 STA(Short Term Agreement)이다. 동 협정에 따라 섬유 수입증가로 시장교란을 겪은 산업부문은 수입업자에게 수입을 줄일 것을 요청할 수 있게 되었고, 동 요청이 거부될 경우 수입을 줄이기 위해 GATT waiver를 신청할 수 있었다. STA는 이어 5년 시한의 LTA(Long-Term Arrangement Regarding International Trade in Cotton Textiles)로 대체되었는데, LTA는 2년간 수입량을 동결하고 이후 3년간 수입량을 쿼터로 조정하였다. LTA는 1967년 및 1970년 두 차례 연장되었다가 1974년 다시 Multi-Fiber Agreement(MFA)로 대체되게 된다.[74]

---

72 Ibid.p.63.

73 Chorev, Ibid.p.64.

74 Ibid.pp.63-64.

한편, 1950년대 국내시장을 석권하던 철강업계도 해외로부터의 경쟁에 직면하게 되어 보호의 대상이 되기 시작하였다. 점증하던 철강수입은 1959년 수입량이 440만 톤으로 전년 대비 260% 증가하면서 수입이 처음으로 수출을 초과한 데 이어, 1968년 철강 수입량은 18백만 톤에 달해 국내시장의 16.7%를 점유하였다. 이에 1966년 American Iron and Steel Institute(AISI)는 한시적 관세인상을 로비하기 시작했는데, 1967년말 섬유, 석유업계와 연합해 5년간 수입쿼터를 부과할 수 있는 법안이 통과될 수 있는 환경을 조성하는 데 성공하였다.[75]

이와 관련, 일본과 독일의 철강업계는 수출 자율규제를 제안해 1968년 12월 미 행정부는 일본 및 유럽석탄·철강공동체(ECSC) 6개 회원국과 수출자율규제 약정(VRA: Voluntary Restraints Arrangement)[76]을 맺게 되는데, 동 약정은 1969년 수입가능 쿼터를 14백만 톤으로 제한하고(전년도 수입량 18백만 톤), 이를 다시 일본과 ECSC에 각각 41%, 나머지 18%는 여타 국가 쿼터로 배분하였다. 동 물량은 3년간 유효하고 이후 매년 5%씩 증가가 허용되었는데, 1972년 동 VRA는 닉슨 행정부에 의해 1974년 무역법 통과를 위해서 다시 3년간 연장되었다.[77]

한편, 1955년 RTA에 도입된 국가안보 예외조항은 1962년 무역확장법에도 section 232로 계승되었는데, 후술하는 대로 트럼프 행정부는 지난 15년간 동면하던 동 조항을 2017년 철강 수입규제에 사용하

---

75 Ibid.pp.64-65.

76 유사한 성격이나 VER(Voluntary Export Restraints) 즉 수출자유규제는 수입국이 수출국에 일방적으로 요청하여 수출국에 의해 실시되지만 VRA(Voluntary Restraints Arrangement)는 양국 간 협상에 의한 약정으로 시행되는 형식상의 차이가 있다.

77 Ibid.p.65.

면서 이를 보호무역의 주요 도구로 사용하기 시작했다.

4. 조건적 보호주의(1974-94)

가. 조건적 보호주의의 기원

1960년대 후반부터 시작된 미국의 경기침체 및 무역수지 악화는 1934년 RTAA 이후 40여 년간 지속되어 온 미국의 선별적 보호주의를 조건적 보호주의로 전환시키는 패러다임의 변화를 가져왔다. 이는 근본적으로 전후 유럽과 일본의 경제회복에 따라 미국 시장에서의 경쟁력 강화에 기인한 것인데, 이로 인한 급격한 수입급증과 무역적자 확대는 미국에 큰 충격을 주었다. 1971년 미국은 1935년 이래 처음으로 공산품 분야에서 무역적자를 시현하였고,[78] 국내 생산 대비 수입 공산품의 비중은 1969년 14%에서 10년 후 38%로 급증하였다.[79]

이는 다시 미국 내 보호세력의 강한 움직임을 낳았는데, 비록 의회에서 통과되지는 못했지만 1971년 제안된 Burke-Hartke 법안[80]은 동 분위기를 잘 보여준다. 당시 수입급증과 미 다국적 기업의 해외투자

---

[78] Douglas Irwin, Ibid. p.539.

[79] Chorev, Ibid. p.72.

[80] 「Foreign Trade and Reinvestment Act of 1971」으로 알려진 동 법안은 메사추세츠 민주당 하원의원 James Burke와 인디애나주 민주당 상원의원 Vance Hartke에 의해 제안되었는데, 국내 산업보호를 위한 제반 상품에 대한 쿼터제 도입과 다국적기업들의 해외로의 일자리 수출을 막고 국내투자를 증진하기 위해 기업의 해외영업 수익에 대한 세금인상, 반덤핑 규정 강화 등의 강한 보호주의 내용을 담고 있어 큰 논란이 되었다. AFL-CIO(노조 총연맹)의 강한 지지에도 다국적 기업 및 닉슨 행정부의 반대로 동 법안은 의회에서 통과되지 못했다.

는 미국 내 일자리의 해외이전 논란을 빚었는데, 노조 총연맹인 AFL-CIO에 의해 강력히 지지된 동 법안은 기존의 선별적 보호주의를 넘어서는 전방위적 수입쿼터제 도입과 세법개정을 통해 미국기업의 해외투자를 사실상 봉쇄하는 강한 보호주의 법안이었고, 이는 미국 노동계가 보호주의 캠프로 돌아섰음을 보여주는 이정표가 되었다.

실제 1970년 3월까지 미 하원 세입위에는 23개의 신발 수입제한 법안, 22개의 육류수입 쿼터부과 법안, 43개의 낙농품 수입제한 법안, 58개의 철강 수입제한 법안, 45개의 섬유 수입제한 법안과 47개의 국내시장 점유율에 기반한 취약 수입 경쟁산업 보호법안이 계류되어 있었고, 이에 따라 보호무역의 강화는 당연한 듯이 보였다.[81]

이와 관련하여, 1970년 Wilbur Mills 하원 세입위원장이 제안한 Mills 법안[82]은 섬유업계가 신발업계와 연합, 의회에 공동압력을 가함으로써 수입쿼터를 실시하는 것이었다. 하지만 섬유의 특별 취급에 대해 70개의 여타 품목 쿼터부여 법안이 발의되고, John Byrnes 세입위 의원이 수입/소비 비율이 특정 퍼센트를 초과할 때마다 대통령에게 수입규제 조치를 취하도록 강제하는 "basket clause"를 동 법안에 추가되는 상황이 벌어지자, 닉슨 행정부는 섬유외 어떠한 품목에 대해서도 쿼터가 설정될 경우 거부권을 행사하겠다는 입장을 밝히며 이를

---

81 Chorev, Ibid.,p.74.

82 아칸소 출신의 민주당 하원 세입위원장인 Wilbur Mill에 의해 제안된 Trade Reform Act of 1974로 불리는 동 법안은 섬유에 대한 수입쿼터제 도입을 특징으로 기타 반덤핑 심사 시한 강화, 수출 자율규제 및 대통령의 자본통제 등의 보호주의 내용을 담았는데, 세입위 심의과정에서 국내 시장점유율이 15%가 넘는 모든 수입품에 수입쿼터가 강제되는 등의 강력한 수입규제 내용이 추가되었다.

받아들이지 않았다.[83]

    Mills 법안은 하원통과에도 불구, 상원 심의전 회기 종료로 폐기되었으나, 동 법안의 전방위적인 보호무역 추구와 예상외의 의회에서의 강한 지지는 확실히 이전의 선별적 보호주의를 넘어서는 것으로 자유무역 진영에 경종을 울렸다. 동 법안 하원 표결 시 민주당의원들은 처음으로 국내산업 보호를 위해 동 법안을 지지하는 보호주의 경향을 보였는데, 19세기 초부터 1930년대까지 유지되었던 북부(보호무역 지지) vs. 남부(반대) 지역 간 대립패턴이 이제는 남부/북동부(보호무역 지지) vs. 서부(반대)로 변화하였다.[84]

    한편, 이러한 국내에서의 강한 보호주의는 "free but fair trade" 구호하에 해외 시장장벽 제거를 추구하는 수출업계에게는 미국의 상호모순적인 민낯을 드러내어, 상대국에 시장장벽 제거를 강하게 요구하기 힘들게 만드는 상황을 잉태했다. 이에 미 수출업계는 미 의회가 Mills 법안 같은 보호법안을 통과시키지 못하도록 저지하는 한편, 1974년 무역법안의 통과를 위해 매진하게 된다.

    한편, 미국의 눈덩이 무역적자 확대는 1971년 8월 닉슨 행정부의 금태환 정지 선언과 모든 수입품에 대한 10% surcharge 부과로 이어져 전 세계를 충격에 빠뜨렸고(닉슨 쇼크), 이는 동 12월 달러화 7.89% 평가절하와 환율변동 폭을 상하 2.25%로 묶는 스미소니언 체제 등장으로 이어졌다. 하지만, 동 조정에도 불구, 통화 불안정 현상은 지속되어 미국은 73년 2월 다시 달러화를 10% 평가절하하였고, 동 3월 달

---

83   Chorev, Ibid. pp.79-80.

84   Douglas Irwin, Ibid.p.533.

러투매가 재연되어 대부분의 외환시장이 폐쇄되는 격변 속에 1976년 각국이 환율제도를 자유롭게 선택하게 할 수 있는 현행 킹스턴 체제가 성립되었다.

이러한 급변 상황에 대응, 닉슨 행정부는 전술한 대로 1971년 백악관 국가안보회의(NSC)의 경제 버전인 국제경제정책위원회(CIEP: Council of International Economy Policy)를 창설하는 한편, "free but fair trade"를 주창하면서 새로운 다자 무역협상인 동경라운드(1973-1979) 개최를 요구하였다. 아울러, 자유무역 진영은 국내의 보호세력에 맞서 보호주의 대두를 통제하면서, 관세인상 및 쿼터부과 대신 Safeguard, AD/CVD 등의 무역구제 제도의 강화와 VRAs와 같은 회색조치로 보호압력을 줄이고, 상호주의 및 해외 무역장벽 제거를 통한 수출시장 개척으로 무역수지를 개선시키려는 노력을 경주함으로써 상호주의에 기반한 조건적 보호주의로 이행하게 되는 계기를 조성하였다.

이러한 70년대와 80년대의 무역구제 조치 강화와 수출자율규제협정(VRAs), 시장질서유지협정(OMAs) 등의 회색조치들을 통한 보호주의 강화 추세는 30년대의 직접적인 관세인상을 통한 보호무역주의와 성격이 다르다는 차원에서 흔히 "new protectionism"[85]이라고 불린다.

---

[85] "new protectionism"이란 용어는 헝가리 출신의 존스 홉킨스대 교수 겸 세계은행 자문관인 경제학자 Bella Ballasa에 의해 처음 사용된 것으로 알려지고 있다.

나. The Trade Act of 1974

미국이 동경 라운드 협상을 진행하기 위해서는 의회에서 1967년 만료된 무역협상권한을 다시 위임받아야 했는데, 동경 라운드는 이미 케네디 라운드 등을 거쳐 매우 낮아진 관세 감축보다도 소위 국경 내부에서 존재하는 각종 비관세장벽(NTB) 철폐가 중요한 협상 목표가 되었다. 이에 따라 미국내 비관세장벽도 다루어지게 되어 관세 외 국내법 개정이 필요한 사항도 협상 대상으로 포함되게 되었는데, 이는 1934년 RTAA 이후 관세철폐 내지 감축 권한만을 다룬 전통적 의회의 권한위임 범위를 넘어섰기 때문에 비관세장벽까지 포함한 협상권한을 의회로부터 위임받을 필요가 있었다.[86] 이에 닉슨 행정부는 1973년 4월 최대 60%까지 관세 관축을 할 수 있는 협상권한을 5년간 부여해 줄 것을 의회에 요청하였는데 영국, 덴마크, 아일랜드의 EEC 가입에 대응할 필요가 있다는 것이 주요 요청 사유였다.[87]

비관세 장벽(NTB) 제거를 포함한 행정부에 대한 무역협상권한 부여는 1974년 무역법(The trade Act of 1974)을 통해 5년간 새로운 "fast track" 방식을 도입하면서 이루어졌다. 동 절차에 따르면, 행정부의 협상결과에 대한 찬반 가부투표가 정해진 시한 내 신속하게 이루어지게 되고 의회는 협상내용을 수정할 수 없어 협상상대국들이 미 의회 승인과정에서의 협상내용 변경 우려를 덜 수 있었다. 이로써 보호주의 압력에 취약한 의회로부터 쿼터와 비관세장벽까지 다룰 권한이 행

86 케네디 라운드에서 협상된 미 국내법 개정이 필요한 비관세 장벽들은 모두 미 의회에서 승인이 거부된 이력이 있었다. Douglas Irwin, Ibid.p.550.
87 Ibid.p.549.

정부로 위임되게 됨으로써 보호주의가 통제될 수 있는 기반이 확대되었다.

1974년 무역법은 "fast track" 외에도 많은 중요한 혁신적인 조항들이 포함되었는데, 이중 다수는 오늘날에도 적용되고 있다. 그중 중요하고 주목해야 할 것은 무역조정지원(TAA), escape caluse(safeguard), 반덤핑(AD) 및 상계관세(CVD) 4개 요소가 강화된 trade remedy와 301조로 대변되는 해외시장 개척을 위한 "fair trade" 추구장치이다.

상세 후술하는 상기 4개 요소가 강화된 무역구제 규정은 국내 보호무역 세력의 반대를 무마해 1974년 무역법이 통과될 수 있도록 하는 데 크게 기여하였다. 또한 국내 보호주의 강화와 해외 무역장벽 제거 주장과의 상호모순을 인식한 수출업계의 로비와 함께 민감부문인 섬유가 1974년 다자간 섬유협정(MFA) 체결로 별도 쿼터제로 규율되게 되고, 철강도 1972년 VER로 별도 규율되고 있었던 것도 동 법안 통과에 도움이 되었다.

한편, Watergate 파문은 의회가 신임할 수 없는 대통령에게 권한을 추가 위임하는 데 부정적인 분위기를 조성하였으나, 동 스캔들이 발생하기 전에 행정부내에서 법안에 대한 협상이 이루어진 데다 의회도 정무적 외교이슈와 경제이슈는 다르게 접근했다.[88]

1) 무역조정지원(TAA)

무역조정지원(TAA) 제도는 케네디 라운드를 지원하기 위한 1962년 무역확장법(TEA)에서 무역자유화에 대한 노동계의 우려를 덜어주기

---

[88] Chorev, Ibid.p.90.

위해 처음 도입되었다. 즉, 무역자유화에 따라 직장을 잃게 되는 근로자들에 대한 보상제공이라는 공정성 측면과 관세나 쿼터 같은 무역자유화에 대한 보호 압력을 무역왜곡이 없는 다른 방법으로 대처하고자 한 것이 주요 동기라 할 수 있다.[89]

동 제도는 이미 전국적인 실업수당 프로그램이 존재함에도 불구하고 무역자유화에 따른 실업에 추가적인 보상을 제공하고자 하였는데, 이는 무역에 따라 직장을 잃은 근로자는 일반 실업자보다 긴 구직 기간을 가지며, 새 직장을 찾기 위한 직업훈련이 필요하다는 인식에 기초한 것이다. 실제 동 제도에 따른 수당이 실업수당과 합쳐질 경우 실직 직전 소득의 75%를 1년 간 받을 수 있어 기존 실업수당보다 훨씬 유리한 제도였다.[90] 하지만, AFL-CIO 같은 노조의 반응은 제도 시행 몇 년 후 차갑게 식었는데, 수혜 요건이 너무 엄격해 1962년부터 1969년까지 수혜를 받은 근로자는 단 한 명도 없었기 때문이다.[91]

이에 수혜조건에서 이전의 관세인하로 초래된 실직이어야 한다는 요건을 삭제하고, 수입이 실업의 주요 원인(major cause)임을 요구하던 것을 "contributed substantially to job loss"로 요건을 완화하는 한편, 수혜기간과 보상금액도 줄이는 행정부 타협안이 마련되었지만, 의회는 행정부의 예산고려를 거부하면서 상기 수혜조건 "substantially"를 "importantly"로 추가 완화하고, 수입증가 기준을 상대기준에서 절대

---

89 US Congress, Office of Technology Assessment, Trade Adjustment Assistance: New Ideas for an Old Program, 1987.6. p.20.

90 Ibid.p.22.

91 Ibid.

기준으로 바꾸는 등 동 프로그램을 더욱 강화하였다.[92]

2) 도피조항(Escape clause)

1962년 무역확장법(TEA)에는 관세위원회가 이전 관세양허로 인한 수입급증이 "주요 원인(major cause)"으로서 업계가 "중대한 피해(serious injury)"를 입었다고 판단할 경우, 대통령에게 관세나 쿼터 등 구제방안을 건의할 수 있고, 대통령은 이를 거부할 수 있는 재량권을 가지는 오늘날 201조(section 201) 혹은 safeguard로 흔히 불리는 도피조항(escape clause) 조항이 포함되어 있었다.[93] 전술한 대로 동 조항은 1934년 RTAA에 기원을 두고 1951년 RTAA에서 처음으로 성문화된 것이다.

하지만, 대통령의 재량권이 큰 장애요인으로 작용하는 등 실제 동 조항의 활용실적은 매우 저조했는데, 1963년부터 1974년까지 연평균 2건 정도만이 조사가 시행되었다.[94] 이러한 저조한 이용실적의 배경에는 무엇보다 동 발동요건이 너무 엄격하다는 인식이 존재했다.

이에 따라 미 행정부에서는 동 요건을 완화해야 한다는 데 콘센서스가 형성되었는데, 1974년 무역확장법은 먼저 1962년 RTAA의 두 번째 요건, 즉, 수입의 증가가 산업이 입은 피해의 "주요한 원인(major cause)"이어야 한다는 조건을 완화하여 수입품 증가가 산업이 입은 피해에 "실질적인(substantial)" 원인이기만 해도 되도록 수정하였다. 아울러, 수입의 증가가 "주로" 무역양허에 기인하는 것이어야 한다는 요

---

92 Chorev, Ibid. pp.79-80.

93 이환규, 미국 통상법상 도피조항의 실체적 요건, p.278.

94 Chorev, Ibid. p.94.

건도 삭제하였다.[95]

하지만, 상기 발동요건 완화에도 불구, 동 활용 활성화를 위한 보다 근본적인 장벽은 대통령의 재량권임이 분명해졌다. 1974년 무역법의 발동요건 완화로 도피조항 청원은 크게 증가해 1963-1974년간 연평균 2건이던 청원건수는 1975-1979년 8건 이상이 되었고, 국제무역위원회(ITC)[96]의 수용률도 동일 기간 38%에서 61%로 증가하였다. 하지만 비록 점진적으로 증가하기는 했으나 대통령이 이를 수용한 비율은 큰 차이가 없었는데 동일 기간 20%에서 27%로 증가하는 데 그쳤다. 더욱이 대통령은 ITC가 권고한 수준보다 흔히 더 약한 구제조치를 취하곤 했는데, ITC 권고를 그대로 이행한 것은 3%에 불과했다.[97]

이렇게 대통령의 거부율이 높은 이유는 동 조치가 모든 국가에 무차별적으로 적용되다 보니 무역마찰에 따른 대통령의 정치적 부담이 컸기 때문이었다. ITC의 권고에 대해 흔히 국무부, 재무부, NSC는 외교적 혹은 대외경제적 고려를 들어 반대입장을 취했는데, 대통령도 예외는 아니어서 대통령이 세이프가드 권고를 승인하는 경우는 드물었다.[98]

실제, 포드 대통령은 19건 중 2건, 카터 대통령은 25건 중 6건에

---

95 이환규, 전게서, p.283.

96 무역위원회(ITC)는 1916년 창설된 Tariff Commission의 후신으로 1974년 무역법에 의해 개명되어 현재의 ITC가 되었는데, 비당파적이고 준사법적 성격을 지닌 독립기구로서 수입피해 조사업무 등을 수행한다. 이름이 관세위원회에서 무역위원회로 바뀐 이유는 관세위원회의 기능이 더 이상 관세에만 한정되지 않고 수출과 세계무역 전반을 포괄하며, GATT 출범 이래 국제무역정책에서 관세의 비중이 점차 줄었기 때문이다. 미국의 통상정책, 최인범, FKI 미디어, 2002, p.170.

97 Chorev, Ibid.pp.107-108.

98 Douglas Irwin, Ibid.p.561, 586.

대해서만 도피조항 발동을 승인하는 데 그쳤고, 이는 레이건 대통령 시절에도 이어져 17건 중 3건만이 승인되었다. 하지만 동 문제는 1989년 George H.W. Bush 대통령 취임 시에는 더 이상 이슈화되지 않았는데, 이는 대통령의 높은 거부권 행사로 구제 가능성이 크지 않음을 인식하게 된 기업들이 동 제도 이용을 꺼림에 따라 청원 건수 자체가 급감했기 때문이다. Bush 대통령 재임기간 중 제기된 청원은 2건에 불과했고 이는 모두 거부되었다.[99]

이후 대통령의 재량권에 대한 미 의회의 감독권한은 추가로 약화되는데, 1983년 역사적인 Chadha case[100]에서 상원 또는 하원 중 한 곳에서만의 veto가 가능토록 규정된 입법조항은 모두 삼권분립을 위반해 위헌이라는 대법원 판결을 받음에 따라 Trade and Tariff Act of 1984에서도 의회가 대통령의 세이프가드에 대한 결정을 번복하기 위해서는 상하원 모두에서 2/3 다수결로 통과된 법안을 통해서만 가능토록 수정되었다.[101]

도피조항 즉 safeguard 적용 감소 추세는 이후에도 계속되었다. 동 조치는 2002년 한국산 철강수입 등에 대해 발동된 이후 2017년 America First를 표방한 트럼프 대통령 취임 이후 태양광, 세탁기에 대해 다시 조사를 시작하기 전까지 15년간 발동되지 않았다.

---

99 Chorev, Ibid.pp.116-117.

100 케냐인 Chadha의 비자 위반에 대한 추방여부를 놓고 이민국의 추방유예 결정을 미 하원이 이민법 section 244(c)에 의거 번복한 것을 다룬 동 케이스에서 연방대법원은 one-house legislative veto는 삼권분리 원칙상 위헌이라고 판결함으로써 여타 법률에서의 유사 규정은 모두 동 판결에 맞추어 수정되었다.

101 Ibid.p.127.

3) 반덤핑(AD) 및 상계관세(CVD)

미국의 반덤핑법은 1921년, 상계관세법은 1897년 처음 제정되었으나, 오랜 역사에도 불구하고 1970년대까지 동 규정이 실제 적용된 사례는 드물었다. 주무부처인 재무부는 동 프로세스에 시한이 없는 점을 이용, 정치적으로 민감한 사례에 대해서는 수년째 시간을 끌거나, 외국기업의 가격인상 약속을 수용하는 등 관련 조항 적용에 소극적 태도로 일관했다.[102]

이러한 재무부의 소극적인 태도는 재무부가 전통적으로 수입관세로 인한 재정수입을 우선시했기 때문인데, John Conally 재무장관의 취임 이후 미 산업계의 피해를 보다 중시하는 방향으로 동 태도는 변화되기 시작했다. 1955-67년 13년간 재무부의 반덤핑 판정 건수는 12건에 불과했으나, 1969-71년 3년간에는 36건으로 증가했고, 상계관세의 경우도 1959-66년간 실제 적용사례가 전혀 없다가 1967-71년에는 11건이 적용되는 등 이용이 증가하기 시작했다.[103]

이러한 AD/CVD 적용 강화추세는 1977년 카터 행정부 등장 이후 철강업계 보호를 계기로 근본적 전환점을 맞게 된다. 1977년 수입급증과 불황에 직면한 미 철강업계는 미 의회에 대해 쿼터 설정 등을 포함하는 20건 이상의 보호주의 법안을 발의토록 로비를 강화하기 시작했는데, 카터 행정부는 외국의 보복을 초래하거나 동경 라운드에 악영향을 미칠 조치들에 대해서는 강한 반대입장을 견지하면서 특히 수입쿼터는 강하게 거부했다. 하지만 북동부와 중서부 철강지역에서의

---

102 Chorev, Ibid. p.97.
103 Ibid. p.98.

심각한 실업과 철강이 갖는 국가안보에의 함의는 이러한 압력을 완전히 무시할 수 없게 만들었고 결국 카터 행정부는 AD/CVD 활성화를 그 해법으로 찾았다.[104]

1977년 10월 카터 대통령과 미 철강업계 간부, 철강산업이 중심인 지역구 의원들과 소비자대표들이 참가한 회의에서 카터 대통령이 어떠한 종류의 수량제한 조치도 수용할 수 없다고 선을 긋고, 대신 AD/CVD 집행을 강화해 나갈 것임을 천명함에 따라, 철강업계는 수입쿼터 로비를 중단하고 반덤핑제소로 방향을 전환하였는데, 이후 3개월간 23건의 반덤핑제소가 영국, 프랑스, 이탈리아, 독일, 일본, 인도, 한국 등에 대해 집중적으로 이루어졌다. 그러나, 이러한 반덤핑제소의 급증은 재무부의 처리능력을 초과하는 것으로 업무마비를 야기하였고, 더욱이 실제 반덤핑에 해당하는 사례는 유럽국가들에만 해당되었기 때문에 일본에만 어부지리를 줄 위험이 있었다.[105]

이에 미 행정부는 "Trigger Price Mechanism(TPM)"으로 불리는 장치를 도입해 대응했는데, TPM은 외국 철강의 base price가 설정되어 동 가격 이하로 수입 시 자동적으로 반덤핑 제재가 적용되도록 설계되었다.[106] 동 조치는 반덤핑 규정을 비록 엄격히 적용하지는 않은 것이었지만 수입쿼터보다는 무역질서를 덜 교란하는 장점이 있었는데, TPM 도입을 미 업계가 지지함에 따라 반덤핑제소는 즉각적으로 철회

---

104 Chorev, Ibid. p.119.

105 Ibid. p.121.

106 TPM 프로그램은 1977년 도입 당시 일본의 철강 생산비용이 가장 낮았기에 일본의 생산비용을 기준으로 설정되었는데, 1980년 3월 일시 중단된 이후 1982년 종료되었다. Justin, What is the steel trigger price mechanism?, History Essays, 2024.3.27. 참조.

되었고 미 의회에서의 보호법안 추진도 중단되었다.

철강업계의 상기 사례는 여타 경쟁취약 산업에게도 AD/CVD 제
소의 유용성을 각인시키게 되었는데, 도피조항 즉, 201조 세이프가드
와 달리 AD제소 시에는 피해의 입증이 쉽고, CVD제소에서는 아예
피해입증 필요가 없다는 점이 부각되었다. 더욱이 AD/CVD에서는 세
이프가드와 같은 대통령의 재량권이라는 장벽이 없었다.[107]

상기 유용성이 주목되자, AD/CVD는 세이프가드 대신 미 업계의
우선적 구제 고려 수단으로 정착하게 되었다. 상기 기술한 대로 세이
프가드 제소가 급감한 가운데 반덤핑 조사건수는 1931-74년간 연평
균 19건에서 1975-79년간 연평균 44건으로 급증하였고, 79년 무역법
이후 1980-94년까지는 50건으로 더욱 증가하였다. 유사하게 상계관
세 조사건수도 1931-74년간 연평균 5건에서 1975-94년간 25건으로
급증하였다. 제소 건수와 아울러 제소의 긍정 판정비율도 크게 상승
해 1975-1994년 평균 긍정 판정률은 이전 20% 수준에 비해 크게 늘
어난 50%에 달하였다.[108]

AD/CVD가 미국의 취약산업 보호수단의 핵심으로 자리 잡자,
AD/CVD 조항을 보다 유리하게 고치기 위한 투쟁이 강화되었다. 이
는 AD/CVD에 대통령의 재량권이 없고 기술적 성격이 강하다는 점
에서 더욱 중요했는데, AD/CVD 불인정 판정에 대해 업계가 법원에
상소할 수 있도록 허용하고, 지연을 방지하기 위한 시한을 설정하며,

---

107 201조 세이프가드 대신 AD/CVD 제소를 선호하는 경향은 Fritz Hollings 상원의원
이 "going the 201 route is for suckers"라고 언급한 데서 잘 드러났다. Douglas
Irwin, Ibid.p.587.

108 Chorev, Ibid. p.122.

덤핑의 정의를 확대하는 등의 내용이 1973년 무역법 및 1974년 무역법에 도입되었고, 1979년 무역법에서는 1921년 반덤핑법이 폐지되고 1930년 관세법 7장의 개정을 통해 덤핑 및 보조금 조사시한 단축과 외국기업이 정보를 제공하지 않을 경우 "이용가능한 최선의 정보(best information available)" 사용을 허용하는 개혁이 이루어지는 등 오늘날까지 적용되는 동 제도의 근간을 확립하는 가장 큰 개혁이 이루어졌다.[109]

1979년 무역법 이후에도 AD/CVD 규정을 둘러싼 투쟁은 지속되었다. 1984년 발의된 Trade Remedies Reform Act에서는 외국의 특정 수출산업 지원에 대해 상계관세 적용을 규정한 "industrial targeting" 조항과 규제보조금의 대상을 대상기업의 upstream 분야 지원까지 확대한 규정들이 논란의 대상이 되었고, 1988년 종합무역법(The Omnibus Trade and Competitiveness Act of 1988)에서는 미 업계의 로비에 의해 고도로 기술적이고 쉽게 이해하기는 어렵지만 실제로는 국제무역에 큰 영향을 미칠 잠재력을 갖는 세부사항에 대한 수정들이 이루어졌다.[110]

다. 1979년 카터 행정부의 통상조직 개편

카터 행정부의 무역대표(STR)인 Robert Strauss는 STR로는 예외적으로 카터 대통령과 긴밀한 유대관계를 맺고 이해관계자 간 broker 역할을 적절히 수행하면서 동경 라운드와 일본과의 통상협상에 대응

---

109 Meredith Lambert, The History of Anti-Dumping and Countervailing Duties, 2018.1.31.

110 Chorev, Ibid. p.128.

하였다. 하지만, 그의 활약에도 불구, 무역기능은 상무부, 재무부, 농업부 등으로 분산되어 STR의 기능은 한정적이었기에 무역기능의 통일적 수행 필요성이 제기되었다.

이에 대한 한 아이디어는 무역부(department of trade)를 설립하는 것이었는데, 이를 검토한 보고서에 공감한 William Roth 상원의원(델라웨어/공화당)은 무역부 설립을 위한 법안을 제출, 상원 재무위원회 무역소위에서 통과되었다. 하지만 하원 세입위는 이에 부정적이었고 상원내 입장도 갈려 결국 동경 라운드 이행법안인 1979년 무역법에 대통령으로 하여금 무역부에 대한 고려를 포함해 행정부의 국제 통상조직 개편안을 1979.7.10.까지 의회에 제출토록 하는 규정을 포함시키는 것으로 타협되었다. 이에 카터 대통령은 통상조직 개편안을 의회에 제출하였는데 이에 근거 1980년 1월 새로운 개편안이 시행되었다.[111]

이러한 카터 행정부의 통상 개편안 마련과정에서 미 행정부 내 통상 유관 부처들이 권한 확대를 놓고 다툼을 벌인 것은 당연한 수순이었다. 상무부는 모든 무역과 국제경제기능을 상무부로 이관하거나 관련 기능을 통합해 무역부를 만드는 안을 주장했다. 이 경우, 신속하고 엄격한 무역집행 업무가 이루어져 의회의 우려를 충족시킬 수 있고 수출과 수입의 통제업무는 한 곳에서 이루어져야 한다는 것이 동 주장의 근거였다. 하지만, 국무부와 재무부는 상무부로 권한 집중이 이루어질 경우, 그렇지 않아도 보호 압력에 취약성을 드러내 온 상무부에 보호주의 압력이 집중되어 보호주의가 더욱 강화될 것이라는 이유로 이를 강하게 반대했다. 양 부처는 대안으로 성공적인 수출입은

---

111 Destler, American Trade Politics, 4th ed., 2005, pp.113-114.

행(Eximbank) 설립모델에 따라 새로운 미국의 수출진흥기구(US Export Corporation) 설립을 제안했다. 한편, Robert Strauss 특별무역대표(STR) 또한 STR의 보존을 위해 예산관리국(OMB)과 함께 상무부의 과격한 통합안을 반대했는데, 대안으로 모든 정책 조정권한과 협상권한은 STR로 통합하되, AD/CVD 기능을 포함, 모든 무역에 대한 운영책임 (operational responsibilities)은 상무부로 통합하는 안을 제안했다.[112]

궁극적으로 채택된 것은 STR/OMB 제안이었는데 기본적으로 재무부와 국무부의 역할이 축소되고 무역부의 창설은 이루어지지 못했지만 상무부의 권한이 강화되고 STR이 USTR로 위상이 격상되었다. 동 개편은 상무부를 "농업을 제외한 분야"에 있어 무역 운영책임의 중심으로서 수출통제와 수입통제를 동시에 담당하게 하고 수출진흥 업무를 수행토록 했는데, 이는 무엇보다 1897년 이래 재무부가 보유하던 AD/CVD기능이 상무부로 이관됨을 의미했다. 무역구제 업무의 재무부로부터 상무부로의 이관은 무엇보다 미 재무부가 무역구제법 집행에 있어 시간을 너무 많이 끌고 소극적이므로 동 권한을 국내산업에 보다 민감한 상무부로 이관해야 한다는 미 의회의 뿌리 깊은 문제인식을 반영한 것이었다. 아울러, 상무부의 관할이 비농업 분야로 한정되어 농업이 빠진 것은 농업계가 결코 농업이슈를 상무부가 처리토록 허용하지 않았던 정치 현실을 반영한 것이었고 동시에 농무부의 농업에 대한 전문성이 고려된 것이었다.[113]

아울러 STR의 무역정책 권한이 국무부의 경제외교 기능을 희생하

---

112 Chorev, Ibid. pp.129-131.

113 Destler, Ibid. p.114.

면서 강화되었는데, STR은 각료급 USTR로 명칭이 바뀌고, 기존 국무부의 GATT, 양자, 1차상품, 동서무역 및 무역구제 케이스 감독 업무를 포함한 무역정책 개발, 조정 및 협상기능이 USTR로 이관되었다. 국무부는 이러한 조직개편에 대해 강하게 반발하면서 무역정책도 외교정책의 한 기초요소인 만큼 외교정책 수행의 주된 책임을 갖는 국무부가 무역정책 기능을 가져야 한다고 강조하면서 USTR은 협상기능에 한정되어야 함을 주장하였다. 국무부는 또한 이러한 포괄적 권한의 이관은 대통령의 외교정책 수행 권한을 제약해 행정부와 입법부 간의 권력분립 원칙에 위배된다고도 주장하였으나 받아들여지지 않았다.[114]

한편, USTR에 더 이상의 권한이양이 이루어지지 않고 대신 상무부의 무역구제 기능이 강화된 것은 카터 대통령이 대통령실의 조직을 꼭 필요한 정도로만 유지하겠다는 목표하에 백악관 인원을 축소하는 조치를 취한지 얼마 안되어 대통령실 소속 USTR을 급속히 확대하는 데 부담을 느낀 데에도 일정 기인했다.[115]

전술한 대로 역대 대통령들은 의회의 요구로 대통령실에 설치된 STR에 대해 마땅치 않게 생각해 왔는데 케네디 대통령은 처음 STR이 대통령실에 설치될 것을 요구받았을 때 이를 기꺼워하지 않았고, 닉슨 대통령은 이를 폐지하려 했으며, 레이건 대통령은 동 조직에 무관심했다.[116]

---

114 Chorev, Ibid. p.131.

115 Destler, Ibid. p.115.

116 트럼프 대통령 당선인이 2024.11.19. 상무장관에 Howard Lutnick 정권인수위원회 공동위원장을 지명하면서 동인이 USTR에 대한 추가적이고 직접적인 책임을 맡게 될

대통령들은 이해관계자들이 자신들의 주요 관심사를 다루기 위한 조직을 백안관 내에 설치토록 하는 것을 전통적으로 싫어했다. 따라서 USTR이 의회의 고집에 따라 대통령실내에 설치되었지만 동 조직은 결코 백악관 국가안보회의(NSC)처럼 대통령과 긴밀히 소통하지는 못했다. 이는 통상이슈들이 안보이슈처럼 대통령의 우선적 관심사가 되기 어려웠고 또한 너무 기술적인 사항들이 많아 대통령이 관심을 갖고 수시로 협의해야 할 사안이 되지 못한 것도 한 원인이었다. 대통령 입장에서 또한 국내적으로 민감한 보호압력에 대해 "No"라고 답하기 어려운 정치적 여건에서 직속 무역조직의 존재는 정치적으로 부담스러운 것이었다.[117]

한편, 상기 카터 행정부에서의 통상조직 개편에도 불구, 백악관 내 소규모 조직인 USTR의 위상은 때때로 흔들렸고 통합 무역부 창설 아이디어는 완전히 죽지 않았는데, 카터 행정부로부터 정권을 넘겨받은 레이건 행정부에서 동 문제는 다시 불거졌다. 레이건 대통령 당선인은 William Brock을 그의 첫 USTR로 임명하기 한 달 전 상무장관으로 코네티컷의 유력 기업인 Malcolm Baldrige를 지명했는데, 동 과정에서 레이건 대통령의 핵심 자문관인 Edwin Meese가 USTR을 폐지하고 상무장관에게 동 업무를 넘기려 했음이 밝혀진 것이다. 비록 동 구상은 이루어지지 못했지만 Baldrige 상무장관이 위원장인 Cabinet Council on Commerce and Trade가 가동되는 등 USTR의 위상은 취

───────────

것이라고 밝힘에 따라 부침을 겪어 온 USTR이 트럼프 2기 행정부에서 어떠한 위상을 갖게 될지 주목을 받고 있다.

117 Destler, Ibid.pp.118-119.

약했고 상무부와 USTR의 갈등은 지속되었다.[118]

결국 1983년 USTR의 반대에도 불구, 레이건 대통령은 Baldrige 상무장관과 Meese 자문관의 권고를 수용, Roth 상원의원의 국제무역·산업부 창설 및 USTR 폐지 법안을 지지하기로 결정하는데, 민주당이 동 법안에 무역으로 위협받는 산업을 지원하기 위해 산업 경쟁력 위원회 설치를 추가하려 하자 더 이상 법안을 강하게 밀지 않았고 결국 동 법안은 의회에서 폐기되었다. 하지만, 레이건 대통령의 국제무역·산업부 창설 지지 입장은 Brock 무역대표의 위상과 USTR 조직의 신뢰도를 크게 훼손하였다.[119]

라. Omnibus Trade and Competitiveness Act of 1988

"New Protectionism"이라 불리는 70-80년대의 무역구제와 회색조치 시행을 통한 비전통적이고 간접적 방식의 국내보호 강화의 이면에는 "공정무역(fair trade)" 주창을 통해 완력을 사용한 해외무역장벽 제거 노력이 있었고, 1974년 무역법의 Section 301은 그 법률적 근거를 제공하였다. 동 301조는 경쟁력 있는 미국제품의 판매를 실질적으로 감소시키는 효과를 가진 정당화될 수 없거나 비합리적인 관세 및 기타 수입규제조치를 시행하는 국가들에 대해 대통령에게 보복조치를 취할 권한을 부여했다.

이러한 일방적 무역보복 권한은 매우 강력한 것이었으나, 실제 시행 초기 10여년간 동 조치는 거의 사용되지 않았는데, 1975-1984년간

---

118 Ibid. p.116.
119 Ibid.pp.117-118.

미 업계는 연평균 4건에도 못 미치는 총 38건의 301조 청원을 제기했을 뿐이었다. 이 또한 대부분 GATT상의 양자협의로 이어져 해결되었고 실제 대통령의 보복조치가 발동된 것은 단 1건뿐이었다.[120]

하지만, 1985-88년간에는 총 23건 청원에 3건의 보복조치 시행이 이루어져 동 조항이 보다 활발히 사용되기 시작했는데, 이는 레이건 행정부의 레이거노믹스 시행에 따른 막대한 무역적자가 동 원인이었다. 레이건 행정부의 강달러 정책과 동아시아 신흥경제국들의 등장은 미국의 제조업 경쟁력을 상실하게 함으로써 2차대전 이후 처음으로 1980-1982년 3년 연속 미 제조업 고용이 감소하였다. 또한, 불황기에는 통상 수입이 감소하여야 함에도 불구, 1980-1982년 동안 수입은 8.3% 증가하고 수출은 17.5% 감소하였는데, 이후 상황은 더욱 악화되어 1980년 2,570억 불이던 미국의 수입액은 1985년 3,620억 불로 50% 급증하였다. 동 결과 무역적자는 1980년 360억 불에서 1985년 1,480억 불로 4배나 폭증하였고, 그중 1/3이 대일 무역적자였다.[121]

하지만, 레이건 대통령은 1기 재임기간 중 이러한 문제점에 대해 기본적으로 자유무역 기조를 유지하는 한편 행정부 내 Baker 비서실장 등의 자유무역주의자와 Baldrige 상무장관 등 보호주의자 간 갈등까지 겹쳐 적극적으로 대응하지 않았는데, 이에 좌절한 업계는 의회의 문을 두드릴 수밖에 없었고, 의회는 수입쿼터 부과 법안제출로 행정부를 위협했다. 이는 결국 행정부의 자발적 수출규제(VERs/VRAs) 시행으로 이어졌는데 자동차와 철강이 대표적 사례이다.[122]

---

120 Chorev, Ibid.p.132.

121 Ibid.

122 레이건 대통령은 구두로는 항상 자유무역을 주장했지만 실제 행동으로는 보호주

　　자동차의 경우, 일본으로부터의 수입이 급증하자 미국의 Big 3 업체들은 소형차 보다 중대형차 생산에 집중하면서 이에 대응했다. 하지만, 오일 쇼크로 인한 기름값 상승으로 소형차 선호가 커지자 동전략은 타격을 받았고 경기침체까지 겹치자 크라이슬러는 파산위기까지 몰려 정부지원으로 연명하는 상황이 초래되었다. 이에 1980년 Ford와 전미 자동차노조(UAW)는 1980년 여름 1974년 무역법 section 201 세이프가드 발동을 청원했는데 ITC는 "serious injury"를 인정하면서도 일본차 수입이 "substantial cause"라는 점에는 동의하지 않음으로써 동 청원은 기각되었다.[123]

　　그러나, 11월 대선을 앞두고 양당 대선 후보들은 자동차 업계 지원을 다시 공약하였는데, 의회 또한 대통령이 일본의 자동차 수입을 제한하는 협상을 하도록 하는 결의안을 하원에서 통과시키고 John Danforth 상원의원(미주리)이 1983년까지 일본으로부터의 수입량을 연간 160만 대로 제한하는 법안을 제출하는 등 업계 지원에 발벗고 나섰다. 이후 레이건 대통령이 당선되자 1981년 3월 Drew Lewis 교통장관은 선거공약 이행을 주장하면서 수입규제를 주장하였는데 레이건 행정부의 특색이 된 자유무역론자와 보호론자 간 대립으로 결국 레이건 대통령은 직접적 수입규제 대신 수출자율규제를 해법으로 선택하였다. 실제 레이건 대통령은 상기 Danforth 법안에 대해 거부권을 행사하지 않을 것임을 천명함으로써 일본에 분명한 신호를 보냈고

의적이었다고 평가되는데("liberal words, protectionist Deeds"), 실제 후버 대통령 이후 가장 보호주의적인 대통령 중 한 명이었다고도 평가된다. 그의 언행 불일치는 Deila Conti, President Reagan's Trade Rhetoric: Lessons for the 1990s, Winter, 1995 pp.91-108 참조.

123 VER in USA car industry, International Economics, 2013.8.4.pp.1-2.

일본은 이내 수출 자율규제에 동의하였다. 결국 3년간 1980년 대비 8% 감소한 연간 168만 대로 수출물량을 자발적으로 줄일 것이 약속되었고, 이는 1984년 레이건 대통령의 재선 계기 185만 대로 상향되어 다시 연장되었다.[124]

철강 또한 1979년 수입산 비중이 15%였던 것이 1982년 22%까지 상승해 US Steel과 Bethlehem은 큰 재정난과 대규모 해고에 봉착하게 되었다. 이에 1982년 1월 미 철강사들은 EEC를 중심으로 11개국 41개 업체의 9개 품목에 무려 155개의 반덤핑 및 상계관세 청원을 제기했다. ITC는 동 청원의 약 절반에 대해 인정하는 판정을 내렸지만 장기간이 소요되는 복잡한 절차에 결국 레이건 행정부는 EEC와 11개 품목의 미국내 시장점유율을 5.5%로 제한하는 수출자율규제협정(VRA)을 체결할 수밖에 없었다. 그럼에도 불구, 여타 국가로부터의 수입이 지속적으로 증가했는데, 이는 미 철강업체들로 하여금 200개가 넘은 반덤핑 제소를 다시 한국, 스페인, 브라질, 멕시코, 폴란드 등 EEC외 국가 기업들에 대해 제기하게 한 데 이어, 1984년에는 9개 품목에 대해 201조 세이프가드 청원을 하도록 만들었다. ITC는 9개 품목 중 5개 품목에 대해서는 피해를 인정하였으나, 1984년 미 대선을 2개월 앞두고 펜실베이니아 등 철강산업 주들의 표심을 의식할 수밖에 없었던 레이건 대통령은 EEC 등의 반발이 예상되는 세이프가드 대신 국내 시장점유율 18.5%를 목표로 한 VRA카드를 다시 꺼내 들었고, 그 결과 1985년 8월까지 모든 주요 수출국과 체결된 VRAs는 15개

---

124 Paula Stern, A Burdensome Legacy for the 1990s: The Reagan Administration's Trade Policy, The Brookings Review, Fall, 1991, pp.40-41.

국에 대해 전체 철강수입의 80%를 규율하게 되었다.[125]

이러한 수출자율규제는 전통적인 수입규제조치인 세이프가드와 비교할 때, 무엇보다 세이프가드가 실제 국내산업에 피해를 주지 않은 국가로부터의 수입까지 모든 수입에 무차별적으로 적용되어 피해를 주지 않은 국가의 반발 및 보복을 초래할 가능성이 크지만, 수출자율규제는 이러한 부작용 없이 피해 유발국에게만 조치를 취할 수 있는 장점이 있었다. 하지만 수출자율규제는 외국의 수출기업에게 소위 "쿼터 렌트(quota rent)"[126] 때문에 높은 이윤을 보장할 수 있어 불리한 것만은 아니었는데 실제 일부 외국기업은 미국 관리들에게 자발적으로 동 가능성을 타진한 것으로 알려진다.[127] 아울러 특정 국가에 대한 VER이나 시장질서유지협정(OMA) 조치는 컬러TV 사례에서 나타났듯이 글로벌 생산망을 통해 손쉽게 다른 국가 생산품으로 세탁되어 미국으로 우회 수출될 수 있다는 허점이 있었다.[128]

미국의 경기침체와 무역적자를 반영하여 1980년대 중반 미 의회는 유례없는 보호주의 법안 제출 급증을 목도하게 되는데, 98차 회기(83-84년) 간 144건이던 무역규제 법안 제출 건수는 99차 회기(85-86년) 277건으로 폭증하였다. 그러나, 실제 통과된 법안 수는 98차 및 99차 회기 모두 6건으로 불변이었는데, 이는 상기 자동차 및 철강 사례에서 나타났듯이 의회의 수입규제 법안제출의 진정한 목적이 관세나 쿼

---

125 Douglas Irwin, Ibid.pp.578-579.

126 쿼터 렌트는 해당 상품의 국제시장 가격과 쿼터 수입제한으로 상승한 국내 가격과의 차이이다.

127 Ibid.p.561.

128 Ibid.p.562.

터의 부과보다는 VER이나 OMA 등 여타 구제조치를 얻기 위해 행정부의 관심을 끌려는 데 있었음을 보여준다. 그리고 이러한 의회의 큰 압력에 레이건 행정부는 레이건 대통령의 1984년 재선 후 8개월이 지난 1985년말 플라자 합의를 끌어내면서 통상정책의 기조를 적극적 개입으로 바꾸게 된다.[129]

1기 레이건 대통령의 비서실장이었다가 자리를 옮긴 James Baker 재무장관은 강달러를 방치한 전임 Donald Regan 재무장관과 달리 강달러가 의회에 강한 보호주의 압력을 낳고 있음에 큰 우려를 갖고 1985.9.22. 급격한 엔화절상을 낳은 플라자 합의를 이끌어 냈다.[130]

강달러에 대한 조치를 취한 후 미 정부의 다음 수순은 직접적인 무역정책의 전환이었는데, Baker 재무장관과 Yeutter 무역대표는 의회의 보호압력을 완화하기 위해 국내 산업 보호에서 해외의 불공정 무역장벽 해소로 초점을 이동시키는 새로운 무역정책을 시행하였다. 실제 레이건 대통령은 플라자 합의 발표 다음날인 1985.9.23. 백악관에서 새 무역정책을 공개하는 연설을 통해 "Above all else, free trade is, by definition, fair trade"라고 언급하며 "fair trade"와 "level playing field"가 향후 미 무역정책의 핵심 키 워드가 될 것임을 밝혔다.[131]

---

129 Chorev, Ibid.p.134.

130 Takatoshi Ito, The Plaza Agreement and Japan: Reflection on the 30th year Anniversary, 2015, Baker Institute for Public Policy p.7. 플라자 합의는 미국 베이커 재무장관이 1985년 6월 동경에서 개최된 G10 재무장관회의에서 그의 구상을 일측에 설명한 데 이어 7월 파리, 8월 하와이 협의를 거쳐 런던 G5 Deputies 회의에서 합의를 도출했는데, 일본 다케시다 재무상은 적극적이어서 비밀리에 합의된 10% 평가절상을 넘어 1불당 200엔(플라자 합의 직전 1불당 240엔)까지도 수용 가능하다는 입장을 밝힌 것으로 알려진다.

131 Douglas Irwin, Ibid.p.606.

미 행정부의 해외무역 장벽 제거에 사용된 도구는 1974년 무역법에 포함되어 있는 301조(section 301)의 보다 공세적인 사용이었다. 이에 USTR은 자발적으로 브라질(컴퓨터 시장보호), 한국(보험시장 미개방), 일본(외국 담배판매 제한)에 대해 301조를 발동하였고, 레이건 행정부 기간 자발적 조사를 통해 추가적으로 6건에 대해 더 301조를 적용하였다.[132]

이러한 공세적 301조 사용에 있어 가장 관심을 끈 케이스 중 하나는 일본의 반도체에 발동된 301조 적용이다. 1978년 일본 반도체산업은 세계시장 수익의 28%, 미국은 55%를 점유하고 있었으나 1986년에는 각각 46%와 40%로 역전되었는데 1985년 미국 반도체 산업협회(SIA)는 301조 청원을 제기했고 이는 Micron, Intel 등 미 업체의 반덤핑 제소, 상무부의 유례없는 자체 덤핑 조사 개시와 함께 일본에 큰 압력으로 작용했다. 결국 1986년 7월 미국과 일본은 덤핑을 중단하고 일본 시장을 개방하는 5년간의 합의를 도출했는데, 일본 정부는 수출 최저가 적용에 합의하는 한편, 별도의 비밀 side letter를 통해 일본 국내시장에서 수입 반도체 점유율을 기존 8%에서 20%로 높이는 데 동의하였다. 하지만, 제3국에서의 덤핑 지속 등 합의 이행에 대한 논란이 빚어지자 미국은 1987년 4월 총 3억 불 규모의 일본산 컴퓨터, TV 등에 100% 보복관세를 부과하게 되는데, 이는 미국의 2차 대전 후 일본에 대한 첫 제재로 동맹국에 대한 제재라는 측면에서 일본에 큰 충격을 주었다.[133]

---

132 301조는 우리나라에 대해서는 1984년 적용된 바 있는데, 미 상무부는 삼성전자, 금성, 대우전자 등 한국 3개 업체가 생산한 브라운관 컬러 TV에 대해 15%의 반덤핑 관세를 부과했다.

133 Simeon Kriesberg, Japan-United States: Arrangement Concerning Trade in Semiconductor Products, 1991.6.11. 참조.

이러한 미 행정부의 전략적인 자발적 301조 적용은 해외 무역장벽 제거라는 측면에서 일면 무역자유화에 부합하는 측면도 있으나, 보복 위협에 근거한 일방주의와 시장이 아닌 "관리무역(managed trade)"이라는 논란을 빚었고 "aggressive reciprocity"이라고 비판적으로 지칭되었다.[134]

의회에 의한 74년 무역법 301조의 대폭적인 수정은 Gephardt 조항[135] 포함 여부를 둘러싼 논란 등 3년여에 걸친 지난한 심의과정을 거쳐 무려 1,000여 페이지를 넘는 「88년 종합무역법(Omnibus Trade and Competitiveness Act of 1988)」에 의해 이루어졌다. 동 법은 301조 절차의 시한을 단축하고 불공정 무역관행의 범위에 기업설립 제한, 지재권 미보호, 수출 타겟팅, 노동자 권리 미보호 및 비경쟁 행위의 용인까지 포함시키는 한편, 조사개시 권한을 대통령에서 USTR로 이관시켜 USTR의 권한을 보다 강화하였다.[136]

아울러 동 법에서는 74년 제정된 이래 301조가 적극 활용되지 못한 주된 이유가 대통령이 이를 이행하는 것을 거부했기 때문이라는 인식하에 대통령의 재량권을 배제하는 방안이 논란의 대상이 되었으나, 행정부의 강한 반대로, 무역협정 및 여타 협정상의 혜택이 부인될

---

134 Destler, Ibid.p.127.

135 미 하원은 88년 종합 무역법안 심의과정에서 1986년 5월 논란 많은 Gephardt 조항을 포함한 법안을 통과시켰는데, 동 조항은 일본, 독일 등 미국에 대해 과도한 무역흑자를 시현하는 국가들에게 매년 무역흑자를 10%씩 감축토록 요구하였고 불이행시 대통령은 의무적으로 보복을 하도록 규정되었다. 동 조항에 대해 레이건 대통령은 이는 "protectionism"이 아닌 "destructionism"이며, "omnibus trade bill"이 아니고 "omnibus anti-trade bill"이라고 비판하며 거부권 행사를 시사하였고 결국 동 조항은 폐기되었다.

136 Chorev, Ibid.p.135.

경우에만 대통령의 301조 시행을 강제하는 것으로 완화되어 타협되었다.[137]

88년 종합무역법은 또한 지재권 위반에 대한 Special 301조 규정과 함께 일본을 겨냥한 Super 301조 절차를 1989-1990년 2년간 한시적으로 도입하였다. 세계를 떨게 한 Super 301조가 기존의 301조 절차와 차별화되는 가장 큰 점은 301조 절차는 기본적으로 구체적 차별조치와 관련된 기업의 청원에 의해 시작되는 구조인 것과 달리 Super 301조는 행정부로 하여금 정치적으로 민감한 불공정 무역관행을 유지하는 국가 이름을 거명토록 하는 데 있었다. 거명이 된 국가와는 19개월 내 협상 결과를 도출해야 하는데, 실패 시 대통령은 동 국가에 대해 보복을 하도록 요구되었다.[138]

Carla Hills
*US public domain file as a work of US federal government

미 행정부는 동 조항 발동에 대해 의견이 나뉘었는데 Michael Boskin 백악관 수석 경제보좌관과 Nicholas Brady 재무장관은 일본과의 전략적 관계에 미칠 우려로 Super 301조의 시행에 반대했고 국무부와 국방부도 이에 동조하였다. 하지만, 해외시장을 쇠지렛대(crowbar) 사용을 비유해서 개방할 것을 천명해 "crowbar Carla"로 불린 Carla Hills 무역대표[139]의 상대적으로 강경하지만 아울러 실용적인 입장은 결국

---

137 Chorev, Ibid.p.136.

138 Elizabeth King, The Omnibus Trade Bill of 1988: "Super 301" and Its Effects on the Multilateral Trade System under the GATT, 2014.

139 Douglas Irwin, Ibid.p.623.

일본(3개 불공정조치), 인도(2개 불공정조치), 브라질(1개 불공정조치) 3개국을 6개 조치에 한정해 Super 301조 "대상국(priority countries)"으로 지명하게 된다.[140]

대만과 한국은 시의적절한 양보로 대상에서 빠지는 데 성공하였고[141] EC는 불법적 절차와 관련해 협상하지 않는다는 강한 입장과 보복에 따른 정치적 부담으로 대상에서 제외되었다. 단, Hills 무역대표는 지재권 위반 관련 Special 301조 대상 국가를 거명하는 것은 거부했는데, 대신 8개국을 "우선적 관찰대상국(priority watch list)" 대상에 포함시켰다.[142]

1년 후 Hills 무역대표는 일본이 3개 분야에서 개선조치를 취했다는 이유로 Super 301조 적용 대상에서 제외하였고, 브라질도 양보 조치 제공 후 대상에서 제외되었으나, 인도는 국내 보험시장 미개방 조치를 계속 고집해 리스트에 남은 유일한 국가가 되었다. 하지만 궁극적으로 미 정부는 인도에 대해 보복 조치를 시행하지는 않았는데 이는 우루과이 협상이 진행 중임을 감안하고 일방적 보복 조치 시행 시 GATT에서 패소할 것을 우려했기 때문이었다.[143]

Super 301조는 1990년 말에 시한이 만료되었으나, 1992년 클린턴 대통령 후보가 유세과정에서 일본을 겨냥하여 이를 부활할 것을 공약함으로써 다시 쟁점화되었다. 하지만 취임 후 클린턴 행정부는 동 조항 부활대신 일본과의 양자협상을 추진했는데, 협상이 실패하자 클린

---

140 Chorev, Ibid.p.137.

141 한국은 농산물 시장개방이 문제가 되었다.

142 Ibid.

143 Ibid.

턴 대통령은 94-95년 2년간 행정명령을 통해 이를 부활시켰다. 다만, 민감한 위반 국가 이름 거명은 불공정 관행을 거명하는 것으로 완화되었다. 동 조치는 다시 96-97년, 99-2001년간 각각 행정명령으로 연장된 후 지금까지 다시 연장되지 않았다.[144]

한편, 88년 종합무역법은 1986년 협상이 시작된 우루과이 라운드 (UR) 타결을 위해 향후 5년간 유효한 fast track 협상권한도 부여해 동 라운드 타결의 기반을 제공하였다.

마. New Protectionism 평가

반덤핑(AD)/상계관세(CVD) 등 무역구제 조치의 강화와 수출자율규제 등 회색조치 시행으로 대변되는 1970-80년대의 소위 "New Protectionism"은 Super 301조로 대변되는 미국의 해외 무역장벽 제거를 위한 일방주의와 함께 1974-1994년 시기를 규정하는 조건적 보호주의의 핵심적 요소이다.

하지만 "New Protectionism"은 대부분의 경우 수입쿼터와 같은 직접적인 수입규제를 시행하지 않았을 뿐 아니라, AD/CVD의 적용도 적용 반덤핑/상계관세율이 상대적으로 낮았고, 대상품목도 전체 교역비중에 있어 크지 않았기에 동 보호주의의 부정적 영향은 상대적으로 제한되었다. 예컨대 1992년 무역가중 평균 AD 관세율은 5.5%에 불과했고 CVD의 경우도 5%에 그쳤으며, 1992년 AD 판정을 받은 품목도

---

144 1997년 10월 USTR은 한국의 자동차 시장에 대해 Super 301조 절차를 발동해 한국을 우선협상대상국으로 지정했는데 2달 후 IMF 구제금융 사태가 발생, 대우자동차가 2000년 11월 부도 처리되어 미국 GM에 매각됨에 따라 없던 일이 되었다.

전체 수입의 0.61%, CVD의 경우에도 0.7%에 그쳤다.[145] 아울러, 외국의 불공정 무역조치에 대한 대항조치라는 AD/CVD의 적용논리는 여타 수입규제조치보다 자유무역에 보다 우호적인 여건을 조성하였다.

한편, 섬유, 철강, 자동차, 공구, 신발, 가전, 반도체 등에 광범위하게 적용되어 "관리무역(managed trade)"의 주범으로 비난받은 수출자율규제(VERs)의 경우도 의회의 보호 압력을 경감시켜 부정적 영향이 훨씬 큰 의회의 수입쿼터 부과법안을 저지하는 데 도움이 되는 측면이 있었다. 무엇보다 수출 상대국은 수출자율규제를 쿼터보다 선호하였는데, 이는 수출자율규제 협정이 일종의 글로벌 카르텔로 기능해 소수 기업에 한정된 높은 진입장벽을 제공하는 한편, 시장통제를 통해 높은 가격을 유지할 수 있어 "쿼터 렌트(quota rent)"를 통해 기업에 고이윤을 제공했기 때문이다. 게다가, 동 조치는 전체교역을 교란하지 않고 특정기업만을 타겟으로 할 수 있는 등 장점이 있어 학자들에 의해 미국이 가진 수입규제 옵션 중 가장 덜 무역제한적인 조치로 평가되었다.

결론적으로 1974-94년 기간은 통상 미국의 경쟁력 약화에 따른 보호주의 전성기인 "New Protectionism"이 특징적이나, "fair and strategic" 무역정책을 채택, 전통적 보호압력을 301조 사용을 통한 해외시장 개방과 함께 직접적 관세부과 대신 보다 덜 규제적인 수출 자율규제 등의 회색조치로 대응함으로써 무역자유화의 큰 기조를 훼손하지 않았다는 점에서 큰 틀에서는 조건적 보호주의 시기라고 규정할 수 있다. 이러한 면에서, 동 시기 핵심적 역할을 한 레이건 행정부는

---

145 Chorev, Ibid.p.143.

"fair trade"라는 슬로건으로 자유무역 기조를 보호압력과 조화시켰다
는 평가가 가능하다.[146]

하지만 1980년대 정점을 보인 이러한 "New Protectionism"은
1990년대 들어 그 기운이 쇠하고 우루과이 라운드 타결을 통해 자유
무역이 다시 강화되는 새로운 시기를 열게 되는데, 이에는 탈냉전이
라는 글로벌 환경변화 속에서 세 가지 요소가 작용하였다. 첫째, 1983
년부터 시작된 미국의 경기회복인데 특히 플라자 합의로 인한 약달러
는 미 제조업의 경쟁력을 크게 강화시켰다. 둘째, 미국 업계의 경쟁력
강화를 위한 구조조정이 이루어졌는데, 치열해진 해외 업체와의 경쟁
속에서 생산성을 제고하기 위한 여러 조치들이 취해졌고 해외투자 확
대를 통한 생산 거점의 해외이전이 이루어져 국내 시장보호의 실익
이 이전보다 적어졌다. 셋째, 수입규제에 대한 국내의 저항이 강해졌
는데, 과거와 달리 수입품을 소비하는 업계와 소비자들의 수입규제에
대한 반발이 커져 정부와 의회는 양쪽의 목소리를 조화시킬 필요성에
직면하게 되었다.[147]

5. 법적 다자주의(1994-2016)

가. 우루과이 라운드(UR)와 WTO 분쟁해결절차

외국의 불공정 무역관행에 대한 공세적인 AD/CVD 적용과 일방
주의적 301조 사용으로 대변되는 미국의 조건적 보호주의는 1986년

---

146 Delia Conti, Ibid. p.98.
147 Douglas Irwin, Ibid.pp.622-623.

시작되어 1994년 타결된 우루과이 라운드로 일대 전환의 계기를 맞게 된다. 냉전종식 시대에 워싱턴 컨센서스를 배경으로 협상된 우루과이 라운드는 VERs 등의 회색조치의 철폐,[148] 투자, 서비스, 지재권 등 뉴 이슈의 도입과 WTO 설립을 통해 1947년 ITO 설립 실패 이후 미완이던 국제통상체제에 획기적 변화를 가져왔다. 그중에서도 가장 주목할 만한 변화는 외교의 장에서 법적 절차로 진화한 WTO 분쟁해결절차의 강화로서, 이를 통해 미국의 통상정책 패러다임은 신보호주의와 일방주의에서 벗어나 법적 다자주의 시대로 진입하게 되었다.

전술한 대로 GATT의 성립은 국제 다자통상규범에 의한 미국의 일방적 보호주의를 제어한다는 의미가 있었으나, GATT의 실제 운영이 미국 등 핵심 선진국들만의 단합으로 이루어지고, 무엇보다 GATT의 분쟁해결절차가 여러 한계를 노정함으로써 그 의미는 제한되었다.

GATT 22조 및 23조에 규정된 분쟁해결 절차는 일정 순기능에도 불구하고, 법원과 같은 엄밀한 법률가의 영역이라기보다 외교관들의 협상의 장이라는 성격이 더 강했다. 무엇보다 모든 절차마다 분쟁당사자를 포함한 콘센서스 원칙이 적용되어 매 단계마다 피소국가의 시간 끌기와 절차 방해가 가능했고, 결정적으로 패널 보고서의 채택 또한 피소국가가 포함된 콘센서스로 이루어져 피소국가가 사실상 거부권을 지닌 형국이었다. 또한 패소국의 거부권 행사가 없어 패널 보고서가 채택된다 하더라도 그 이행을 강제할 수단이 확립되지 못했는데 비록 체약국단에 의해 양허정지가 허용될 수 있었지만 실제 이러한 양허정지가 부여된 것은 네덜란드에게 부여된 1건뿐이었고 이조

---

148 VERs 등의 회색조치는 세이프가드 협정에서 4년 내 점진적으로 철폐되도록 합의되었으며, 한 국가에 1개의 조치만이 grandfathering으로 허용되었다.

차 실제 행동으로 이루어지지는 않았다. 따라서 외교와 법률의 영역
이 상호 크게 혼재한 동 절차를 보다 법률적인 절차로 개혁해야 한다
는 주장이 미국 주도로 제기되었다.[149]

　미국도 GATT 분쟁해결절차의 취약성을 악용해 제소국을 위협해
소 취하를 유도하거나 패소 판정 시 이행율이 주요국보다 낮은 문제
를 노정하기는 했지만, 미국은 동경 라운드 당시부터 해외무역장벽
제거를 위한 수단으로서 분쟁해결절차의 강화를 주장했다. 미국은 동
경 라운드에서 비관세장벽도 분쟁대상에 포함시키고 패널 설치도 피
소국의 동의 없이 자동으로 설립될 수 있도록 절차를 강화하는 데 성
공하였지만 EC의 저항에 보다 근본적인 개혁은 이루어지지 못하였
다. 이러한 한계는 동 개혁이 이루어진 이후 발생한 미국의 EC에 대
한 5건의 제소에서 그 한계를 다시 드러냈다.[150]

　WTO 분쟁해결절차의 실효성 한계는 80년대 "New Protectionism"
시기에 GATT 무용론으로 이어졌다. GATT는 케네디 라운드 및 동경
라운드를 통해 관세율을 낮추는 데는 기여했지만 비관세 장벽의 확
산을 막지는 못했고, 80년대 만연된 수출자율규제 등 회색조치의 확
산[151]은 GATT 규범을 회피하기 위해 고안된 것들이었으나 GATT는
이를 효율적으로 규제할 수 없었다. 더욱이 미약한 분쟁해결절차는
승소판정의 이행조차 담보할 수 없는 상황을 조성하였는데, 1982년

149　GATT 분쟁해결절차의 문제점과 우루과이 라운드에서의 개혁방향에 대한 연구결과
　　 는 John Jackson, Robert Hudec, Jane Bradly 등의 글을 포함해 매우 많으며, 필자
　　 의 법학석사학위 논문도 이에 관한 것이다.

150　Chorev, Ibid.p.157.

151　1989년 GATT는 236개의 수출 자율규제가 작동 중임을 보고했다. Douglas Irwin,
　　 Ibid.p.614.

Arthur Dunkel GATT 사무총장은 "GATT가 처한 진정한 위험은 무역 전쟁 발발이 아니라 GATT의 주요국들이 마치 GATT가 없는 척 한다는 것이다."라고 언급할 정도였다.[152]

따라서 UR에서는 이러한 한계를 극복하면서 WTO의 분쟁해결 절차를 법적 절차로서 강화하는 근본적인 개혁이 이루어졌다. 흔히 DSU로 불리는 「The Understanding on Rules and Procedures Governing the Settlement of Disputes」의 채택을 통해 기존 절차의 가장 큰 문제점이었던 컨센서스 원칙에 따른 피소국의 거부권이 제거되고, 대신 거꾸로 전 회원국이 동의하지 않는 한 패널보고서는 자동 채택되도록 바뀌었다. 아울러 심리 지연을 방지하기 위한 절차별 엄격한 시한 설정과 교차보복을 포함한 보복조치의 제도화, 상소기구의 설립 등의 절차 강화조치가 이루어졌다.

이러한 UR에서의 근본적 개혁이 가능했던 이유는 미국의 주장에 대해 초기 외교적 해법을 중시해 반대입장을 견지한 EC 및 일본이 미국이 「88년 종합무역법」 채택을 통해 Super 301조로 대변되는 일방주의 움직임을 강화하자, 이를 견제하기 위해 입장을 바꾸었기 때문이다.[153]

UR 결과의 미 국내 이행법안인 「The Uruguay Round Agreement Act(URAA) of 1994」는 "Alliance for GATT Now" 결성을 통해 광범위한 미 업계의 지지를 받았다. 하지만, 강화된 분쟁해결절차에 대해서는 노동, 환경단체와 Ralph Nader의 Public Citizen에 의해 주도되는

---

152 Ibid.
153 Chorev, Ibid.p.154.

소비자 보호론자들에 의해 강한 공격을 받았는데, 후술하는 NAFTA를 공격해 거의 좌초시킬 정도의 위력을 발휘한 동 단체들은 DSU는 제네바에서 얼굴 없는 관료들에 의해 비밀리에 통제되는 무역의 대법원을 창설하는 셈이어서 미국의 주권이 훼손될 것이라고 주장했다.

비록 이들의 주장은 URAA 의회 통과를 막기에는 역부족이었지만, 동 법안통과를 위해서는 주권침해 우려로 보수진영의 강한 비준반대 압력을 받고 있던 Robert Dole 상원 공화당 원내대표의 지지를 얻기 위한 양보 제공이 필요했다. 이에따라 URAA에는 5명의 은퇴한 연방 고등법원 판사로 구성된 위원회 구성이 포함되게 되었는데, 동 위원회는 미국이 패소한 모든 제소사례에 대해 WTO의 판정결과가 WTO의 권한을 벗어나거나 패널위원들이 이해관계 상충에서 판정한 것인지를 심의, 5년내 3건의 미국 패소가 있게 되면(3-strike test), 의회에서 WTO 탈퇴 표결이 발동되도록 규정되었다.[154]

이러한 주권침해 논란과정에서 미 행정부는 DSU는 미 주권에 위협이 되지 않으며, WTO는 미 의회의 동의 없이는 미 국내법을 수정할 권한이 없음을 누이 강조했다. 하지만, 이러한 강조에도 불구, DSU의 미 국내법에 대한 영향은 곧 분명해졌다.

사법화된 WTO 분쟁해결절차는 곧 그 위력을 발휘하였다. 우선 GATT 시절보다 많은 제소가 제기되었는데, 1948-1989년간 연평균 6건 미만인 총 236건의 제소가 이루어진 반면, 1995-2004년에는 연평균 32건 이상의 총 324건의 제소가 이루어졌다. 아울러, 미국이 피소

---

154 Mickey Kantor USTR과 Dole 의원간의 주말 협의를 통해 상기 "escape hatch" 합의를 도출한 Dole대표는 94.11.23 백악관 로즈 가든에서 클린턴 대통령과 함께 가진 기자회견에서 다음주 URAA 법안 표결에서 공화당 상원의 지지입장을 표명하였다.

국이 된 경우도 1948-1989년 연평균 1.2건인 총 52건이 제소가 이루어진 반면 1995-2004년에는 연평균 7.4건인 총 74건의 제소가 이루어졌다. 이는 물론 지재권 침해 등 UR 결과 제소 대상범위가 확대된 데에도 기인하지만 사법화되어 강화된 절차의 신뢰성 제고에도 크게 힘입었다.[155]

아울러 WTO 패널위원들은 일관되게 비록 미국이 피소국이라 하더라도 무역자유화와 자유무역 원칙을 옹호하였고 관할권 부재로 제소를 각하하는 경우는 거의 없었다. 이에 따라 1995-2002년 최종 판정에 이른 사건에서의 제소국의 승소율은 무려 88%에 달했는데, 이는 미국이 피소국일 때에도 74%여서 GATT 시절 61%에 비해 높은 승소율을 시현하였다.[156] 제소국은 항상 피소국의 무역자유화 위반을 주장하고, 피소국은 자국의 보호조치를 방어토록 만들어진 사법화된 DSU 구조는 무역자유화 쪽으로 보다 많이 기울어진 운동장을 조성하였다. 이를 다른 측면에서 보면, WTO 제소는 많은 비용을 수반하는 것이었기에 승소 가능성이 큰 케이스만이 제소되어 승소율이 높았다고도 볼 수도 있지만, 어느 경우이던 WTO에 피소될 경우 거의 대부분 패소국이 되었고 이는 미국에도 그대로 적용되었다.[157]

한편, 미 행정부가 WTO 판정이 미 국내법을 수정할 수 없다는 입장을 지속 견지하였음에도 불구, 미국은 대체로 패소한 판결내용을 반영, 국내 법령을 이에 부합토록 개정했다. GATT 시절 미국의 판정 이행율은 당초 71%로 비교적 높은 수준이었다가 1980년대에는 60%

---

155 Chorev, Ibid.p.161.

156 Ibid. p.162.

157 Douglas Irwin, Clashing Over Commerce, p.655.

로 낮아졌는데, 95-2004년까지 WTO/DSU하에서의 미국의 이행률은 76%로 다시 상승하였다. [158]

WTO에서의 강화된 DSU는 미국이 해외에서의 무역장벽을 제거하는데도 기여했지만 아울러 미국의 보호적 무역장벽을 제거하는 데도 효과를 발휘해 미국이 사법화된 다자주의에 들어섰음을 보여주었다. 이러한 무역자유화 강화추세는 다자간 섬유협정(MFA) 협정의 폐지로 인한 섬유교역 자유화, 국내 무역구제법 남용방지와 301조의 국제적 견제를 통해 기존 보호주의의 위축을 가져오는 한편, 아울러 노동, 환경이라는 새로운 자유무역 반대 세력의 결집을 불러왔다.

나. 다자 간 섬유협정(MFA)의 소멸

1974년 개도국의 선진국에 대한 섬유수출 쿼터를 규정한 MFA 협정 체결을 이끌어 내어 미국의 가장 대표적이고 성공적인 보호 로비를 시행한 섬유업계도 UR이 가져온 다자주의 자유화 바람을 비켜 가지는 못했다. 비록 MFA 협정은 1977년, 1981년, 1986년 연장되기는 했으나, UR 협상 시 미국은 이를 폐지하라는 강한 압력에 동 요구를 수용할 수밖에 없는 상황이었다. 이에 섬유업계는 의회에 1985년과 1987년 수입쿼터 법안을 통과시키도록 로비하였으나, 레이건 대통령은 이에 대해 거부권을 행사해 동 시도는 좌절되었고, 결국 MFA는 UR에 의해 폐지되어 섬유교역은 WTO 무역체제에 완전히 편입되었다.

다만, 미 업계는 동 폐지에도 불구, 동 영향이 최소화되도록 점진적 쿼터철폐를 관철시켰는데, 16%는 즉각 철폐, 17%는 3년 후 철폐,

---

158 Chorev, Ibid.pp.164-165.

18%는 그 이후 4년 후 철폐, 49%는 10년 차에 폐지되도록 4단계 철폐안이 합의되었다. 아울러, 최고 민감품목이 10년 차에 포함될 수 있도록 철폐품목의 구성하는 자율성도 허용되었다.[159]

한편, 섬유교역 자유화가 불가피해지자 미 의류제조협회(AAMA: American Apparel Manufacturers Association) 등 섬유업계는 전략을 바꾸어 원산지 강화를 시도했는데, URAA에서는 최소한의 가공만으로도 원산지를 인정받을 수 있었던 규정을 강화해 실, 즉 원사(yarn)부터 동일 국가에서 생산되어 의류가 제조되어야 한다는 "yarn forward rule"이 도입되었고, NAFTA에서는 "triple transformation test" 즉, 북미산 원사로부터 생산되어 북미에서 만들어진 원단으로 북미에서 만들어진 의류만이 특혜관세를 부여받을 수 있도록 원산지 기준이 적용되었다.[160]

다. 무역구제법의 제약

70-80년대의 조건적 보호주의의 특징인 외국의 불공정 무역관행에 대한 AD/CVD의 적극적 활용 관련, 비록 UR에서는 미국의 AD/CVD 체제에 대한 근본적 변화를 가져오지는 못했으나 미국 또한 사법화된 분쟁해결절차로 인한 제약을 피해 가지는 못했다.

UR당시 미 철강업계는 기존의 미국 불공정 무역구제법의 어떠한 변경에도 강하게 반대했다. 이에 Kantor 무역대표가 미국의 AD/CVD

---

159 우루과이 라운드에서 기존 MFA는 향후 10년에 걸쳐 점진적으로 쿼터를 폐지토록 규정한 직물 및 의류협정(ATC: Agreement on Textile and Clothing)으로 대체되었는데, 동 폐지가 완료됨에 따라 ATC협정은 2005년 1월 그 효력이 종료되었다.

160 CRS, Renegotiating NAFTA and U.S. Textile Manufacturing, 2017.10.30.

를 지키는 것이 미국 국내정치상 매우 중요함을 너무나도 분명히 했기 때문에 협상상대국들은 이를 크게 변경하기보다는 보호를 추구하는 업계에 유리하게 기울어진 규정들만을 고치는 방향으로 협상에 임했다.[161] 따라서 협상 결과는 비록 당초 개혁론자들이 주장해 온 수준에는 미치지 못했지만 업계가 보호를 받기에는 이전부터 어려워졌다.

미 행정부는 동 타협에 이어 우루과이 라운드 이행법안(URAA)에 대한 미 철강업계와 반도체 업계의 지지를 얻기 위해 GATT 의무에 합치되는 한 가장 강력한 AD/CVD 규정을 도입해 UR로 초래된 충격을 최소화할 것을 약속했다. 그 결과 UR 협상에서 분명히 합의되지 못한 애매한 사항들이 URAA에서 미 청원업계에 유리한 방향으로 반영되었다.[162]

하지만, 이러한 미국의 국내법을 통한 무역규제 강화조치는 1997년 미국의 철강수입이 3천 1백만 톤(미국 시장의 23.8%) 신기록을 세우면서 야기된 미 철강업계의 대규모 청원에 의해 시험받게 되는데, 97년 16건, 98년 31건, 99년 44건의 AD/CVD 조사가 개시되었고, 이는 다수의 피해판정으로 이어졌다.[163] 이에, WTO 회원국들은 동 판정들에 대해 미국이 WTO 규정을 충실히 따르지 않았거나 관련 규정 자체가 WTO 위배임을 근거로 WTO에 적극 제소했고, 이는 미국의 연이은 패소로 이어져 결국 반덤핑에서의 zeroing 기법[164] 사용금지, Byrd 수

---

161 Chorev, p.170.

162 Ibid.

163 Ibid. p.171.

164 제로잉(zeroing)이란 덤핑율 산정시 수출가격이 정상가격보다 높은 경우에 발생하는 마이너스 덤핑마진을 0으로 간주하여 덤핑마진을 높이는 기법으로 동 기법은 미국이 수차례에 걸친 WTO제소 사례에서 차례로 패소하면서 무력화되었다.

정안[165] 철폐 등 업계 청원에 유리하게 구성된 미국 무역구제법의 변경이 초래되었다.

이와 관련하여, 미국이 얼마나 WTO에서 줄줄이 패소했는지 살펴보면, 95-2004년간 미국에 대해 총 38건의 AD/CVD 제소가 있었는데, 미국에 대한 14건의 CVD 제소 중 최종 판정이 나온 6건 모두 미국이 패소했고, 24건의 AD 제소 중 판정이 나온 12건과 관련, 미국은 10건을 패소하고 승소한 것은 2건에 불과했다.[166]

주목할 만한 사항은 이러한 연이은 패소에도 불구 미 정부는 WTO 판정결과를 국제의무를 준수해 일관되게 이행하였다는 점인데, 법 개정이 필요한 사항에 대해서는 의회에 동 이행을 촉구하였다. 다만, 의회는 국내 이해관계자들에게 부정적인 영향을 미칠 국내법 개정에는 저항하면서 WTO 판정 이행에 불확실성을 노정하기도 하였는데 상기 반덤핑 및 상계관세 납부금을 국고 대신 해당 피해업계로 가도록 한 2000년 Byrd 수정안이 대표적 사례이다. 동 법안은 2002년 WTO 위배판정을 받아 2003년 12.27년까지 이행의무가 발생하였으나, 의회는 이를 이행하지 않았고, 이에 WTO는 2004년 11월 1억 5천만 불의 대미 보복조치를 승인해 EC, 캐나다, 일본은 특정 미국 수입품에 대해 15%의 추가관세를 부과하였다. Byrd 수정안은 결국 2005년 12.21에 가서야 2007.10.1.자로 폐지되도록 결정되었다.[167]

---

165 웨스트 버지니아주 Robert Byrd 상원의원이 주도한 동 법안은 반덤핑 및 상계관세 수입을 제소자에게 분배토록 하는 것을 요지로 하는데, 2001년 7월 EU, 한국, 일본, 인도, 호주, 브라질, 태국, 인도네시아, 칠레는 이를 WTO에 제소하였고 WTO는 2002년 동 법안이 WTO에 위배됨을 판정하였다.

166 Ibid.p.172.

167 단, 동 폐지에도 불구 2007.10 이전 반덤핑/상계관세 부과 결정 상품에 대해서는

한편, 이러한 미국 무역구제법 적용에 대한 WTO에서의 도전은 필연적으로 무역구제법을 집행하는 상무부의 권한을 축소시키고, 제네바에서 WTO 분쟁업무를 수행하는 USTR의 역할을 보다 강화하는 효과를 낳았다. 하지만, 미국 무역구제제도에 대한 WTO에서의 큰 제약은 미국의 패소를 결정한 WTO 상소기구의 월권 논란을 부르며 트럼프 행정부와 바이든 행정부에서 WTO 분쟁해결절차의 무력화로 이어지는 단초를 제공하게 된다.

라. 301조의 쇠락

사법화된 다자 분쟁해결절차의 강화는 필연적으로 301조로 대변되는 미국 일방주의의 쇠락을 가져왔다. 301조의 목적이 추가 무역자유화에 있는 만큼 동 조항 자체가 무역자유화 원칙에 어긋나는 것은 아니었지만 동 조항의 일방주의적 성격은 큰 논란의 대상이 되어 왔는데, UR협상에서의 분쟁해결절차의 강화로 동 사용이 매우 어려워지는 환경이 조성되었다.

UR 결과로 인해 향후 미국의 301조 사용이 제약될 것을 우려한 미 의회의 질의에 대해 행정부는 301조를 포함한 미국의 무역구제법은 계속 사용이 가능할 것("We will continue to be able to use US trade law, including Section 301")[168]이라는 입장을 표명하였고, 실제 UR이후에도 초기에는 이를 사용했다.

아직도 청원기업에 대해 관세 수익을 지급하는 조치가 지속되고 있다. 동 법안에 따라 미 정부가 청원기업에 환급한 금액은 약 19억 불에 달한다. Douglas Irwin, Free Trade Under Fire, 2015, p.176.

[168] National Journal, 1994.2.19. p.427.

UR 이후 첫 번째 301조 발동은 일본에 대해 이루어졌는데, 1995년 5월, 20개월에 걸친 일본 aftermarket 시장에서의 자동차 부품 시장장벽 협상이 깨지자, 301조 적용이 이루어져 미국은 59억 불 상당의 징벌적 관세부과를 일본에 위협했다. 이에 일본은 301조가 무역분쟁의 일방적 해결을 금지한 DSU 위반이라며 WTO에 제소함으로써 동 분쟁은 UR로 성립된 WTO가 과연 국제무역의 신뢰할만한 경찰관이 될지 국제적 관심을 끌었다. 하지만, 양국은 패널설치 전 관련 자동차 대체부품 규제를 풀도록 하는 별도 합의를 도출함으로써, 301조 절차는 종결되었고 일본은 WTO 제소를 철회하는 선에서 마무리되었다.[169]

이후 Fuji-Kodak 필름 분쟁[170]에서 미국은 초기에 추진하던 일본에 대한 301조 발동 대신 이를 WTO에 제소하는 길을 채택했는데, 동 결정은 미국이 일방주의에서 탈피할 것이라는 중요한 신호였다.

한편, 1974년 무역법 301조는 1998년 EC의 WTO 제소로 다시 동 조항의 합법성이 도전받았다.[171] 패널은 301조는 그 자체만으로 고

---

169 Dick Nanto & Gwenell, The 1995 Japan-U.S. Auto And Parts Trade Dispute: Terms of Settlement and Implications, 1995.8.9. UNT Digital Library.

170 1995년 5월 미키 캔터 USTR은 후지 필름측의 시장접근 방해로 코닥 필름의 일본시장 내 점유율이 7%대에 머물러 56억 불 상당의 피해를 입었다는 코닥사의 301조 청원을 받아들여 일본 필름시장의 폐쇄성에 대한 제재 절차를 개시하고 일본과의 교섭 개시를 요청했다. 미국은 동 케이스가 일본 국내의 무역정책이고 반독점 집행에 관한 문제이기 때문에 국제무역을 다루는 WTO가 동 이슈를 해결하는 데 부적합하다고 주장하면서 301조 해결을 추구하였으나, 일본은 양국 간 교섭을 거부하였고 이에 미국은 WTO에 제소했으나 패소하였다.

171 DS 152, 「US-Sections 301-310 of the Trade Act of 1974」. 동 제소에서 EU는 미국 301조 절차상의 엄격한 조치 시한 설정은 미국이 WTO 분쟁해결절차상 의무이행을 허용하지 않는다고 주장하여 301조와 WTO 분쟁해결절차와의 양립 가능성이 테스트되었다.

려될 경우 "일견(prima facie)" 미국이 WTO 패널판정 도출 전 특정 결
정을 내릴 수 있는 재량을 부여하므로 WTO 분쟁해결절차에 부합
되지 않으나, 이러한 불합치성은 미국의 UR 이행법 URAA에 부수된
SAA(Statement of Administrative Action)[172]에 포함된 아래 내용과 미측이
어떠한 301조 결정도 WTO 분쟁해결절차 결정에 기반할 것이라면서
SAA상의 내용을 패널에 재확인해 준 것에 의해 제거되었다고 판단하
였다. 패널이 주목한 SAA상의 301조와 WTO 분쟁해결절차와의 관련
성 부분은 아래와 같다.[173]

" Although it will enhance the effectiveness of section 301, the
DSU does not require any significant change in section 301 for
*investigations that involve an alleged violation of a Uruguay Round
agreement or impairment of US benefits under such an agreement.*
In such cases, *the Trade Representative* will:

- involve DSU dispute settlement procedures, as required
  under current law;
- *base any section 301 determination that there has been a
  violation or denial of US rights under the relevant agreement
  on the panel or Appellate Body findings adopted by the*

---

172 Statement of Administrative Action(SAA)는 UR 미국 국내 이행법인 URAA를 어
떻게 이행할지와 관련, 의회에 UR 결과에 따른 의무를 이행하기 위해 행정부가 취
할 조치 계획 등을 상세히 설명하고 있는데 1994.9.27. 미 의회에 제출되어 "an
authoritative expression" of congressional intent in adopting the URAA로서
의회에서 승인되었다.

173 WT/DS152/R, p.331.

DSB;

- following adoption of a favorable panel or Appellate Body report, allow the defending party a resonable period of time to implement the report's recommendations;and
- if the matter cannot be resolved during that period, seek authority from the DSB to retaliate.

패널은 상기 SAA 내용 중에서도 특히 두 번째 블릿 내용인 미 정부가 301조 결정을 패널 혹은 상소기구 결정에 기반할 것이라고 천명한 것에 주목하고, 이에 크게 의존해 WTO 불합치성이 제거되었다고 판단하였다. 동 논리의 연장선상에서 WTO 패널은 만약 이러한 미국의 천명이 인정될 수 없는 상황이 온다면 301조의 국제의무에의 합치성은 더 이상 유지될 수 없다고 언급함으로써, 미국이 향후 301조를 적용할 때 WTO 규정에 따라서 해야 한다는 점을 명백히 하였다. 이는 형식적으로는 EU의 패소였지만 실제적으로는 미국이 향후 모든 분쟁을 301조에 의한 해결 대신 WTO에 가져와 해결해야 함을 시사했다는 점에서 미국의 301조 활용에 큰 족쇄로 작용했다.

이에 따라 301조의 일방주의 성격은 점차 사라지게 되었는데, 1995-2003년 26개의 301조 케이스 중 17개에 대해 WTO 협의절차가 요청되었으며, 동 17개 케이스 중 8개는 양자협의로, 9개는 WTO 판정으로 해결되었다.[174] 아울러, 모든 WTO에 회부되지 못한 301조 발동사례들은(WTO 회원국이 아닌 2001년 우크라이나 케이스를 제외) **일방적 보복**

---

[174] Chorev, Ibid.p.178.

조치 부과 없이 양자협의로 해결되었는데, 이러한 추세전환은 301조가 당초의 일방적 조치 도구에서 WTO 분쟁해결절차로 가기 전 취해지는 초기 절차로 변질되었음을 시사했다. 하지만 후술하듯이 이러한 301조의 성격 변질은 트럼프 행정부 보호주의 시대에 접어들어 WTO 분쟁해결절차가 마비되면서 족쇄가 풀리게 되었고 그 결과 미·중 무역전쟁의 도구로서 다시 화려하게 부활하였다.

마. NAFTA 논쟁

미국 통상정책사에 있어 1990년대에 우리나라의 한미 FTA와 유사하게 격렬한 논쟁과 국론 분열을 야기한 것은 단연 NAFTA 체결이었다.[175] 1980년대 중반 주요국의 무역장벽 제거에 대한 소극적 입장과 GATT의 무기력에 좌절한 미국은 지역적 또는 양자 협정을 대안으로 모색하기 시작했는데, 1988년 캐나다와의 FTA협정을 체결한 직후 레이건 대통령은 연두 국정연설에서 같은 기회를 중남미 국가들에 제안한다. 하지만 동 제안은 중남미 국가들의 미온적 반응으로 무시되었는데, 1989년 공산주의 소련의 몰락으로 냉전이 종식되는 중요한 정치적 환경변화가 발생하자 멕시코의 Carlos Salinas 대통령은 해외투자를 유치해 멕시코의 경제여건을 근본적으로 개선하기 위해서는 멕시코가 유치한 해외투자가 미국수출로 연결되는 플랫폼이 되어야 한다는 현실에 주목하고, UR 협상에 더 중점을 두고 미온적 반응을 보인 USTR 대신 James Baker 국무장관 채널을 적극 활용, 미국에 FTA

---

175 이하 NAFTA 체결과정은 Douglas Irwin, Clashing Over Commerce, pp.625-644와 CRS Report, North America Free Trade Agreement(2018.6.14.) 및 Wikipedia, NAFTA 참조.

체결을 제안하게 된다.

 H.W. Bush 대통령을 포함한 미 정부 고위관리들은 동 제안을 오랜 기간 갈등을 빚어 온 멕시코와의 관계를 개선하고 경제적 유대를 강화시킬 역사적 기회로 보았다. 이에따라 1990년 6월 양국 정상은 워싱턴에서 양국간 FTA를 위한 준비작업 착수를 발표하였고, 미국과 1988년 FTA를 이미 체결한 캐나다도 동 협상에 합류할 것을 요청함으로써 1991년 2월 3개국은 공식 협상 개시 의사를 발표하였다.

 이러한 움직임은 무엇보다 동 협정이 미국이 개도국과 체결한 첫 번째 주요 FTA이라는 점에서 미국내에서 큰 논란을 빚었는데, 1차 전선은 1988년 종합무역법에서 부여된 기본 3년+2년 연장 가능 fast track 무역협상권한의 1993년까지의 2년 연장여부를 두고 벌어졌다. 통상 이러한 연장은 자동 부여되어 왔지만 이번에는 상황이 전혀 달랐는데, 협정 체결 시 미국기업들이 생산기지를 임금이 저렴한 멕시코로 옮겨 일자리가 상실되고 멕시코에서도 노동자 착취와 환경파괴가 초래될 것이라고 주장한 노조가 반대의 선봉에 섰다. 노조에게 동 협정은 다국적 기업과 대형 은행들에만 유리한 것이었다.

 이러한 노조의 주장은 피해 산업인 과일과 채소 재배 업계를 넘어 곧 광범위한 분야에서 반대의 물결을 초래함으로써 환경파괴, 노동조건 악화, 인권, 불법 마약유통, 이민 등에 대한 우려가 쏟아졌다. 하지만, 이러한 반대에도 불구, fast track을 연장하지 않을 경우 당시 진행되던 우루과이 라운드 협상을 타결할 수 없었기에 동 연장안은 의회에서 통과될 수 있었고 이에 힘입어 2천 페이지가 넘는 협정문을 가진 NAFTA 협상은 1992년 8월 미국 대선을 3개월여 앞두고 최종 타결되었다.

하지만 동 협정은 바로 대선 정국에서 핫 이슈가 되는데 보수 논객인 Pat Buchanan은 동 협정이 중산층을 파괴하고 블루컬러 노동자에게 해를 끼칠 것이라는 공포를 부채질하였고,[176] 무소속으로 출마한 텍사스의 억만장자 Ross Perot은 NAFTA 시행시 미국에서 "일자리를 빨아내는 거대한 소리(a giant sucking sound)"를 듣게 될 것이라고 언급하여 "a giant sucking sound"는 NAFTA가 초래할 실업 공포를 상기시키는 상징어가 되었다.

이러한 상황에서 11월 대선에서 당선된 Clinton 대통령은 자신이 협상하지 않은 협정을 의회에서 통과시켜야 하는 과제를 안게 되었는데, 그는 취임 후 수주가 지난 1993년 2월 연설을 통해 미국이 세계화에 대해 "mixed feeling"을 가지고 있음을 인정하면서도 미국은 이러한 새로운 환경에 적응하는 방법 외에는 다른 선택지가 없으며, 개방되고 경쟁적인 무역이 미국을 부유하게 만들 것임을 천명하였다.

동 연설 후 Kantor 무역대표는 노동과 환경 분쟁을 다룰 3국 위원회 설립을 주요 내용으로 하는 side letter들을 협상하여 이에 대한 우려를 불식시키려 하였다. 비록 노조는 이러한 side letter에 공감하지 않았으나 환경단체들은 찬반으로 입장이 분열되었다. 여기에 민권 운동가 Jesse Jackson 목사가 반대 목소리를 내고 Ralph Nader가 설립한 소비자 권리 옹호단체 Public Citizen이 동 협정의 비민주성을 공격하고 나섬으로써 전미 제조업 협회(NAM)와 미 상공회의소 등 지지

---

176 Pat Buchanan은 NAFTA를 반대하면서 이는 단순히 자유무역에 관한 것이 아니고 우리의 생활방식에 관한 것이라고 주장하였는데, 그가 사용한 슬로건 "America First, NAFTA Never"와 "Make America Think Again"은 트럼프 대통령의 슬로건을 연상시킨다.

입장을 밝힌 경제계와 대립하는 양상이 전개되었다.

NAFTA에 대한 뜨거운 찬반 논쟁은 또한 실제 동 협정이 미칠 경제적 효과도 부풀리게 만들었다. 멕시코 경제규모는 미국의 4%에 불과한 데다 멕시코의 대미 수출은 이미 절반 정도가 GSP 프로그램 등으로 무관세로 이루어지고 있었고, 나머지 절반도 평균 4%의 낮은 미국 관세율 적용을 받고 있어 실제 미 경제에 미칠 영향은 상당히 제한적이었다. 이와 관련, 미국 ITC는 NAFTA로 인해 미국의 실질 GDP가 단지 0.5% 정도 증가할 것으로 추산하였고 미국의 고용에도 거의 영향이 없을 것으로 예측하였지만 논란을 잠재우기엔 역부족이었다.

한편, 경제학자들도 대부분 동 협정을 지지하였는데, 300명 이상의 경제학자들은 동 협정을 지지하는 청원에 서명했다. 크루그먼 교수는 다음 5가지 단순한 명제로 NAFTA 논쟁을 정리한 바 있다.[177]

① NAFTA는 미국 고용에 영향을 주지 않는다.

② NAFTA는 환경을 해치지 않고 오히려 도움이 될 수도 있다.

③ NAFTA는 미국의 실질 소득에 작은 이득을 준다.

④ NAFTA는 아마도 미국의 미숙련 노동자들의 실질임금에 작은 감소를 초래할 수 있다.

⑤ NAFTA는 경제이슈라기보다는 외교정책 이슈이다.

클린턴 대통령은 1993년 9월 노동과 환경에 관한 side letter에 서명하면서 대대적인 지지 캠페인을 시작하였다. 그리고 동 캠페인의 핵심 메시지는 어제의 경제구조를 유지하려는 희망으로 미래의 일자

---

[177] Douglas Irwin, Ibid.p.635.

리 창출을 포기해서는 안 된다는 것이었다. 이를 위해 클린턴 행정부는 토론의 중심을 멕시코로부터의 수입증가 및 일자리 상실에서 멕시코로의 수출증가 및 일자리 창출로 이동시키고 對멕시코 수출붐으로 향후 5년간 백만 개에 달하는 일자리가 창출될 수 있을 것이라고 홍보하였다. 아울러, 핵심 이웃국가인 멕시코의 민주주의와 인권을 증진시키고 시장을 개방시키는 對중남미 외교정책상의 의미 또한 강조되었다.

결국 동 협정은 하원 표결 8일 전 CNN의 Larry King Live에 Al Gore 부통령이 Ross Perot 전 대선후보와 토론을 갖고 Perot 후보를 압도하는 모습을 보여주는 등 클린턴 행정부의 전 방위적 홍보캠페인에 힘입어 당초 암울했던 의회 통과전망을 뒤집고 1993.11.17. 하원에서 234 v. 200표로 예상보다는 큰 차이로 통과되었고, 3일 후 상원에서도 61 v. 39표로 통과되었다. 이 점 Foley 하원의장은 동 협정을 죽었다가 살아났다는 의미에서 "the Lazarus Act"라고 칭하였다.

NAFTA 시행 후 2000년 후반까지 실업률은 4% 이하로 떨어졌고 제조업에서의 고용도 견조해 우려되었던 고용에 대한 큰 부정적 영향은 나타나지 않았다. 더욱이 추후 연구는 동 협정이 비록 무역에는 상당한 영향을 미쳤지만 물가와 후생에는 약간의 영향만이 있었음을 보여주었는데, NAFTA는 미국과 멕시코가 직면한 경제적 문제점들의 많은 부분들을 더 악화시키지도 않았고 더 개선시키지도 못했다고 평가되었다.[178]

한편, NAFTA의 실제 경제적 효과와는 무관하게 동 협정 추진과

---

178 Ibid. p.643.

정에서 불거진 노동과 환경 이슈는 추후에도 미국의 무역정책에 있어 중요한 고려 요소로 계속 남았다. 이와 관련하여, 특히 환경과 관련해서는 WTO에는 GATT 20조의 인간, 동물 및 식물의 안전(para. (b))과 천연자원 보호(para. (g))를 위한 일반적 예외조항이 있어 이를 원용할 수는 있었지만, 동 조항이 원용될 수 있으려면 일단 충족요건을 까다롭게 보는 para(b)와 (g)중 하나에 해당될 수 있어야 하고, 그 다음에도 20조 "chapeau"의 "자의적이고 정당화될 수 없는 차별"이 아님과 동시에 "국제무역에의 위장된 제한"이 아니어야 하는 조건을 추가로 충족시켜야 하는 two-tier 테스트를 통과해야 했기에 동 조항이 원용되기는 매우 어려웠다.[179]

실제 동 조항의 적용가능 여부를 둘러싼 분쟁으로는 차별적 조치라는 이유로 미국의 환경 관련법 적용에 제한을 가해진 미국 가솔린 케이스[180]와 새우-거북 케이스[181]가 있는데, 비록 패소의 근거가 환경

---

179 GATT 20조 (b)상의 인간 동물 및 식물의 안전 예외적용이 허용되기 위해서는 1단계로 소위 "필요성 테스트(necessity test)"를 통과해야 하는데, 이는 WTO체제의 무역상 이익을 침해하는 조치는 회원국의 정책적 목표를 달성하는 데 있어 "필요한(necessary)" 경우에만 허용되어야 한다는 것이다. 실제 동 조건적용에 있어 패널은 "least-trade restrictive"와 "less-trade restrictive"라는 가장 엄격한 잣대로 필요성 여부를 심사해 왔고 이를 통과하더라도 20조 chapeau 상의 비차별과 가장된 무역제한 테스트를 추가로 통과해야 했기에 20조를 통해 환경예외를 받기는 매우 어려웠다.

180 WTO 분쟁해결절차 출범 후 얼마되지 않은 1995년 1월 베네수엘라는 미국이 수입 가솔린에 자국산 기준보다 엄격한 환경기준을 적용하고 있다고 제소한 데 이어 1996년 브라질도 같은 이유로 별도로 제소하였는데, 패널 패소 판정에 미국은 20조 환경 예외적용을 주장하며 상소하였으나 상소기구는 동 조치가 내국민 대우 위반이어서 20조 chapeau의 무차별 적용의무에 위반된다고 판결하였다.

181 1997년초 인도, 말레이시아, 파키스탄, 태국은 미국의 Endangered species Act of 1973가 바다거북 보호를 위한 어망장치를 사용하지 않고 포획한 새우의 수입을 금지하는 것에 대해 공동으로 제소했는데, 상소기구는 미국의 동 조치가 카리브 국가들

보호 조치 권한 자체가 아니라 동 조치의 차별적 적용에 있었지만 동
분쟁에서 미국이 모두 패소해 환경법 적용에 브레이크가 걸리자 환경
론자들의 우려가 폭발했고, 환경보호를 증진하는 방향으로 GATT의
개혁을 추구하는 "Greening the GATT"[182] 논쟁이 초래되었다.

NAFTA에서 점화한 노동·환경 우려는 이후 국제적으로도 크게
확산되어 1994년 WTO 출범에 자극받아 1995년 OECD가 야심적으
로 추진한 「다자 간 투자협정(MAI)」을 1998년 결국 좌초시키는 데에
도 큰 역할을 하였다.[183] OECD 가입 후 한국도 뒤늦게 협상에 합류한
MAI는 WTO 우루과이 라운드에서 큰 성과를 내지 못한 투자분야에
있어 "최첨단의 다자투자협정(state of the art investment agreement)"체결
을 목표로 하였으나 결국 2차대전 이후 주요 다자간 무역협상이 좌초
한 최초의 사례로 기록되었다.

미국에서는 이러한 노동·환경 우려는 NAFTA 이후에도 지속되어
미·중미 자유무역협정(DR-CAFTA), 콜롬비아, 페루 FTA 등 미국의 주
요 FTA 체결과정에서 미 의회(민주당)의 주요 관심사였다.[184] 실제로
2007.5.10. 민주당과 공화당이 USTR과 합의한 초당적 "신무역정책합
의(New Trade Policy Template)"는 페루 및 파나마와의 FTA 및 콜롬비아
FTA 등 향후 무역협정에 적용될 노동 및 환경기준을 설정하는 것으

에 대한 조치에 비해 차별적이어서 20조 chapeau의 무차별 적용 테스트 통과에 실
패했다고 판결했다.

182 Daniel Esty, Greening the GATT, Columbia University Press, 1994 참조.

183 MAI에 대해서는 노동·환경이슈를 중심으로 다양한 시민사회의 우려가 70개국 600
여 NGO들에 의해 제기되었는데 결국 프랑스의 지지 입장 철회로 좌초되었다.

184 미-콜롬비아 FTA 미 의회 승인과정에서 민주당은 콜롬비아 정부의 국내 노조에 대
한 탄압을 승인 반대 핵심사유로 삼았다.

로 지재권, 투자 등 여타 요소 포함에도 불구, 민주당의 노동·환경 우려를 일정 반영하는 것이 핵심이었다.[185]

바. Bush/Obama 행정부와 FTA

NAFTA와 우루과이 라운드를 성사시킴으로써 클린턴 행정부는 무역정책의 방향추를 세계화로 드라마틱하게 재설정하였다. 그리고 뒤를 이은 Bush 대통령은 자유무역에 있어 클린턴 행정부에 비해 보다 큰 믿음을 가지고 공화당이 장악한 의회의 밑받침하에 무역자유화를 추진했고 이는 II장에서 상세 전술한 적극적인 FTA 체결로 이어졌다. 무역정책에 있어 Bush 행정부의 우선적 관심사는 무역자유화를 추진하기 위해 의회로부터 1994년 만료된 fast track의 새 이름인 무역협상권한(TPA: Trade Promotion Authority)을 부여받는 것이었는데, 이는 Bush 행정부의 죌릭 초대 무역대표가 추진한 다자와 양자 양발로 걷는 "competitive liberalization" 추진에 필수적인 것이었다.

죌릭 무역대표는 무역협상권한(TPA) 부여동력을 WTO의 새로운 무역협상 라운드인 DDA 협상 출범으로 삼았다. 1999년 시애틀 WTO 각료회의는 거리를 뒤덮은 시위로 중단이 되었지만 2001년 9.11사태가 터지자 세계는 다시 미국 밑에 결집하여 추후 도하개발어젠더(DDA)로 이름이 변경되는 뉴 라운드가 출범하였고, 이에 공화당이 다수당인 미 의회는 2001년 12월 무역협상권한(TPA)을 승인하였다. 하지만 하원에서의 동 표결은 215 vs. 214, 1표 차이로 매우 아슬아슬하게 당파적 표결하에 통과되었는데 이는 향후 미국 무역정책의 초당적

---

185 Bipartisan Trade Deal, Trade Facts, USTR, 2007. May.

추진이 얼마나 어려울지 미리 보여주는 징조였다.

　DDA 협상은 농업 보조금을 둘러싼 EU와의 대립 외에도 인도, 중국과 미국의 농업분야 입장 차이로 인해 타결이 기대되었던 2008년 7월 제네바 각료회의가 좌초됨으로써 DDA 협상은 사실상 사망선고를 받았는데, 이는 선진국 모임인 OECD에서 다자 간 투자협정(MAI) 좌초 사례가 있긴 하지만 GATT/WTO 차원에서 다자 간 무역협상이 좌초한 첫 사례가 되었다.

　이러한 다자 트랙에서의 교착은 Bush 행정부로 하여금 또 하나의 다리인 양자 FTA 체결에 보다 적극적으로 나서도록 만들었다. Bush 행정부 이전까지 미국이 체결한 FTA는 이스라엘(1985년), 캐나다(1988년), NAFTA(1993년), 요르단(2001년/서명은 Bush 대통령이 했으나 협상은 클린턴 행정부에서 진행) 4개에 불과했으나, Bush 행정부는 2002년부터 2007년까지 싱가폴, 칠레, 호주, 모로코, DR-CAFTA(도미니카, 코스타리카, 엘살바도르, 과테말라, 온두라스, 니카라과), 바레인, 오만, 페루, 파나마, 콜롬비아, 한국과 양자 FTA를 체결하면서 바그와티 교수가 second regionalism 발현이라고 규정한 FTA 전성시대를 열었다.[186]

　이러한 FTA들은 미국에 있어 상업적으로는 비중이 작은 FTA였기에 미 의회 승인과정에서 별 어려움 없이 통과되었지만 예외적으로 중미 소국들과의 FTA인 DR-CAFTA는 NAFTA 논란이 재연되면서 의회 승인에 큰 어려움을 겪었는데, 극단적 당파적 투표로 217 vs. 215, 2표 차이로 하원에서 아슬아슬하게 통과되었고, 상원은 이를 54 vs. 45로 승인하였다. 이러한 당파적 입장 분열은 2006년 중간선거에서

---

186 미국 FTA 정책의 변천에 대해서는 II장 참조.

민주당이 상하원을 모두 장악함에 따라 더욱 FTA 승인을 어렵게 만들었는데, 결국 2007년 5.10. 노동/환경 등 향후 모든 FTA에 포함될 요소에 대한 초당적 합의("New Trade Policy Template")가 도출되어 2007년 페루 FTA가 이를 반영한 협정 개정을 한 후에 승인될 수 있었다.

하지만, 이후 2008년 양당간 무역정책에 있어 협력관계는 완전한 파탄상태에 놓이게 되는데, Bush 대통령이 노조 탄압 문제로 논란이 컸던 콜롬비아 FTA 이행법안을 의회에 일방적으로 제출한 데 대해 Pelosi 하원의장과 민주당은 표결을 통해 fast track 절차를 무력화하는 전례 없는 조치로 대응함으로써 콜롬비아, 파나마, 한국 3개국과의 FTA는 2011년 10월 오바마 행정부에서 승인되기까지 4년간 표류하였다.

Bush 행정부는 상기 양자 FTA 협상에 많은 에너지를 소모했고 노동, 환경문제 등을 둘러싼 극심한 당파적 입장 분열하에서 의회 승인에 매우 큰 정치적 자산(political capital)을 소진했다.[187] 이러한 상황은 미국의 경제규모에 비추어 경제적 의미가 작은 FTA들에 막대한 정치적 자산을 소모하는 것에 대한 의문을 제기했고, 이는 2009년 오바마 행정부 출범 이후 더 이상 이러한 양자 FTA가 추진되지 않은 하나의 배경이 되었다.[188] 대신 오바마 행정부에서는 비록 결실을 보지는 못했지만 환태평양경제동반자협정(TPP)과 범대서양무역투자협정(TTIP) 등 Mega-FTA가 추진되었는데, 특히 부상하는 중국에 대한 외교적 함의를 가진 TPP는 큰 주목을 받았다.

---

187 Douglas Irwin, Ibid.p.681.

188 Obama 대통령도 상원의원 시절 노동과 환경문제가 적절하게 반영되지 않았다면서 DR-CAFTA에 반대표를 행사한 바 있다.

  TPP는 당초 2005년 태평양의 작은 그룹인 브루나이, 칠레, 뉴질랜드, 싱가폴 4개국간의 무역협정(TPSEP 혹은 P4)에서 유래했는데, Bush 대통령은 2008년 동 협정에 합류를 선언했고 이에 호주, 베트남, 페루도 동참하고 다시 캐나다, 일본, 말레이시아. 멕시코도 합류하게 되어 총 12개국 간의 Mega-FTA 협상으로 변모하였다. 이후 2009년 취임한 오바마 대통령은 Bush 대통령과 달리 양자 FTA는 더 이상 추진하지 않았지만 Mega-FTA인 TPP는 큰 관심을 갖고 이어받았고, 2016.2.4. 서명이 이루어짐으로써 1차 결실을 맺었다.

  동 협정은 전 세계 GDP의 40%를 차지하는 대규모 무역블럭을 형성하는 것으로 미국이 주로 외교적 고려로 체결해온 이전 FTA와 달리 경제적으로 의미 있는[189] 사상 최대의 FTA로 국내외에서 큰 주목을 받았다. 동 협정은 FTA라는 용어에 대한 일각의 부정적 시각을 의식, 자유무역협정임에도 "파트너십(partnership)"이라는 표현을 사용했는데, 전통적 관세 인하 내지 폐지를 넘어 서비스무역 자유화, 투자자 대 국가 간 분쟁해결절차(ISDS) 등 투자규범, 전자상거래, 지재권, 노동·환경기준, 국영기업 등 WTO에 없는 새로운 무역규범이 대거 포함되어 "Gold Standard" 무역협정으로 높이 평가되었다.

  아울러, 동 협정은 상당한 경제적 효과외에도 오바마 행정부가 중국을 견제하는 "pivot to Asia" 외교정책에 있어 중요한 부분 중 하나로 간주되었는데 오바마 대통령에게 TPP는 "중국 같은 나라가 아

---

189 US ITC는 TPP 체결시 미국과 TPP 국가간 무역이 1.5조 달러 이상에 달할 것으로 추정했는데 이는 2015년 미국 미국 무역량의 40%에 달하는 것이었다. ITC는 발효 15년차에 미국 실질 GDP 0.15%, 고용 0.07% 증가를 예상하면서 TPP의 거시경제 효과는 미 경제규모에 비추어 미미한 수준이나 긍정적 효과를 가져올 것이라고 전망하였다.

닌 미국이 금세기 세계무역 규칙을 쓰는 나라"임을 보여주는 시그니처 프로젝트라고 할 수 있었다. 이에 더해 2012년 중국 등 15개국이 참여하는 Mega-FTA인 역내포괄적경제동반자협정(RECEP) 협상이 출범하자 동 외교전략적 의미는 더욱 부각되었다. 하지만 동 협정 역시 NAFTA 이후 고착화된 노조 등의 일자리 상실, 임금하락 우려에 따른 반대 논란이 재연되는 것을 비껴가지는 못했는데, 2016년 대선을 앞두고 동 협정은 정치적 이슈가 되었다. 실제 Trump 후보는 동 폐기를 공약으로 걸었고 한때 동 협정을 "gold standard"라고 부르며 지지했던 Hillary 후보까지 입장을 번복,[190] 환율조작 문제가 반영되지 않았다는 등의 이유로 동 협정 승인에 반대입장으로 돌아섬으로써 TPP의 의회 승인 동력은 크게 악화되었다. 결국 Trump 대통령은 공약대로 취임 직후 2017.1.23. TPP 탈퇴 행정명령에 서명, 미국의 TPP 탈퇴를 공식화하였는데, 동 결정은 경제적 기회 상실외에도 외교적으로도 대중 관계에 있어 전략적 실수로 평가되었다.[191]

---

190 Clinton raved about Trans-Pacific Partnership before she rejected it, Politico, 2016.10.8.

191 Strategic Consequences of U.S. Withdrawal from TPP, Timothy Heath, RAND, 2017.3.27. 참조. 2015. 4.6. Ash Carter 미 국방장관은 아리조나 주립대 McCain Institute 연설에서 TPP는 "Asia rebalancing"정책에 있어 또 하나의 항공모함과 같이 중요하다고 언급한 바 있다.

6. 경제안보의 대두와 보호주의의 부활

가. 1기 트럼프 행정부의 보호주의 회귀

UR 이후 이어져 온 무역자유화에 기반한 법적 다자주의는 2008년 미국발 세계 금융위기에도 큰 기조는 흔들리지 않고 이어져 왔으나 2016년 11월 "MAGA(Make America Great Again)"와 "America First"를 핵심 모토로 내세운 트럼프 대통령의 깜짝 당선은 그 기반을 뿌리채 뒤흔드는 큰 변화를 예고하였다.

트럼프는 비록 공화당 후보였으나, 국제무역 등에 있어 주류 공화당과는 전혀 다른 입장을 유세 당시부터 견지했는데, 2016년 10월말 게티스버그에서 발표한 취임 후 100일 행동계획에서 NAFTA 재협상 내지 탈퇴, TPP 탈퇴, 중국에 대한 환율조작국 지정 등을 공약했고, 이러한 보호주의 공약을 통해 오하이오, 펜실베이니아, 미시간 등 쇠락한 러스트 벨트의 지지를 얻어 여론조사 예측을 뒤집는 깜짝 승리를 거머쥐었다.

동 상황에서 국내외의 관심은 트럼프 당선 이후 동인이 선거유세 시 행한 비현실적으로 보이는 공약을 현실에서 얼마나 실제로 집행할 것인가에 쏠렸는데, TPP 탈퇴, NAFTA 재협상이 이루어지고, 지속적으로 비판 발언을 쏟아 온 한미 FTA도 개정되는 등 다수의 정책이 실제 이행되었다. 아울러 임기 내내 중국과 대규모 관세를 부과하는 무역전쟁을 치르는 등 무역을 zero sum 관점에서 바라보는 중상주의적 보호주의 정책을 지속 추진하였다.

1기 트럼프 행정부 시절 이루어진 무역정책 변화를 보다 상세히 살펴보면, 우선 의회 승인을 받아 추진하는 규범을 형성하는 전통적 의미의 무역정책 추구는 사라지고, 세계 무역규범 형성을 주도하는 미국의 모습이 실종되었다는 점에 주목할 필요가 있다. 미 헌법상 의회가 가지고 있는 국제무역에 대한 권한은 행정부에 위임되어 와 행정부가 무역정책을 적극적으로 시행할 수 있는 재량의 여지가 있었지만 트럼프 대통령은 취임 직후 의회에서의 큰 반발 없이 TPP 협정에서 일방적으로 탈퇴해 버렸고, NAFTA 및 한미 FTA에 대해 일부 개정협상이 있었지만 미국주도의 큰 무역 이니셔티브는 자취를 감추었다. 특히 2017.1.23. 오바마 대통령의 "Asia Rebalancing" 정책의 핵심이었던 TPP 탈퇴 공약을 실제 이행하는 행정명령에 서명한 것은 TPP가 경제적 혜택을 떠나 중국을 견제하는 미국 아시아 정책의 근간으로 간주되어 왔기 때문에 미국의 놀라운 정책방향 전환으로 받아들여졌다.

하지만, TPP는 미국의 탈퇴 결정에도 불구, 미국을 제외한 TPP 11으로 살아남았는데, 2017.11.11. 베트남 APEC 정상회의 계기 다낭에서 개최된 TPP 각료회의에서는 "캐나다의 난"으로 일본 언론이 명명한 캐나다의 입장 번복 소동에도 불구하고 일본의 주도로 TPP 11의 핵심요소(core elements)에 대한 합의를 도출함으로써 「포괄적·점진적 환태평양협정(CPTPP: Comprehensive and Progressive Agreement for Trans-Pacific Partnership)」이라는 11개국 간 새로운 다자 통상협정으로 살아남았고[192] 2024.12월 영국이 추가로 합류하여 회원국은 12개국으로 확대되었다.[193]

---

192 CPTPP협정은 2018.12.30. 발효되었다.

193 한편, 미국은 TPP 탈퇴로 인한 일본시장 상실을 회복하기 위해 2019.9. 72억 불 규모의 미국 농축산물에 대한 관세철폐 및 인하 등을 주요 내용으로 하는 미·일 무역협

흥미로운 것은 이러한 추세전환은 일각의 전망과 달리 바이든 행정부에서도 계승되었다는 것인데, 기대되었던 미국 CPTPP에의 복귀는 이루어지지 않았고[194] 트럼프 대통령처럼 바이든 대통령 또한 의회를 건너뛴 무역 및 경제분야 행정명령을 쏟아냈다.

두 번째 두드러진 특징은 그동안 거의 사장된 것으로 인식된 일방적 무역조치의 부활과 동 수단을 사용한 미·중 무역전쟁이다. 트럼프 대통령은 트럼프 통상정책의 설계자로 평가된 대중국 강경론자 Peter Navaro를 백악관 무역제조업 정책국장으로, 무역구제 전문 변호사 Robert Lighthizer를 USTR로 각각 임명하고, 이들을 통해 일방적인 무역조치들을 취해 나갔는데 불공정 무역관행에 대한 301조와 국가안보 논리에 근거한 무역확장법 232조의 적용, safeguard 재활성화 등이 대표적인 사례들이다.[195]

미국 국내법에 근거한 동 조치들은 1980년대 "New Protectionism" 시절에 유행했던 특징이기도 하는데, 지난 15년간 사용이 중단되어 온 Section 232 조사와 세이프가드의 발동, 그리고 UR 이후 WTO 분쟁해결절차로 가는 초기조치 정도로 위상이 낮아져 거의 사용되지 않아온 1974년 무역법 Section 301 조사의 재개를 통해 트럼프 행정부는 잠자던 무역구제 수단들을 다시 사용하기 시작했다.

정을 체결하였다.

194 이에 따라 CPTPP 가입을 적극 준비하던 한국의 가입도 동력을 상실하였다.

195 아울러 AD/CVD 조치 건수도 2016년 53건에서 트럼프 대통령 취임 첫해인 2017년 79건으로 증가했다가 2020년 119건으로 급증세를 보였는데, 동 추세는 바이든 행정부 출범 후 크게 감소하다가 대선을 앞두고 2023.10.-2024.4. 기간 72건으로 다시 급증하였다. 무역협회의 미국의 대선정국 보호조치 증가 현황 보고서(2024.5.5.) 참조.

먼저, 트럼프 행정부는 2017.4.20. 철강수입에 대해 Trade Expansion Act of 1962 Section 232 조사를 상무부 직권으로 개시한다고 발표했다. 상무부가 외국으로부터의 수입이 국가안보에 미칠 영향을 조사해 대통령에게 대응조치를 권고하는 동 절차는 1962년 동 법 제정 이래 당시까지 26건이 발동되었는데, 마지막으로 발동된 것은 2001년 철광석 및 철강 반제품 수입에 대한 것이어서 지난 15년간 동면하던 절차를 다시 부활시킨 동 조치는 트럼프 행정부의 보호주의 발동의 신호로 간주되었다.[196]

상무장관은 조사결과를 조사개시 270일 내에 대통령에게 관계부처 협의를 거쳐 시정조치 권고와 함께 제출하게 되는데, 대통령은 이를 수용할지 여부에 대해 재량권을 가진다. 동 법에서 규정하는 국가안보 위협은 실질적 실업초래, 정부수입 감소 및 국내생산 이전 등 매우 광범위하게 규정되어 있어 사실상 어떤 상황에서도 적용할 수 있는 것으로 간주되고 있지만, 이전 26건의 발동사례 중 실제 수입규제로 이어진 것은 소수의 사례에 불과하다.

1979년 대통령은 동 조항에 근거 이란으로부터의 원유수입을 금지했고 1982년 리비아산 원유에 대한 수입금지도 동 근거에 따라 취해졌다. 하지만, 대부분의 발동 사례는 국가안보 위협판정으로 이어지지 않았는데, 더욱이 미국이 WTO에 가입한 1995년 이후에는 1999년 원유, 2001년 철광석 및 철강 반제품 2건만의 조사가 이루어졌고, 양 케이스 모두 국가안보에 위협이 되지 않는다고 판단되어 수입규제

---

196 Scott Lincicome & Inu Manak, Protectionism or National Security?, CATO Institute, 2021.3.9.

조치는 이루어지지 않았다.[197]

한편, section 232조 발동을 위한 철강에 대한 상무장관의 보고서는 계속 진전이 지체되다가, 결국 법정시한에 몰린 끝에 2018.1.11. 완성되어 트럼프 대통령에게 보고되고 2.16. 대외 공개되었는데 ▲ 브라질·중국·코스타리카·이집트·인도·말레이시아·한국·러시아·남아공·태국·터키·베트남 등 12개 국가에 대해 53%의 관세를 적용하거나 ▲ 모든 국가에 일률적으로 24%의 관세를 부과하는 방안 ▲ 국가별 대미(對美) 철강 수출액을 지난해의 63%로 제한하는 방안이 각각 제시되었다.[198]

한편, 트럼프 행정부는 2016년 알루미늄 수입이 전년 대비 18% 증가했다는 이유로 2017.4.27. Section 232 조사대상에 철강 이외에 알루미늄도 추가로 포함시켜 조사대상을 확대하였다. 동 보고서 역시 마감 시한을 하루 앞둔 2018.1.19. 트럼프 대통령에 제출되었고, 2.16. 상무부에 의해 철강 보고서와 함께 권고내용이 공개되었다. 동 권고 주요내용은 중국·러시아·베네수엘라·베트남·홍콩에 대해 23.6%의 관세를 도입하거나 ▲ 모든 국가에 일률적으로 7.7% 관세를 적용하고 ▲ 국가별 대미 알루미늄 수출액을 지난해의 86.7%로 제한하는 방안 등이었다.[199]

상기 권고안에 대한 트럼프 대통령의 최종결정은 일부를 제외한 대부분의 국가에 대해 철강 25%, 알루미늄 10%의 관세를 매기는 것이었다. 동 조치는 Paul Ryan 하원의장 및 Gary Cohn 국가경

---

197 Section 232 of the Trade Expansion Act of 1962-CRS report 참조.

198 2018. 2.16 미 상무부 press release 참조.

199 세부내용은 2018.2.16자 상무부 press release 참조.

제위원회(NEC) 위원장 등의 반발[200]에도 불구, 트럼프 대통령에 의해 2018.3.18. 서명되어 시행되었다.[201, 202, 203] 이에 반발한 중국은 동 조치를 WTO에 제소하였는데, 2022.12.9 WTO 패널은 미국의 조치가 GATT 2조 1항의 양허표 위반이자 GATT 1조 1항의 최혜국대우 위반이며, GATT 19조의 Safeguard나 GATT 21조의 국가안보 예외는 동 사안에 적용될 수 없다고 중국의 손을 들어 주었다. 하지만, 미국은 2023.1.26. 상소의사를 통지하면서 이를 무시하였고, 상소기구가 마비

---

200 Paul Ryan 하원의장은 동 조치가 중국 같은 미국에 피해를 주는 국가에 한정되었어야 한다며 이를 비판하는 성명을 냈고. Gary Cohn 의장은 동 조치 발표 며칠 후 사임했다.

201 동 조치로 큰 영향을 받게 된 한국은 미국과 양자 협상을 진행해 section 232 관세 적용 대신 2015-2017년 평균 수출량(383만 톤)의 70%인 263만톤에 대해 쿼터를 설정키로 합의해 관세부과는 피했으나 물량제한을 수용할 수밖에 없었다. 한국 외에 브라질은 철강, 아르헨티나는 철강과 알루미늄에 대해 관세 대신 쿼터가 부과되었고, 호주는 동 관세조치에 면제되었으며 이후 트럼프 대통령은 NAFTA 개정협상에 따라 캐나다와 멕시코에 대해서도 면제를 허용하였다. 이후 바이든 행정부하에서 EU, 일본, 영국과 각각 관세 대신 TRQ부과에 합의가 이루어지고 전쟁 중인 우크라이나에 대해서는 관세 적용이 중단되었는데, 트럼프 대통령은 2025.2.10.자 행정명령에서 한국 포함 모든 별도 조치 국가들에 대한 예외조치를 종료시키고 2025.3.12.부로 모든 철강과 알루미늄 수입에 대해 25% 관세를 부과한다고 발표하고 3.12. 실제 이를 이행하였다.

202 1기 트럼프 행정부 시절 Section 232 상무부의 조사가 이루어진 사례는 6건이 더 있는데 그 중 개정 USMCA에도 근거 조항이 삽입되어 큰 우려를 낳은 자동차와 그 부품에 대해서는 비록 상무부가 발동 권고안을 제출하였으나 트럼프 대통령이 이를 수용하지 않아 관세부과가 이루어지지 않았다. Section 232 of the Trade Expansion Act of 1962-CRS report 참조.

203 미국의 section 232 관세부과에 리바이스 청바지 등에 대한 보복관세로 대응한 EU와는 2021년 10월 미국이 TRQ 물량외 對 EU section 232 관세부과를 유예하고 EU도 대미 보복관세를 철회하면서 상호 합의점을 찾는 지속 가능한 글로벌 철강·알루미늄협정(GSSA) 협상이 시도되었으나, 2023년 말 타결에 실패하고 동 관세부과 연장 조치를 2025년 말까지 2년간 연장하였다.

된 WTO에서 동 사안이 해결될 수는 없었다.

트럼프 행정부가 부활시킨 것은 무역확장법 Section 232만이 아니었는데 1980년대 미국의 일방주의를 대표했던 1974년 무역법 Section 301의 부활이 그것이다. 2017.8.18. Lighthizer 무역대표는 트럼프 대통령의 8.14. 요청에 의거 중국이 기술이전, 지재권, 혁신관련 미국기업에 해를 끼치고 있는지를 조사하는 Section 301 조사를 시작하였다. 전술한 대로 Section 301은 UR 이후 초기까지 사용되었으나, EC의 WTO 제소에 의해 WTO 분쟁해결절차와 부합되게 사용될 것임이 재확인된 바 있고(DS 152), 그 이후에는 거의 사용이 중단되어 왔다.

실제 1998년 상기 WTO 판정 이후 Section 301의 사용은 WTO 분쟁해결절차로 가는 첫 단계 정도로만 인식되어 왔음에도 불구, Section 301를 다시 발동한 것은 트럼프 행정부의 대중국 무역전쟁 서막으로 간주되었다. 이에 대해 중국 외교부 대변인은 과거 Section 301이 여타국에 의해 규탄의 대상이 되어왔음을 상기하고, 미국은 동 절차가 WTO 분쟁해결절차에 합치되게 운영할 것임을 약속한 만큼 동 약속을 지켜야 할 것이라며 동 조사개시에 강한 유감을 나타냈지만 WTO 분쟁해결절차가 무력화된 가운데 미국의 301조 발동에 따른 무역전쟁을 막을 수는 없었다.

미·중 무역전쟁을 이해하기 위해 과거 미·중 무역관계의 주요 계기를 살펴보면, 미국의 본격적인 대중국 무역관계는 1974년 무역법에서 의회가 별도로 불승인 투표를 하지 않는한 대통령에게 매년 공산주의 국가들에게 MFN 지위를 부여할 수 있도록 허용한 데부터 본격 시작된다. 중국에 대한 MFN 지위연장은 이후 논란없이 연장되어 왔지만 1989년 천안문 사태 후 동 문제는 중국의 인권 문제와 연계되어 논란이 되기 시작했다. 이후 동 문제는 90년대 미국이 중국의 GATT 가입을 검토하기 시작하면서 새로운 국면을 맞게 되는데, GATT 가입 시 MFN 지위부여는 연례 심사대상이 아닌 항구적인 것이 되어야 했다.

1999년 WTO 시애틀 각료회의에서 미국은 중국과의 양자 WTO 가입협상 타결을 발표하는데, 동 합의가 이행되려면 의회에서 중국에게 MFN 지위를 항구적으로 부여하는 PNTR(Permanent Normal Trade Relation) 법안이 통과될 필요가 있었다. 하지만, NAFTA처럼 또 하나의 저임금 대국이 미국 시장에 용이하게 진입하도록 허용하는 것은 NAFTA式 찬반 논쟁을 다시 재연시킬 수밖에 없었는데, 중국 시장에서 큰 상업적 기회를 본 다국적기업 등 경제계의 적극적 지지에 시장경제 활성화가 중국의 민주화에 도움이 될 것이라는 외교안보적 고려까지 더해져 결국 2000년 5월 하원에서 동 법안은 237 vs. 197로 통과되었고(상원은 87 vs. 13) 이는 2001년 중국의 WTO 가입의 문을 활짝 열었다.204

PNTR 법안 통과가 미국의 대중국 관세율을 변경시킨 것은 아니었지만 중국의 MFN 지위에 대한 불확실성을 제거한 것은 중국의 대미 수출 확대에 큰 도움을 주었는데, 이후 미국의 중국으로부터의 수입은 급증하기 시작해 2007년 미국의 경상수지 적자는 기록적인 GDP의 6%까지 치솟았다. 이에 미국은 중국의 저평가된 고정된 환율문제에 주목하기 시작했다. 2003년 Schumer 민주당 상원의원과 Graham 공화당 상원의원은 중국의 환율이 절상될 때까지 모든 중국 수입품에 27.5% 관세를 부과하는 법안을 제출하였고 이후 유사한 법안이 100

---

204 Douglas Irwin, Ibid. pp.664-667.

여개 이상 발의되면서 중국의 환율문제는 뜨거운 감자가 되었다.

하지만 Bush 대통령은 중국을 1988년 종합무역법에 따른 환율조작국으로 지정하지는 않았고, 1980년대 일본에 취해진 것 같은 전방위적 무역규제조치도 중국에 대해서는 취해지지 않았는데, 이는 미국의 다국적 기업이 중국에 많이 진출해 있고 중국 수출품에는 미국, 일본, 한국, 독일 등에서 생산된 많은 중간재가 사용되어 있어 보호압력이 80년대보다 훨씬 약했기 때문이다. 하지만 무역적자 해소를 중시하는 트럼프 대통령이 취임하고 2017년 미국의 대 중국 무역적자가 3,756억 불을 기록하게 되자 트럼프 대통령은 동 원인을 중국의 오래된 불공정 무역관행 및 지재권 침해로 돌리며 301조를 무기로 대중 무역전쟁을 시작하였다.

트럼프 행정부는 301조를 근거로 2018년 7월 340억 불 규모의 기계, 전자제품 등 중국 수입품 818개 품목에 대해 25%의 관세를 부과하는 1차 관세부과 이후 2018년 8월 160억 불 규모의 279개 품목에 대한 25%의 추가관세 부과, 2019년 5월 2,000억 불 규모의 5,745개 품목에 대한 3차 관세부과를 시행하였다. 이후 3차보다 한층 규모가 커진 4차 관세(3,000억 불 규모)가 두 단계에 걸쳐 부과되었는데, 2019년 9월, 1단계에서 3,729개 품목에 대해 적용되었지만 후술하는 중국과의 1단계 무역합의로 2단계 관세부과 계획은 철회되고, 1단계 품목에 대해서도 도입 당시 10%에 비해 소폭 하락한 7.5%로 관세율을 조정했다.[205]

동 결과 2018년 1월 중국상품에 대한 미국의 평균 관세율은 3.1%

---

205 2024 미국대선: 트럼프 관세정책의 배경과 영향, 김영귀 등 7인, KIEP 오늘의 세계경제, 2024.4.24., p.8.

였으나 2년 후 2020년 3월 중국과의 1단계 무역합의에 따른 소폭 하락(19.3%) 이전에 21%까지 치솟았다. 같은 기간 중국 역시 보복관세로 대응해 8% 대미관세율을 21.8%까지 올렸다.[206]

이러한 미·중 무역전쟁 속에서 양국은 2020년 1.15. 소위 "1단계 합의(Phase One Agreement)"를 백악관에서 중국의 류허 부총리와 도출해 미·중 무역전쟁을 임시 봉합하였다. 동 합의에 따르면, 중국은 1단계 합의기간인 2020-2021년 2년에 걸쳐 공산품, 농산물, 에너지, 등 총 2천억 불 어치의 미국 상품과 서비스를 추가 구매하되, 미국은 1,200억 불에 해당하는 중국상품에 부과된 관세율을 7.5%로 절반으로 줄이기로 하였다. 단, 2,500억 불 상당의 중국상품에 대한 25% 미국관세는 변경되지 않고 2단계 협상대상으로 미루어졌는데, 합의에 응한 중국의 속내와는 상관없이 이는 미국이 일방적으로 승리한 외양의 합의였다. 하지만 동 1단계 합의는 코로나 팬데믹이란 암초로 만나 불확실성이 커지는 등 완전히 이행되지 않았는데, 중국이 약속한 미국 상품 및 서비스 구매 이행률은 실제 58%에 그쳤다.[207]

한편, 1980년대 이후 반덤핑조치에 왕좌를 넘겨주고 현장에서 사실상 퇴역했던 무역법 201조하의 세이프가드 조치도 다시 발동되었다. 2017.9.22. ITC는 태양광 세이프가드에 대해 만장일치로 수용하는 판정을 내리고, 10.31. 한국이 주로 수출하는 태양광 모듈에 대해 ① 4년간 32-35% 관세부과 ② 4년간 15-30% 관세부과 ③ 4년간 글로벌 수

---

206 PIIE 조사에 따르면 1단계 무역합의부터 2023년까지 미국의 보복관세 적용을 받는 중국 수출품 비율은 66.4%이며 중국의 보복관세 적용을 받는 미국 수출품은 58.3% 이다.

207 US-China phase one tracker: China's purchases of US goods, Chad Bown, 2022.7.19.

입쿼터 부과 3가지 구제방안을 대통령에 권고하였다.

2018.1.22. 트럼프 대통령은 태양광에 대한 동 권고 수용결정을 내렸는데, 셀에 대해서는 4년간 2.5GW를 기준으로 하는 TRQ를 설정해 쿼터 밖 물량에 대해서는 1년차 30%, 2년차 25%, 3년차 20%, 4년차 15%의 관세를 부과하고(쿼터 내 수입물량에 대해서는 관세부과 없음), 모듈에 대해서는 TRQ 설정 없이 1년차 30%, 2년차 25%, 3년차 20%, 4년차 15%의 관세를 부과하기로 결정하였다.

이와 아울러 ITC는 2017.5.31. 월풀사의 청원으로 시작된 세탁기 세이프가드 조사에서도 연간 10억 불 규모의 삼성 및 LG세탁기 수입에 대해 10.5 만장일치로 세이프가드 결정을 내리고, 120만 대 TRQ를 적용해 이를 초과하는 물량에 대해서는 50% 관세를 부과하는 안을 트럼프 대통령에게 권고키로 결정하였다. 동 결정은 월풀이 주장한 TRQ 없는 50% 관세부과보다는 경감된 것이나, 당초 우리 업계가 제안한 145만 대 TRQ 설정제안보다는 높은 수준의 구제안이었는데, 2018.1.22. 트럼프 대통령은 태양광과 함께 ITC의 권고를 사실상 그대로 수용하였다.

최종 결정내용은 3년에 걸쳐 TRQ를 설정하는 것인데, 완제품의 경우, 120만 대를 기준으로 1년차에는 쿼터 내 관세 20%, 쿼터 밖 관세 50% 부과, 2년차에는 쿼터 내 관세 18%, 쿼터 밖 관세 45% 부과, 3년차에는 쿼터 내 관세 16%, 쿼터 밖 관세 40% 부과가 적용되며, 부품의 경우 1년차에 5만 개를 기준으로 쿼터 밖 관세 50%(쿼터 내 관세부과 없음), 2년차에는 7만 개를 기준으로 45%, 3년차에 9만 개를 기준으

로 40%의 관세를 부과하는 방식이다.[208]

미국의 세이프가드는 전술한 대로 AD/CVD와 달리 대통령의 승인절차라는 정치적 고려장치가 있고, 과거 대통령들이 외국과의 무역마찰 및 외교관계를 고려해 사용을 꺼려 왔기 때문에, 1980년대 이래 AD/CVD로 주도권을 넘겨주고 사용빈도가 점차 감소해 왔는데, 상기 조치 이전에 마지막으로 발동된 것은 15년 전인 2002년 부시 대통령이 한국산 포함 철강제품에 8-30%의 관세를 부과한 것이 마지막이었다.

세이프가드 조치는 우루과이 라운드 협상결과 도출된 세이프가드 협정에서 사실상 기존의 보상의무가 제거된 것에 추동받아[209] 앞으로 더욱 활성화될 것으로 우려되었다. 실제 바이든 행정부 또한 세이프가드 조치를 발동하였는데, 2024.2.28. ITC는 합성단섬유에 대한 피해조사를 개시한 후 2024.8.26. 대통령에게 세이프가드 발동을 권고하였고, 2024.11.8. 바이든 대통령은 동 권고를 수용하였다.

한편, 무역적자 등 미국에 불리하다는 인식을 가진 기존 협정에 대한 개정도 이루어졌는데, NAFTA와 한미 FTA 개정협상이 대표적 예

---

208 미국의 상기 세탁기 세이프가드 발동에 대해서는 한국이 WTO에 제소, 4년 만인 2022년 2월 승소하고 미국이 항소 포기 의사를 밝히면서 2023년 2월 세이프가드 조치는 종료되었다. 트럼프 대통령은 2025.1.27. 마이애미에서 개최된 공화당 하원 컨퍼런스에서 한국 세탁기에 대한 세이프가드 조치가 없었다면 오하이오에서 미국 세탁기 생산기업들은 모두 문을 닫았을 것이라고 자신의 세이프가드 조치를 다시 소환하고 동 성과를 옹호하였다.

209 UR 결과 세이프가드 협정에서 회색조치가 금지되고 무차별 발동의무가 유지되었으나 대신 보상협의 실패시 허용되는 보복조치가 세이프가드 발동 3년 내에는 기본적으로 발동될 수 없게 타협됨으로써, 2년 이상 소요되는 WTO 분쟁해결절차의 유용성에 대해 한계가 지적되고 있다. 단, 세이프가드 조치는 WTO 규정상 최초 4년을 초과할 수 없으나 최대 8년까지 연장 가능하므로 이를 방지하는 수단으로서의 WTO 제소는 의미가 있다.

이다. NAFTA의 경우, 트럼프 대통령은 후보 시절 그 어느 곳에서도 체결된 적이 없는 최악의 무역협정이라고 맹비난하고 미국인의 일자리를 빼앗아 간 NAFTA에서 탈퇴하겠다고 공언하였다. 취임 후 그는 의회에 협상개시 90일전에 통보할 의무를 규정하고 있는 TPA 규정에 따라 2017년 5.18. 의회에 NAFTA 재협상을 통보하고, 6.27-29간 140명의 증인들이 참석한 공청회를 개최해 이해관계자들의 의견을 청취하였는데, 협상개시 30일 전에 협상목표를 의회에 통지해야 한다는 TPA규정에 따라 7.17. 총 17페이지 분량의 협상 목표를 발표하였다.

상기 협상목표 내용은 비록 구체성은 적지만, 크게 보아 미국의 제조업을 재활성화하여 일자리를 창출한다는 하나의 핵심 축과 발효 후 23년이 지나 낡은 NAFTA를 현대화 즉 업데이트한다는 다른 핵심 축으로 구성되어 있다. 후자로는 e-commerce 같이 digital trade 규율을 도입하는 것 등이 핵심으로 미국의 무역적자를 줄이는 시장접근 보다 합의가 쉬운 분야로 간주되었다. 한편, 이러한 업데이트의 내용은 TPP 합의내용에 기반을 두었는데, 이 점은 트럼프 행정부의 TPP 탈퇴결정과 비교되어 아이러니로 평가되었다.

한편, 동 목표에는 노조 가입의 자유 등 멕시코의 노동기준 강화와 미국의 반덤핑 및 상계관세 결정에 대해 업계가 미 국내법원외에 NAFTA 특별패널에 제소할 수 있는 NAFTA 특별 분쟁해결절차인 chapter 19 폐지도 포함되었다.[210]

---

[210] NAFTA의 투자자 분쟁해결절차는 흔히 ISDS절차로 알려진 chapter 11 절차와 부당한 반덤핑 등 무역구제 조치에 대해 국내법원 제소 대신 독립적 중재절차를 규정한 chapter 19 절차가 있다. 트럼프 행정부는 미국이 한 번도 패소한 적이 없어 미 업계의 강력한 존속 지지를 받고 있는 chapter 11 절차에 대해서도 비록 협상목표에 동 폐지를 직접 명문화하지 않았으나, NAFTA 회원국 투자자들이 미 국내에서 국내

협상은 당초 2017년 말까지 타결한다는 야심찬 목표하에 8.16.-20. 간 워싱턴에서 개최된 1차 회의를 시작으로 숨 가쁘게 진행되었으나 4차 회의 시 미국이 공식 제안한 발효 5년 후 당사국들의 명시적 동의가 없는 한 5년 후 협정종료를 규정한 sunset clause와 매우 엄격해진 자동차 원산지 기준 개정 제안 등에 대해 캐나다와 멕시코가 강하게 반발함으로써 협상은 답보상태에 빠지게 되었고, 더욱이 멕시코 대선 정국이 펼쳐지면서 협상의 장기화가 예상되었다. 이후 트럼프 행정부가 무역확장법 section 232를 발동해 철강 및 알루미늄에 각각 25%와 10%의 관세를 부과하는 과정에서 캐나다를 면제대상에서 제외하며 멕시코를 압박해 결국 멕시코가 먼저 미국의 주장을 대부분 수용하면서 멕시코와의 협상이 먼저 8.27. 타결되었다. 이후 캐나다를 제외한 발효가능성 압박에 캐나다도 결국 미국의 요구를 대폭 수용해 전체 협상은 의회 통보시한인 2018년 9.30. 자정 직전 치열한 교섭 끝에 타결되었다. 이 과정에서 개정 NAFTA는 자유무역협정(FTA)이라는 명칭을 떼어버리고 미국·멕시코·캐나다 무역협정(USMCA)이라는 중립적 이름으로 명칭이 바뀐 채 2018년 부에노스 아이레스 G20 정상회의 계기 2018.11.30. 공식 서명되었다.

USMCA에서 도입된 주요 변경 내용과 특징은 다음과 같다.[211] 첫

기업보다 더 우월성 대우를 받지 않게 한다는 표현을 포함시키고 동 주권침해 우려에 근거한 "opt in", "opt out" 조항 신설을 주장했다. 반면, 캐나다와의 soft lumber case 등에서 패소 사례를 가지고 있는 chapter 19 절차에 대해서는 캐나다의 "red line" 천명에도 불구, 동 폐지를 협상목표로 공식화하였다.

211 USMCA 타결과 미중 통상분쟁에 대한 함의, IFANS FOCUS, 이효영(2018.10.30.) 및 미국·멕시코·캐나다(USMCA) 주요 내용과 시사점, KITA 통상리포트 Vol.23., 설송이, 제현정(2018) 참조.

째, 가장 큰 관심을 모은 자동차 원산지규정 강화로 이제 협정 당사국이 특혜관세 대상이 되기 위해서는 강화된 원산지 기준뿐 아니라 철강·알루미늄 구매 요건과 노동 부가가치(labour value content) 기준을 모두 충족시켜야 한다. 특히 승용차의 경우 2023년 이후 75%의 역내 부가가치 기준과 연간 철강 및 알루미늄 구매의 70% 이상 북미산 증명, 연간 40% 이상의 노동 부가가치 기준 충족을 규정하고 있다.[212] 노동 부가가치 충족기준 40% 중 25%는 "고임금 재료 및 제조비용"요건이 충족되어야 하는데 이는 시간당 최소 16달러 임금을 지불하는 북미지역내 자동차 생산시설에서 제조되어야 한다는 것을 의미한다.[213]

다음으로 관심을 모은 분쟁해결조항과 관련해서는 이를 "red line"으로 설정한 캐나다의 강한 반발[214]과 캐나다 낙농시장 개방확대로 무역구제조치를 별도로 심리하는 패널 절차인 chapter 19는 존치되었으나, chapter 11의 투자자 대 국가 분쟁해결절차(ISDS)는 결국 미

---

212 미국은 4차 협상회의 시 자동차 원산지 기준을 현행 역내 생산비율 62.5%에서 85%로 상향조정하고 여기에다 미국 내 생산기준 50%를 추가로 적용하는 방안을 제안한 바 있다. 85%도 매우 높은 기준이지만 역내 비율이 아닌 특정 국가 생산비율을 적용하는 것은 전례가 없는 일이라 멕시코와 캐나다는 이를 non starter로 간주하면서 강하게 반발하였다.

213 아울러 side letter를 통해 미국이 향후 자동차에 대한 무역확장법 232조를 발동할 경우에 대비해 수입쿼터 미국 예외를 적용하는 규정을 두었으나 전술한 대로 자동차에 대한 232조 발동은 트럼프 대통령에 의해 승인되지 못하였다.

214 chapter 19 분쟁해결절차가 캐나다의 "red line"인 이유는 동 제도가 미국의 무역구제 남용으로 캐나다제품의 미국시장 진출이 불안정해지는 것을 막기 위해 캐나다가 1986년 미국과의 FTA 체결 제안을 하게 된 근본적 사유 중 하나였음에 연유하는데, 협상과정에서 미국의 무역구제제도 변경이 불가능함이 확인되자, 대안으로 무역구제 집행을 다룰 별도의 독립적 중재패널 절차를 창설하는 방안이 타협안으로 채택되어 미·캐나다 FTA 협상이 타결될 수 있었고, 동 조항은 이후 NAFTA로 승계되었다. Douglas Irwin, Ibid. pp.616-618.

국과 멕시코에서만 적용되고 미국과 캐나다 간에는 3년 후 폐지되도록 타협되었다. 미국과 멕시코 간의 ISDS 규정도 제소자는 피소국의 국내법정에서 최종 판결을 받은 후에야 이용할 수 있고, 피해 인지 후 4년 내에만 중재를 요청할 수 있도록 요건이 강화되었다.

기타 동 개정협정은 거시경제정책과 환율 chapter에서 환율조작을 방지하는 규정을 도입하고 저작권보호 강화, 디지털 무역 관련 관세 및 차별적 조치 금지 및 data localization 요건 금지, 국영기업, 환경 및 노동 등 TPP에서 도입된 새로운 무역규범 요소를 도입해 낡은 NAFTA를 업데이트하였는데, 그중 세간의 주목을 받은 것은 중국의 겨냥한 비시장경제 국가(Non-Market Country)와의 FTA 체결을 사실상 금지하는 조항의 도입이었다. 동 규정 도입으로 당사국은 비시장경제 국가와 FTA협상을 개시하기 최소 3개월 전 여타 당사국에 이를 통보하고 서명 30일 전에 협정문을 당사국들에 공개해야 하며, 비시장경제 국가와의 FTA 발효 시 나머지 당사국들은 6개월의 통보기간 후 USMCA를 종료하고 USMCA와 같은 조건으로 양자 간 FTA를 체결할 수 있게 되어 사실상 미국외 당사국들의 중국과의 FTA 가능성은 차단되었다.

한편, 협상의 큰 쟁점이었던 일몰조항(sunset clause)은 결국 협정발효 16년 후 각 당사국이 연장에 합의하지 않는 한 종료되도록 기간이 타협되어 도입되었는데 당사국들은 매 6년마다 협정 내용을 재검토하여 협정 갱신여부를 결정토록 하였다.[215]

---

215 당초 미국은 5년마다 3개국이 모두 합의하지 않으면 협정이 종료되도록 하는 일몰조항을 제안했는데, 멕시코와 캐나다는 이 경우 협정의 안정성이 없어져 기업들의 장기적 투자결정이 불가능하게 된다는 이유로 강하게 반대하고 대신 5년마다 review하

한미 FTA 또한 무역적자 확대와 미국 일자리를 뺏어 가는 협정의 개정대상을 피해 가지는 못했다. 트럼프 대통령은 대선 유세과정에서 한미 FTA를 "끔찍한(horrible)" 협정으로 부르면서 이를 개정하거나 종료시키겠다고 언급, 협정 개정은 한국 정부의 발등의 불이 되었다. 이에 2018년 1월이후 양측 간 진행된 협상결과 동 년 3.24. 원칙적 합의가 도출되었는데, 주요 내용은 2021년에 관세철폐가 예정되어 있었던 픽업트럭의 폐지시한을 20년 연장해 2041년으로 미루고, 미국의 자동차 안전기준을 준수한 경우 한국의 안전기준을 준수한 것으로 간주하는 한도를 기존 25,000대에서 5만 대로 상향시키는 것 등이 핵심이었다. 한국정부는 미국의 이러한 자동차 분야 시장접근 우려를 수용하면서 국내적 논란의 대상이었던 ISDS제도를 보완해 투자자가 동 제소를 남용할 수 있는 여지를 제한하고, 미국 무역구제조치의 절차적 투명성도 일부 개선하는 대가를 얻도록 대응하였다.[216]

상기 트럼프 행정부의 보호주의 성향 및 조치들을 상기 미 통상정책의 큰 패러다임 틀 속에서 분석해 보면, 일견 미국이 UR이후 시작된 법적 다자주의에서 1980년대의 "New Protectionism"으로 대변되는 조건적 보호주의 시기를 연상시킨다. 이는 무엇보다 Section 232, Section 301조의 부활과 15년만의 safeguard 조치 발동 등으로 대변되는 무역구제 수단의 강화, "fair trade" 기치하에 진행된 NAFTA 재협상, 한미 FTA 개정협상 등이 조건적 보호주의의 특징과 일치한다는 점에서 그러하다.

는 방안을 대안으로 제시한 바 있다.
216 상세 내용은 산업통상자원부의 한미 FTA 개정협상 결과 설명자료(2018.9.) 참조.

트럼프 행정부는 미국과의 주요 교역국 중 FTA를 체결한 캐나다, 멕시코, 한국과는 재협상/개정협상을, FTA협상이 마무리되었거나 진행 중인 일본(TPP), 독일(TTIP)과는 협정 탈퇴 및 중단조치를 취했는데, 이는 미국의 6대 교역국 중 FTA가 없는 중국을 제외한 나머지 5개국과의 FTA에 대해 모두 시정조치를 취한 것이었다.[217]

하지만, 80년대 "New Protectionism"과 구분되는 점도 존재하는데, 우선 수출자율규제 같은 회색조치가 UR에서 금지됨에 따라 사용되지 않았다는 점이 주목될 만하다. 실로 GATT보다 강력한 WTO 체제가 존재한다는 점은 80년대와의 큰 차이인데 후술하는 WTO 분쟁해결절차의 무력화에도 불구, WTO 규범을 대놓고 공식적으로 부인하기는 어려웠다. 아울러, 의회에서 수입규제 법안이 물밀듯 쏟아졌던 80년대와 달리 의회에서의 보호압력은 크지 않았는데, 러스트 벨트에서의 제조업의 어려움에도 불구, 미국의 GDP에서 차지하는 수입비율은 안정적인 데다, 빅테크 등 디지털 경제를 주도하는 미국경제의 강한 모습은 80년대와는 비교될 수 없는 것이었다. 한편, 트럼프 대통령의 핵심공약 중 하나로 WTO 규범 위배 우려가 컸던 국경조정세(boarder adjustment tax)[218]를 백지화하는 등 우려된 모든 보호조치가 시행되지는 않았다.

---

217 미국의 교역상대국 순위는 2016년 기준 1. 중국 2. 캐나다 3. 멕시코 4. 일본 5. 독일 6. 한국이다.

218 국경조정세는 미국의 재정/무역적자 해소하는 방안으로 기존 생산지 기준의 과세를 도착지 기준으로 개편하여 기존의 글로벌 과세체계를 영토주의에 입각해 과세하는 것이 요지로 자국 생산품의 국내소비에는 과세, 해외소비에는 비과세하여 수출을 촉진하고, 자국기업의 해외생산품 국내수입시 도착지 기준으로 과세하여 수입가격을 높여 수입을 억제하는 것이 주요 개념이다.

마지막으로 살펴볼 특징은 전술한 WTO 무력화이다. 사실 상소위원 임명 봉쇄를 통한 분쟁해결 상소기구 위기는 2011년 오마바 대통령의 Jeniffer Hillman 상소위원 재임명 거부에서부터 그 뿌리를 찾을 수 있고, 바이든 행정부에서도 지속되었기에 오롯이 트럼프 행정부만의 책임은 아니다. 하지만 2019년 트럼프 행정부하에서 WTO 상소기구는 그 기능이 완전히 마비되었고 트럼프 행정부의 국내법에 의거한 일방적 보호주의 조치들은 WTO 분쟁해결절차가 정상 작동하는 상황에서는 발동에 제약이 컸을 것이라는 측면에서 트럼프 행정부의 주요 특징으로 보기에 무리가 없다.

2011년 미국이 자국의 Jeniffer Hillman 상소위원 재임명을 본인의 재임 희망에도 불구, 전례 없이 거부했을 당시 Ron Kirk 무역대표는 그 이유를 설명하지 않았으나, 미국 무역구제법 적용관련 WTO 상소위원으로서 동인의 입장이 미국의 이익에 맞지 않는다는 누적된 불만이 그 배경이라고 추측되었다. 미국의 반덤핑 케이스에서 특히 덤핑마진 계산법 "제로잉(zeroing)" 관련 잇단 패소는 우리나라같은 피해국 입장에서는 환영할 만한 진전이었으나 미국에서는 상소기구가 반덤핑 협정문 해석에 있어 국내 규제권한을 침해한다는 인식하에 "judicial overreach"에 대한 불만이 쌓이고 있었다. 미국의 이러한 불만은 이후 최초의 한국인 상소위원 장승화 교수에 대한 2016년 재임명 거부로 다시 표출되었다.

이러한 추세의 연장선상에서 트럼프 행정부는 상소위원 재임명 봉쇄를 넘어 아예 신규 상소위원 임명을 봉쇄하기 시작했는데, 그 결과는 WTO 상소기구의 완전한 마비였다. 기존 위원들의 임기가 점차 만료되어 가고 신규위원의 임명이 봉쇄되는 가운데 2019년 12월 상

소기구는 3명 정족수를 상실하면서 그 기능이 사실상 정지되었고, 동
상황은 바이든 행정부에서도 그대로 지속되었다.

미국은 2020년 2월 174페이지에 달하는 WTO 상소기구에 관한 보
고서를 통해 상소기구에 대한 우려 사항을 적시했는데, 잦은 협정상
의 90일 판정시한 미준수, 임기가 만료된 상소위원의 보고서 참여, 상
소기구 판정의 선례 구속성 등 절차상 문제들과 함께 사건해결에 불
필요한 방론(obiter dicta) 및 권고적 의견 같은 "judicial overreach"가
미국의 핵심 불만 사유로 제시되었다. 한편, 일각에서는 미국의 이러
한 불만을 상소기구라는 분쟁해결절차를 넘어 보다 광범위한 WTO
개혁 이슈와 연관짓기도 하는데 미국이 상소기구 위기를 WTO 규범
제정 및 개정협상의 마비와 국가보조금, 국영기업, 강제 기술이전 등
중국의 비시장경제 이슈에 따른 제반 문제들에 대처하는 지렛대로 쓰
고 있다고 평가되었다.[219]

상소기구가 마비된다는 것은 상소가 제기되어도 상소심이 제기되
지 못하는 "an appeal into the void"를 초래해 1심 패소국이 형식적
으로 상소를 제기하기만 하면 해당 WTO 패널 판정을 사실상 거부할
수 있고, 1심 승소국은 승소에 따른 권한을 행사할 수 없게 된다는 것
을 의미한다. 그리고 이는 WTO가 자랑해 온 가장 핵심적 기능("jewel
in the crown")인 분쟁해결절차의 사망을 의미한다. WTO는 DDA 협상
실패 이후 협상을 통한 신무역규범 형성기능은 사실상 큰 타격을 받
아 희미해졌지만 활발히 이용되는 성공적인 분쟁해결 기능으로 그 위

---

219 International Trade Dispute Settlement, WTO Appellate Body crisis and
multi-party interim appeal arbitration arrangement, European Parliamentary
Research Service(2024.6.) p.4

상을 지키고 있었는데, 동 기능조차 마비되는 상황은 WTO라는 규범에 기반한 다자 무역체제에 큰 위기로 다가왔다.[220]

이러한 미국발 WTO 분쟁해결절차 위기에 대응하려는 노력이 우선 WTO 차원에서 DSB 의장인 Walker 주제네바 뉴질랜드 대사 주도 하에 진행되어 소위 "Walker process"로 불리는 비공식 협의가 이루어졌다. 하지만 미국이 2019년 12월 동 결과물을 거부하면서 진척을 보지 못하자, EU는 2020년 4월 상소기구가 제 기능을 회복할 때까지 한시적으로 상소기구의 공백을 메우기 위한 「다자 간 임시 상소중재 약정(MPIA: Multiparty Interim Appeal Arbitration Arrangement)」을 출범시켰다.

동 절차는 분쟁당사국들이 사전에 양자간 임시상소중재약정을 체결하고 이들 당사국 사이에는 상소기구 이용대신 DSU 제25조(중재)에 따른 중재제도를 상소심의 대체적 수단으로 활용하는 것이 주요 골자인데, 공식 복수국 간 협정이 아닌 정치적 합의물로서, EU 27개국을 필두로 호주, 캐나다, 중국 등 47개 회원국의 참여로 출범하였다. 하지만, MPIA는 23년에는 일본의 추가 참여에도 불구, 현재 2024년 6월 현재 총 53개국만이 참여하고 있고, 이를 "China-EU arrangement"로 인식한 미국은 물론, 한국, 인도, 터키, 인도네시아, 영국 등 과거 WTO 분쟁해결절차를 적극 이용하던 다수 국가들이 참여하지 않고

---

220 WTO 출범 이후 1995년부터 2023년까지 회원국들은 621건의 분쟁해결절차상의 협의를 요청, 238건의 패널 보고서가 제출되어 그중 203건이 DSB에 의해 채택되었고, 상소기구 또한 동 기간 총 124건의 보고서를 채택하는 등 WTO 분쟁해결절차는 활발히 이용되어 왔다. 이는 95년 1월부터 2024년 4월까지 총 92건의 판결과 7개의 권고적 의견만을 채택한 국제사법재판소(ICJ)에 비견되는 돋보이는 실적이다. European Parliamentary Research Service, Ibid. p.9.

있는 한계를 드러내고 있다.[221] 이러한 추세 속에서 WTO 회원국들은 자연스럽게 한계가 뚜렷한 WTO 분쟁해결절차를 점점 덜 이용하기 시작했는데, 2023년의 경우 단지 6건의 양자협의만이 요청되어 최고 기록이었던 1997년의 50건은 물론 2019년의 20건에도 미치지 못하는 저조한 실적을 드러냈다.[222]

이러한 미국의 러스트 벨트에 제조업 일자리 감소를 가져온 주범으로 자유무역을 지목하고, "Buy America, Hire America" 기치하에 무역수지 적자감소에 초점을 두는 트럼프 1기 행정부의 경제상황 진단과 보호정책에 대해서는 미 주류 경제학계에서 큰 의문이 제기되고 있는데, 2017년 5월 Douglas Irwin 다트머스대 교수는 Foreign Affairs 기고를 통하여 트럼프 행정부의 보호주의를 통렬히 비판하였다.

Irwin 교수는 동 기고에서 1950년대 초반 이래 미 제조업 종사 근로자 수는 산업자동화와 생산성 향상 등에 기인해 지속 감소해 왔음에 주목하고, 그럼에도 불구, 오늘날 무역이 미 중산층에 미친 부정적 영향이 강조되는 것은 부진한 노동시장 때문이지만, 경상수지 적자가 눈덩이처럼 늘어난 1980년대와 달리 지난 10여 년간 미국의 수입규모는 GDP의 2-3% 규모로 안정적이어서 수입급증이 없었기에 노동시장 부진의 책임을 자유무역 탓으로 돌릴 수 없다고 주장하였다. 아

---

221 MPIA 이용실적도 출범 후 4년간 동 절차를 통한 해결사례가 1건에 불과할 정도로 적다.

222 한편 WTO차원에서 2022년 제네바 제12차 WTO 각료회의 결정에 따라 2024년까지 모든 회원국에게 적용될 수 있는 분쟁해결절차 개선안 도출을 위해 Molina 과테말라 부대표가 주도하는 "Molina Process"가 진행되었으나, 2024년 3월 아부다비 제13차 WTO각료회의 시 합의를 보지 못하고 단순히 2024년 목표시한을 재확인하는 데 그쳤다.

울러, 동 교수는 1980년대 대규모 무역적자는 인플레를 잡기 위한 연준의 긴축적 통화정책에 따라 발생한 달러 고평가에 근본적 원인이 있었기에 보호조치가 아닌 1985년 플라자 합의가 무역수지 불균형 문제를 해소한 진짜 공신임을 환기하였다.[223]

실제 트럼프 1기 행정부의 보호주의 무역정책의 성과에 대해서는 후술하는 표면적으로는 트럼프 행정부에 비해 덜 보호주의적이었다고 평가되는 바이든 행정부 당시와 비교한 통계로 평가될 수 있는데, 트럼프 1기 행정부 기간 미국의 총 수입은 12% 증가해 2020년-2023년 바이든 행정부 시기 16% 증가보다 조금 낮았지만, 총 수출은 4% 증가에 불과해 바이든 행정부 시기 41% 증가에 비해 매우 저조했다. 특히 주요 타겟 국가였던 중국과의 무역통계를 살펴보면, 바이든 행정부하 대중 무역적자는 10% 감소했지만, 트럼프 1기 행정부에서는 4% 감소에 그쳐, 트럼프 대통령은 강한 보호주의 조치 시행에도 불구하고 1기 재임 시 미국의 무역을 개선하는 데 실패했다고 지적되었다.[224]

나. 바이든 행정부의 통상정책

1기 트럼프 행정부의 난폭한 보호주의 회귀 이후 바이든 행정부가 출범하자 미국이 다시 규범에 기반한 다자무역체제를 수호하면서 트럼프 행정부 시절 발동된 과도한 보호주의 조치들을 폐기할 가능성

---

223 Douglas Irwin, The False Promise of Protectionism: Why Trump's Trade Policy Could Backfire, Foreign Affairs May/June 2017, pp.45-56.

224 Courtney Fingar, Trump Failed To Improve U.S. Trade In His First Term, Forbes, 2024.9.27.

에 대한 기대가 높아졌다. 하지만, 기대와 달리 바이든 행정부에서의 통상정책은 트럼프 행정부와 탈탄소 가속화, 공급망 재편 강조 등 일부 차이점에도 불구, 크게 달라지지 않았고, 미·중 무역전쟁속에 부과된 대중국 고관세도 그대로 유지되어 1기 트럼프 행정부가 시행한 보호주의가 단순히 독특한 트럼프 대통령 스타일에만 기인한 단기적이고 예외적 현상이 아니라는 점이 분명해졌다. 보다 구체적으로, 미·중 무역전쟁 과정에서 부과한 관세는 물론 국가안보 우려에 따라 어색하게 주로 동맹국에게 부과된 무역확장법 232조에 따른 철강 및 알루미늄 관세도 비록 일부 국가에 대해 이를 TRQ로 전환하는 조치들을 취하였으나 그대로 유지되었으며, WTO를 주변화하고 상소위원을 계속 임명하지 않음으로써 WTO 분쟁해결절차 무력화를 지속하였다. 이에 더해, 중국을 향한 각종 추가적인 무역규제와 노동자 중심의 무역정책 천명은 보호주의 색채를 더욱 짙게 하였는데, 이는 요란하고 거칠었던 트럼프 보호주의와 달리 "정중한 보호주의(polite protectionism)"라고 지적되었다.[225]

상기와 같이 트럼프 1기 행정부에서 시행된 조치들은 바이든 행정부에서도 상당 부분 계승되었기에 워싱턴에는 아래 6가지 특징이 "고착화(hardwired)"되었다고 평가되었다.[226]

① 백악관과 행정부에서 (전통적) 무역정책 몰아내기
② 301조 및 section 232 등 일방적 무역수단의 재가동

225 James Bacchus, Biden and Trade at Year One, The Reign of Polite Protectionism, 2022.4.26., CATO Institute.
226 Deborah Elms, Trump and Trade, Part 1: How Trump hardwired 21st century US trade policy, hinrich foundation(2024.5.)

③ 중국과의 경제전쟁에 대응하기 위한 무역정책 목표의 재평가

④ 경제적 친구와 동맹과의 관계변화

⑤ 무역과 국가안보 이익의 융합

⑥ 글로벌 무역체제(WTO)와 다자 규범형성의 약화

상기 관련 무엇보다 복귀가 기대되었던 CPTPP에의 복귀가 이루어지지 않았고 인도태평양경제프레임워크(IPEF)를 제외하고는 눈에 띄는 새로운 무역협상도 시도되지 않아 바이든 행정부에서 통상정책이 실종되었다는 논란이 생길 정도였다.[227] 중국이 참여하는 역내포괄적동반자협정(RCEP)에 대응하고 TPP 탈퇴에 따른 대중 정책의 공백을 메울 것으로 기대된 IPEF의 경우에도 공급망분야 협정이 우선 타결되어 발효되었지만, 시장접근이 빠져 참여국의 관심이 크지 않아 알맹이 없는 통상협정이라는 비판이 뒤따랐다.[228] 아울러, 301조도 트럼프 행정부의 조치(중국 외에도 EU, 프랑스, 베트남 등에 대해 5건 발동)에 이어 중국에 대해 2024년 2건(해운, 물류 및 조선/반도체), 니카라과에 1건(노동권 등) 발동되어 301조 활성화 기조가 이어졌다.

이와 관련하여, USTR이 미 의회에 제출한 2024년 바이든 행정부

---

227 바이든 행정부의 통상정책 실종 논란, 서울경제 정인교 칼럼(2022.12.14.).

228 바이든 행정부가 2021년 10월 동아시아 정상회의 시 첫 구상을 발표해 2022년 5월 출범한 인도태평양경제프레임워크(IPEF)는 무역(필라1), 공급망(필라2), 청정경제(필라3), 공정경제(필라4)로 구성되는데 한국, 일본, 호주, 뉴질랜드, 인도네시아, 말레이시아, 필리핀, 싱가폴, 태국, 베트남, 브루나이, 피지가 전 분야에 걸쳐 참여하였으나 인도는 무역(필라1)에는 불참하였다. 필라2 공급망 협정이 우선 타결되어 2024.2.24. 발효되었고, 이어 필라3 청정경제 협정이 2024.10.11., 필라4 공정경쟁 협정이 2024.10.12. 각각 발효되었다. 아울러, 필라 간 협력을 담당할 기구들을 설립하는 협정이 2024.10.11. 발효되었다.

통상정책 어젠더를 살펴보면, ① 노동자 중심의 통상정책 추진 ② 미중 통상관계 재정립 ③ 핵심 교역상대국 및 국제기구와의 협력 ④ 통상정책 집행에 대한 신뢰 촉진 ⑤ 공정하고 포괄적인, 지속가능한 통상정책 추진 및 이해관계자 참여확대 등 5대 정책과제인데, 첫 어젠더로 "노동자 중심의 통상정책"을 내세운 것은 미국의 통상정책이 기본적으로 자유무역 확대보다는 보호주의에 더 중점이 있음을 시사하는 것이다.

실제 바이든 행정부하 통상정책은 "프렌드 쇼어링(friend-shoring)" 및 "니어쇼어링(near-shoring)" 등 동맹국과의 공급망 개편 가속화와 인프라투자 고용법(IIJA), 반도체 과학법(Chips Act), 인플레이션 감축법(IRA) 등 국내 투자정책을 통해 유리한 위치에서 중국과 경쟁할 수 있도록 지원하는 대중국 견제 강화에 초점이 맞추어졌는데, 이는 비시장 경제정책 및 관행(NMPPs: Non-market policies and practices)에의 대응이라는 기존의 세계화 및 자유무역과는 결이 다른 경제안보 시대 도래를 더욱 분명히 하였다.

한편, 통상정책 면에서 바이든 행정부의 트럼프 행정부와의 차별화되는 또 하나의 특징은 대중국 견제에 동맹 강화가 강조되었다는 것인데, 같은 맥락에서 1기 트럼프 행정부 시절과 달리 한국 등 동맹국에 대해 무역적자 확대를 이유로한 압박이 없었다는 것은 주목할 만하다.[229]

---

229 Deborah Elms, Trump and Trade, Part 1: How Trump hardwired 21st century US trade policy, hinrich foundation(2024.5), p.4.

다. 트럼프 2.0시대의 보호주의 전망

2024. 11월 미 대선에서 민주당의 해리스 후보와 당초 한치 앞을 볼 수 없는 박빙의 승부가 될 것이라는 예측이 무색하게 "MAGA"를 다시 내세운 트럼프 후보가 경합주를 싹쓸이하면서 재선에 성공하였다. 아울러 의회 상하원을 모두 공화당이 가져가는 소위 "Red Sweep"가 실현되어 2기 트럼프 행정부의 정책추진이 더욱 탄력을 받게되는 환경이 조성되자 그의 주요 대선 공약이 더욱 큰 주목을 받게 되었는데, 트럼프 캠프의 선거공약인 agenda 47에 따르면 통상분야의 경우 미국의 경제회복과 자국 산업보호를 위한 보편적 관세 도입, 상호무역법 제정, 그린 뉴딜 정책 폐지, 대중국 규제강화 등 미국의 이익을 앞세운 미국 우선주의 정책이 다시 강조된 바 있다.

상기 공약 중 특히 언론의 주목을 받은 것은 전례 없는 관세부과 공약인데, 1930년대초 대공황기 케인즈의 주장을 소환하듯이 모든 무역상대국으로부터 모든 수입상품에 대해 10%의 관세율을 추가하는 보편적 기본관세(universal baseline tariffs) 도입과 무역상대국이 미국 상품 수입에 부과하는 관세에 상응하는 관세율을 해당국 상품의 미국 수입 시 부과할 수 있도록 대통령에게 권한을 부여하는 상호무역법(Trump Reciprocal Trade Act) 제정 등이 제시되었다. 아울러 중국이 고관세, 비관세장벽, 환율조작, 노동 착취, 덤핑, 지재권 침해 등을 통해 미국의 안보를 위협하고 있다고 하면서 중국에 대한 최혜국 대우 지위 박탈과 모든 중국산 상품에 대해 60% 이상의 관세를 부과하겠다고 공언하였다.

트럼프 대통령은 또한 본인이 개정한 USMCA 협정을 2026년 도래하는 review 절차를 이용 다시 개정할 의사를 밝힌 데[230] 이어 대통령 당선 후인 2024.11.25. 마약과 불법이민 유입을 들어 취임 첫날 멕시코와 캐나다에 대해 모든 품목에 대해 25%를 관세를 부과하고, 중국에 대해서도 펜타닐 문제가 해결될 때까지 모든 중국산 제품에 10%의 추가관세를 매기는 행정명령에 시행하겠다고 밝혀 관세가 그의 핵심 정책수단임을 세계에 다시 환기시켰다.

트럼프 대통령의 이러한 입장은 2025.1.20. 대통령 취임식에서 서명된 "America First Trade Policy" 행정명령에서 보다 구체적으로 제시되었다. 동 행정명령은 ① 불공정하고 불균형한 무역 시정 ② 중국과의 경제·무역관계 ③ 추가 경제안보 문제들 등 3개 분야에서의 보고서 작성을 상무부, 재무부, USTR, 국무부, 국방부, 국토안보부, OMB, 대통령 경제정책 보좌관 및 무역 및 제조업 선임고문 등에 아래와 같이 지시하는 내용으로 되어 있는데, 상무부, 재무부, USTR은 유관부처와 협의해 통합 보고서를 각각 4.1.까지(단, OMB는 연방 정부조달 보고서를 4.30.까지) 대통령에게 제출해야 한다.[231]

불공정하고 불균형한 무역 시정

- 무역 상대국들과의 미국의 지속적인 대규모 무역 불균형 원인과 동 경제적, 국가안보적 함의를 조사하고 범세계적 보충적 관세(보편 관세 의미)를 포함, 무역적자 감소를 위한 적절한 방안을 권고할 것

---

230 Trump wants to renegotiate his own trade deal with Mexico and Canada, CNN (2024.10.24.)

231 America First Trade Policy, 2025.1.20., White House Home page 참조.

- 관세를 징수할 대외수입청(ERS: External Revenue Service) 신설 실현 가능성을 조사하고 동 수립시 최선의 방안을 권고할 것
- 모든 무역 상대국들에 의한 불공정 관행을 평가하고 현행 미국법 및 무역협정하에서 적절한 대응방안을 제안할 것
- 2026년 7월 예정된 USMCA 재평가 준비를 위해 USTR은 이해관계자들과의 협의절차를 시작하고, 추가적으로 동 협정의 미국경제에 대한 영향을 평가해 미국의 동 협정 참여에 대해 권고할 것
- 무역 상대국들이 미 기업에 불리하게 환율을 조작하고 있는지를 평가하고 해당 사항 있을시 환율조작국으로 지정될 국가를 확인할 것
- 기존 무역협정(섹터협정 포함)을 재검토해 FTA 체결국들과 상호적이고 상호이익이 되는 양허수준을 유지하기 위한 개정을 권고할 것
- 수출을 증대시키기 위해 새로운 양자 혹은 특정 섹터 무역협정 상대국을 확인하고 관련 권고를 할 것
- 반덤핑/상계관세(AD/CVD) 적용(초국경 보조금, 비용 조정, 제휴관계, 제로잉 포함) 및 동 조치에 대한 해외 공급자들의 준수를 확보하기 위한 절차를 재검토하고, 상무장관은 적절할 경우 변경을 고려할 것
- 펜타닐 등 불법마약 반입 관련, 현 800불 미소기준 조항(de minimis)[232] 이행에 따른 관세수입 감소효과와 공중보건 위험을 평가하고 이를 방지할 수 있는 변경을 제안할 것

---

[232] 일정 기준 이하 소액 상품 수입에 따른 행정부담을 줄이기 위한 조치로 동 기준 이하 상품은 관세 및 세금 없이 반입 가능한데, 현재 미국의 동 기준은 800불이다.

- 미국 기업들에 차별적이거나 역외 적용적 세금을 부과하는 국가들이 있는지를 조사할 것
- WTO 정부조달협정을 포함해 국제무역 협정들의 이행이 트럼프 대통령의 2017년 4월 행정명령(EO 13788, Buy American Hire American 행정명령)에 부합하는지를 검토할 것

중국과의 경제·무역관계

- 중국과의 2020년 1단계 무역합의에 대한 중국의 이행상황을 평가하고 동 평가에 근거해 관세를 포함한 조치를 권고할 것
- USTR이 2024년 5월 작성한 중국의 기술이전, 지재권 및 혁신과 관련된 조치들에 대한 지난 4년간의 301조 적용 보고서를 재검토하고 이에 근거한 조치를 관세 포함 권고할 것
- 불공정하거나 비합리적일 수 있는 중국의 무역조치와 관행을 재검토하고 301조에 따른 시정조치를 권고할 것
- 중국의 항구적 정상무역관계 지위에 대해 미 의회가 고려 중인 법안을 재검토하고 변경을 권고할 것
- 미국 지재권 관련 중국 기업들에 부여된 대우를 지재권 상호주의 필요성에 초점을 두어 재검토할 것

추가적인 경제안보 문제들

- 무역확장법 232조에 따라 미국 국가안보를 위협할 수입을 조정하기 위한 조사를 위해 미국 산업 및 제조업 기반에 대한 경제 및 안보 재검토를 시행할 것
- 철강 및 알루미늄 분야에 적용 중인 무역확장법 232조 적용의

효과성을 재검토하고 변경을 권고할 것

- 미국 수출통제 시스템을 현행 제도의 효과성과 외국의 준수 강화 차원에서 재검토하고 변경을 권고할 것
- 상무부 정보통신기술서비스실(ICTS)에 의한 커넥티드 자동차 규칙 제정을 재검토해 적절한 조치를 권고하고 동 조치가 여타 커넥티드 장치에 대해서도 적용되어야 할지를 결정할 것
- 핵심기술 분야의 해외투자가 국가안보 위협을 적절히 반영하고 있는지를 결정하기 위해 바이든 대통령이 2023년 8월 시행한 행정명령 14105[233]와 동 행정명령을 이행하는 최종 규칙을 재검토할 것
- 미 연방 조달 프로그램에 대한 외국정부의 재정적 기여 및 보조금의 왜곡 영향을 평가하고 동 왜곡을 완화·제거할 변경을 권고할 것
- 캐나다, 멕시코, 중국 및 여타 지역으로부터의 불법 이주와 펜타닐 유입을 평가하고, 동 비상사태에 대처하기 위한 조치를 권고할 것

상기 행정명령에 포함된 검토 조치들은 1기 트럼프 행정부 당시 시행된 301조, 무역확장법 232조 및 강화된 AD/CVD 조치는 물론 USMCA의 추가개정, 보편관세, 캐나다, 멕시코, 중국에 대한 펜타닐

---

233 바이든 대통령은 2023.8.9. "Addressing United States Investments in Certain National Security Technologies and Products in Countries of Concern" 행정명령 서명을 통해 중국을 겨냥 반도체, 양자 컴퓨터, AI 등 첨단기술분야 투자를 제한하는 규정을 재무부가 제정토록 하였다.

반입 등에 따른 관세부과, 바이든 행정부가 취한 기술이전 관련 경제 안보 조치 등의 추가 조치까지 거의 모든 보호 조치들이 총 망라되어 있는데, 실제 어떠한 조치들이 취해질지는 4.1. 보고서 제출 후 보다 명확히 드러나겠지만 그 중 트럼프 대통령이 지속 강조해온 관세가 우선적으로 집중적 관심의 대상이 되고 있다.

트럼프 대통령의 관세 공약들은 인플레 유발 등 국내경제적 부작용은 물론[234] 국내법상 발동 근거도 불투명하고 국제법적으로도 국제안보 예외 등 WTO 및 FTA 등 국제무역규범의 예외조항을 원용해 형식적으로는 전면적인 협정 위배 모습을 피해갈지라도 동 조치는 협정의 기본 정신을 근본적으로 훼손시키고 보복관세를 초래해 국제무역체제에 악영향을 초래할 것임은 분명하다. 더욱이 트럼프 대통령의 거래적 스타일을 감안 시 관세 위협이 협상용이라는 의구심이 지속 제기되고 있어[235] 관세 위협이 실제 얼마나 이행될 수 있을지는 매우 불투명하다.

하지만, 미국은 소득세가 없고 관세만 있었던 20세기 초에 가장 번영했다고 언급하는 등 적극적인 트럼프 관세 옹호론자인 Howard Lutnick이 상무장관으로 임명되고, Scott Bessent 재무장관도 트럼프 관세를 옹호하면서 보호주의 American school의 선구자 해밀턴 초대

---

234 2024년 6월 16명의 노벨 경제학상 수상자들은 공동서한을 통해 트럼프 후보의 경제 공약을 비판하고 트럼프 경제공약들이 인플레를 촉발할 것임을 경고하였다. 관련해 피터슨 국제경제연구소(PIIE)는 트럼프 경제공약이 실행될 경우, 그렇지 않을 경우의 2026년 1.9% 예상 인플레율을 6%~9.3%로 급등시키게 될 것이라고 분석하였다.

235 트럼프 대통령은 콜롬비아가 자국 불법 이주민을 송환하는 미 군용기 착륙을 불허하자 1.26. 콜롬비아에 긴급 25% 관세부과 및 일주일 내 추가 25% 관세부과 등의 위협을 가해 콜롬비아 정부를 굴복시켰는데 이는 트럼프 대통령의 관세부과가 다른 목적 달성을 위한 협상용임을 보여주는 사례로 간주되었다.

재무장관을 환기하였으며, 1기 트럼프 행정부 당시 대중 무역전쟁을 기획한 Peter Navaro 전 백악관 무역·제조업정책 국장이 무역 및 제조업 선임고문으로 다시 임명된 것은 관세 공약을 결코 협상용으로만 치부할 수 없게 하는데, 이는 관세를 징수할 대외수입청 신설이 추진되고 협상용이 되기 어려운 모든 국가에 대한 보편관세가 시행상 어려움에도 불구하고 계속 카드로 남아 있는 데에서도 확인된다.

실제 트럼프 대통령은 협상용이라는 일각의 의구심에도 불구, 2025년 2.1. 불법 난민과 펜타닐 등 불법 마약 반입으로 인한 국가안보 위협을 이유로 캐나다, 멕시코의 모든 상품에 25% 관세를 부과하고(캐나다산 원유 등 에너지 제품에 대해서는 10%) 중국에 대해서는 기존 관세에 10% 관세를 추가로 부과한다고 발표, 자신의 공약을 실제 이행하는 모습을 연출해 시장과 국제사회에 큰 충격을 주었다. 동 행정명령은 국제비상경제권한법(IEEPA: International Emergency Economic Powers Act)을 동 관세 조치의 근거법으로 삼았는데, 동 법은 1차 세계대전 당시인 1917년 제정된 적국법(TWEA: Enemy Act of 1917)이 이후 대통령에 의해 평시에도 남용됨에 따라 대통령의 비상조치 권한사용을 억제하기 위해 미 의회가 취한 일련의 패키지 법 제정 결과로 탄생한 것이다. 미 의회는 대통령의 비상조치 권한을 제약하기 위해 1976년 국가비상사태법(NEA: National Emergencies Act)을 먼저 제정, 대통령이 국가비상사태를 선포할 공식적인 절차를 규정한 데 이어, 1년 후인 1977년 적국법(TWEA) 발동을 전시에 한정시키면서 아울러 평시에 사용될 수 있는 새로운 IEEPA를 절차적 제한을 두면서 제정하였다. 이에 따라 IEEPA가 발동되려면 국가비상사태법(NEA)에 따른 국가비상사태가 먼저 선포되어야 하고, 1년 이상 동 조치를 시행하려면 매년 이를 다시 선포해야 하며, 의회가 결의안 채택으로 동 조치를 번복할 수 있도록 하는 등 절차적 요건이 강화되었다.[236]

이후 IEEPA는 카터 대통령이 1979년 주이란 미 대사관 인질사태 당시 이란에 대한 경제제재로 처음 사용한 이후 동 법은 주로 적대국에 대한 자산동결, 수출입 통제 등 경제제재 조치로만 사용되어 왔기에 동맹국에 그것도 관세부과로 발동된 것은 전례 없는 초유의 조치여서[237] 동 합법성이 즉각 논란의 대상이 되었다. IEEPA는 301조나 무역확장법 232조 적용과 달리 USTR, 상무부의 수개월이 소요되는 사전조사가 불필요해 절차상 신속한 발동이 가능한 잇점이 트럼프 행정부에서 지속 주목되어 왔고,[238] 동 법에 기반해 관세부과가 가능한지에 대해서도 그간 법원이 동 법 적용에 있어서는 대통령의 재량권을 존중하는 경향을 보여 왔기에 IEEPA의 적용은 어느 정도 예견되어 온 것이지만, 관세는 전술한대로 헌법상 권한을 가지고 있는 의회가 행정부에 일정조건하에 위임한 것이고, IEEPA에서 의회는 대통령에게 명백히 관세부과를 허용하지는 않았기에[239] 동 조치는 최소 의

---

236 이하 IEEPA는 Peter E. Harrell, The Case Against IEEPA Tariffs, LAWFARE, 2025.1.31. 참조

237 2019년 트럼프 1기 행정부는 멕시코 수입품에 난민문제 관련 국경통제 이슈로 IEEPA에 따른 5% 관세부과를 검토한 바 있으나 멕시코가 국경조치를 강화함에 따라 실행에 옮겨지지는 않았다.

238 1기 트럼프 행정부는 301조 발동으로 대중국 관세를 발동하기까지 11개월이 소요되어 이러한 장기간이 소요되는 절차에 불만을 가져 왔는데, IEEPA를 관세부과의 근거 법으로 사용한다는 것은 이러한 번거로운 사전절차 없이 즉각적인 관세부과가 가능하다는 것을 의미한다. Harrell, Ibid.

239 미 대법원은 연방법을 해석할 때 행정기관이 동 법상 규제 권한을 넓게 해석해 발동하려면 의회가 이를 분명하고 구체적으로 허용했다는 것이 확인되어야 한다는 major questions doctrine을 확립했는데, 이에 따르면 IEEPA로 관세를 부과한 것은

회와 행정부간 관세권한에 대한 오랜 균형을 흔들었다고 할 수 있다. 이점 만약 보다 광범위한 모든 국가에 대한 보편관세 발동의 근거로 IEEPA가 다시 인용된다면 더 큰 법적 논란은 불가피할 전망이다.

WSJ이 사설에서 역사상 가장 어리석은 무역전쟁이라고 평가할 정도로 충격을 안긴 동 조치에 대해 대상국들은 즉각적으로 반발하였다. 트뤼도 캐나다 총리는 긴급 기자회견을 통해 1억 550만 캐나다 달러 상당의 미국산 제품에 25% 보복관세를 매기겠다고 발표하였고, 셰인바움 멕시코 대통령도 옛 트위터인 X에 올린 글에서 경제부 장관에게 멕시코의 이익을 지키기 위한 관세 및 비관세 조치를 포함, 플랜 B를 발동할 것을 지시했다고 언급하면서 보복 대응에 나설 것임을 밝혔다. 중국 또한 상무부 담화문을 통해 WTO 제소 의사를 밝혔다. 하지만, 동 국가들의 압도적인 대미 시장 의존도를 감안 시 예고된 관세부과를 감당하기 어려웠던 멕시코와 캐나다는 결국 보복조치로 대응하는 대신 국경조치 강화를 약속하고 관세부과를 협상이 진행될 1개월간 유예시키는 임시봉합 합의를 할 수밖에 없었다. 멕시코 셰인바움 대통령은 1만 명의 군인을 추가로 미·멕 국경에 배치키로 했고, 캐나다의 트뤼도 총리 또한 펜타닐 챠르 임명, 13억 불 국경계획 시행, 1만 명의 최전선 요원 배치 등을 약속했는데,[240] 트럼프 대통령은 자신의 조치가 무역전쟁이 아닌 마약전쟁이라고 언급한 것은 향후에도

문제가 될 소지가 있다.

240 유예 조치 한 달 후 트럼프 대통령은 캐나다와 멕시코에 대해 25% 관세를 다시 부과했다가 이틀 후 모든 USMCA 적용 품목에 대한 1달 적용 면제를 발표하는 등 오락가락 행보를 보였다. 중국에 대해서는 발표대로 10% 관세 시행 후 추가로 10% 관세를 더 부과하였는데 중국 역시 미국산 농축산물에 대한 추가 보복관세 등으로 맞대응하였다.

관세가 전통적인 재정수입이나 국내 산업 및 일자리 보호 목적 외에 여타 목적을 위한 협상용으로도 광범위하게 사용되게 될 것임을 시사한다.

　트럼프 대통령은 여타 목적 달성을 위한 협상용인 아닌 국내 산업 보호용 관세도 바로 꺼내 들었는데, 2025.2.10. 행정명령을 통해 1기 트럼프 행정부 당시 철강과 알루미늄에 대해 각 25%와 10% 관세를 부과했던 국가안보 위협에 근거한 무역확장법 232조를 다시 발동해 모든 철강 및 알루미늄 수입품에 대해 3.12.부로 25% 관세를 부과한다고 발표하였다. 동 조치는 전술한 2018년 한국에 당시 수출량의 70%인 263만 톤 쿼터를 설정했던 별도 합의를 포함, 아르헨티나, 일본, 브라질, EU, 영국, 캐나다, 멕시코 등에 대해 취해진 트럼프 1기 및 바이든 행정부 당시의 모든 별도 합의를 무효화시키면서 시행되었다. 이로써 우리 철강 수출은 쿼터 대신 25% 관세에 직면하게 되었는데, 각국이 펼치고 있는 관세면제를 위한 대미 대응결과에 따라 유불리 영향이 달라질 수 있겠지만[241] 한국은 기본적으로 미국 국내업체 및 기존 관세부과국 대비 경쟁여건이 악화될 수 있어 제2기 트럼프 보호주의의 구체적인 첫 번째 영향을 받게 되었다.

　트럼프 대통령은 이어 2.13. Reciprocal Trade and Tariffs 메모랜덤 발표를 통해 소위 상호관세로 알려진 "Fair and Reciprocal Plan" 시행을 공표했는데, 그 골자는 1.20.자 America First Trade Policy 행

---

[241] EU는 3.12. 동 관세가 실제 시행됨에 따라 총 260억 유로 규모의 미국산 제품에 4.1.부터 2단계에 걸쳐 보복관세를 부과하겠다고 밝히고(이후 4월 중순으로 연기), 캐나다도 298억 캐나다 달러 규모의 미국산 철강·알루미늄에 보복관세를 부과해 동 분쟁의 향후 전개가 주목된다.

정명령에 따라 4.1.까지 무역상대국들의 불공정하고 상호적이지 않은 모든 무역정책과 관행에 대한 해당 기관들의 보고서가 제출된 후, 미 상무부와 USTR이 이에 따른 미국의 피해를 조사해 대통령에게 구체적 구제책 제안 보고서를 제출하게 함으로서 상호관세를 시행한다는 것이다. 동 메모랜덤은 비상호적인 조치로서 관세율 차이 외에 부가세(value-added tax)[242]와 비관세장벽을 별도 정의조항을 두면서까지 특정하고, 아울러 보조금, 환율, 임금억제 및 중상주의적 정책, 공정경쟁에의 구조적 장애까지 포함시킴으로써[243] 상호주의가 단순히 관세율 차이를 넘어 모든 불공정 간주 조치로 확대될 것임을 분명히 했는데, 이로써 한미 FTA에도 불구하고 한국도 동 영향권에서 자유로울 수 없음이 분명해졌다.

트럼프 대통령은 상호주의 관세 공표에 바로 이어 자동차, 반도체, 의약품에 대해서도 25% 상당의 관세를 부과할 계획임을 밝히고, 구리 및 목재에 대해서도 국가안보에 따른 무역확장법 232조 조사를 시작하는 한편, EU에 대해서도 관세부과(25%) 의향을 언급하는 등 관세 공세를 지속하고 있다.[244]

---

242 한국, 일본, EU 등이 채택하고 있는 부가세는 1970년 GATT 작업반 보고서에서 GATT 2조 2항(a) 및 3조 2항에 의해 비차별적 적용이 전제되는 한 허용되는 조치로 이해되어 왔다. 트럼프 행정부는 예컨대, 미국의 평균 6.6% 판매세 대비 EU의 평균 20% 수준의 고율 부가세에 대한 수출 환급 제도를 차별적 제도로 문제시하고 있는 것으로 알려지고 있다.

243 동 메모랜덤과 함께 발표된 백악관 Fact Sheet는 브라질의 에탄올 관세, 캐나다와 프랑스의 digital service tax, 인도의 39%에 달하는 MFN 관세율과 100% 모터사이클 관세, EU의 10% 자동차 관세율과 조개류 수입금지 조치 등을 비상호적 조치로 예시하고 있다.

244 한편, USTR은 2025년 연례 무역정책 어젠더 보고서에서 고임금 일자리, 혁신, 방위 산업 기반확대를 위한 "생산 중심 경제(production economy)"로의 전환을 강조하

트럼프 2기 행정부의 상기 조치들은 일견 70-80년대 "fair trade"
와 "level playing field"를 기치로 301조를 무기로 GATT를 무력화한
"New protectionism" 시대를 연상시킬 수 있는데, "fair trade"와 공
세적 상호주의는 전술한 조건부 보호주의 시기의 핵심 특징이다. 하
지만 전통적 보호주의 도구인 관세를 전면에 내세우고 있다는 점에서
는 직접적인 관세나 쿼터 사용 대신 무역구제나 수출자율규제 같은
회색조치 등에 크게 의존한 "New Protectionism"과는 뚜렷한 차이가
있어, 트럼프 행정부 보호주의는 전통적 보호주의와 新보호주의 수단
이 모두 동원되는 보호주의의 종합 버전이 될 전망이다. 1980년대 레
이건 행정부는 자유무역을 천명하면서 보호압력에 저항하는 수단으
로 회색조치 같은 비전통적 보호조치들을 사용했기에 자유무역을 더
이상 내세우고 있지 않은 트럼프 행정부 보호주의는 분명 결이 다르다.

트럼프 대통령은 모든 국가에 대한 보편관세 공약이 인플레 우려
및 적절한 근거 국내법 확인의 어려움 등에도 불구하고 완전히 배제
되지 않은 상태에서, 취임하자마자 WTO와 FTA 체제에서 합리화되
기 어려운 잇단 관세조치들을 발표해 기존 국제통상질서를 뒤흔들기
시작했다. 트럼프 행정부의 보호주의가 실제 어디까지 갈지, 그 결과
미국이 디자인한 현 세계 무역체제가 어떠한 변화를 겪게 될지 세계
가 주목하고 있다.

고, GDP에서 제조업 비중 확대, 실질 중위 가계소득 향상, 무역적자 축소를 위한 통
상정책이 시행될 것임을 밝혀, 향후 트럼프 행정부의 기본 통상정책 방향을 제시하였
다. USTR, 2025 Trade Policy Agenda and 2024 Annual Report, 2025. 3.3.

맺음말

　리카르도의 고전주의 경제학에서 비교우위 이론이 확립된 이후 근대의 헥셔 올린 정리에 이르기까지 확고한 지위를 누려온 자유무역론은 그 정당성을 이론적으로 인정받은 교역조건론은 물론 개도국과 후발국을 중심으로 유행한 유치산업보호론, 수익체감/체증론, 국내 괴리이론 및 최근의 신무역론과 전략적 무역론 등의 대두로 끊임없는 도전을 받아 왔다. 과거 자유무역에 대한 논쟁이 Prebisch 등 비주류 경제학계에서의 비판은 차치하더라도 Mill, Keynes, Krugman 등 당대 최고의 주류 경제학자들이 자유무역 독트린에 대한 의문을 제기한 가운데 최근까지도 활발히 전개되었던 것은 이러한 도전들의 정치적 민감성과 이론적 논쟁성을 잘 보여준다.

　하지만, 자유무역론은 동 과정에서 비록 소득분배, 국제협력의 필요성, 국내 시장 왜곡 치유 등의 문제를 안고 있음이 확인되기는 했지만, 근본적인 정책적 우월성을 지켜 왔다고 할 수 있으며, 이는 1980년대 이후 최근까지 범세계적으로 유행한 바 있는 Bhagwati 교수가 Second Regionalism로 규정한 바 있는 최근 FTA 열풍의 기반이 되었다.

　GATT 24조의 MFN원칙의 예외로 카·미 무역협정이라는 비밀스러운 배경을 갖고 허용된 FTA는 실패로 끝난 1960년대의 1차 유행에 이어 1980년 이후 성공적인 2차 붐을 가져오면서, 당초 의도와 달

리 오늘날 무역정책의 핵심수단으로 자리잡게 되었는데, 이것은 양자
와 다자 무역자유화를 경쟁적으로 동시에 추진한다는 "competitive
liberalization"을 채택한 미국의 정책전환에 크게 힘입은 것이었다.

하지만, FTA보다는 PTA가 보다 적합한 용어라는 Bhagwati 교수
의 지적이 시사하듯이 FTA의 세계무역에 대한 효과는 매우 논쟁적
인데, 이는 FTA가 전세계적 다자 자유무역을 진전시키는 "building
blocks"이 될지 아니면 이를 저해할 "stumbling Blocks"이 될지에 달
려 있다고 할 수 있다.

Viner의 무역전환효과와 복잡한 원산지 규정에 따른 스파게티 볼
효과 등은 후자 우려의 주요 근거이나, EU 통합에 근거한 분석들은
무역전환 효과보다 무역창출 효과가 더 크다는 점을 조심스럽게 시사
하고 있고, Viner의 정적 분석의 한계를 넘는 투자유치 등 FTA의 동
적 효과와 더불어 Mega-FTA의 관세를 뛰어넘는 깊은 통합이 주는 긍
정적 효과도 주목되고 있어 FTA 옹호론은 최근까지 크게 힘을 받아
왔다.

하지만, 그간 자유무역의 선도자 역할을 해 오면서 GATT/WTO
다자주의와 함께 FTA라는 두 다리로 걷는 정책을 펴 온 미국이
"America First" 기치하에 보호주의를 표방하는 1기 트럼프 대통령 시
기 큰 정책적 전환을 하였고, 동 추세가 바이든 행정부에 경제안보 명
목하에 일정 계승된 후, 다시 관세를 최우선 수단으로 여기는 제2기
트럼프 행정부가 출범하게 된 만큼 세계 무역체제는 미국발 극단적인
보호주의의 부활이라는 격랑을 예고하고 있다.

미국의 통상정책은 독립 이후 American School의 유치산업 보호
론에 기반한 보호무역주의에서 시작했으나, 2차대전 후 패권을 확립

한 이후에는 자유무역하에 일부 민감한 국내산업만을 별도로 보호하는 선별적 보호주의, 제조업 경쟁력 약화와 무역수지 적자급증 속에서 상호주의를 엄격히 적용하는 조건적 보호주의와 UR 이후 법적 다자주의 시대를 거치면서 비록 정도 차이는 있으나 세계에서 가장 열린 시장으로서 보호주의에 저항해 왔기에 미국의 이러한 보호주의로의 패러다임 전환이 끼칠 영향은 실로 지대하다.

UR 이후 확립된 법적 다자주의는 "New Protectionism"으로 불린 1980년대의 강한 보호주의 압력을 성공적으로 극복한 것으로 평가될 수 있는데, 1기 트럼프 행정부부터 실행된 노골적 보호주의 정책들은 회색조치 대신 관세라는 전통적 보호주의 수단이 강조되고 자유무역을 대외적으로 강조하고 있지 않다는 점에서 뚜렷한 차이는 있지만 보호조치의 광폭은 일견 WTO 체제 출범 이전 1980년대 "New Protectionism"으로 대변되는 조건부 보호주의 시대로의 회귀를 연상시키고 있다. 이 점 80년대 당시 미국의 주요 우려가 일본에 대한 것이었다면 지금은 중국으로 바뀌었다는 점이 큰 차이점이라고도 볼 수 있지만, 80년대 당시 일본은 미국의 패권에 도전하는 입장은 아니었기에 경제안보 기치하에 중국의 위협에 대응하는 미국의 입장전환은 외교안보적 고려가 크게 작용하고 있다는 점에서 80년대와 맥락이 다르다. 더욱이 UR이후 일방적 무역조치를 규제하는 WTO 다자 무역체제가 성립되었기 때문에 WTO 분쟁해결절차 무력화 등으로 이를 근본적으로 훼손하는 미국의 노골적 입장전환은 WTO체제 성립 전인 1980년대 "New Protectionism" 시기보다 세계무역체제에 끼치는 함의가 더욱 크다. 하지만 돌이켜 보면, 미국의 무역정책 수행에 있어 외교안보적인 고려는 개방된 국제무역의 세계평화 기여에 대한 Hull

국무장관의 믿음은 물론, GATT, FTA 등 주요 계기에 있어 항상 중요한 배경이 되어왔기에 중국의 부상에 따른 이러한 변화는 미국의 무역정책 패턴에 비추어 낯선 모습만은 아니라고 할 수 있다.

트럼프 2.0 시대를 맞아 미국의 이러한 입장전환이 90년대 자유무역론에 기반해 자신이 구축한 WTO 무역체제와 어떻게 충돌하면서 궤도를 수정해 나갈지는 예측하기 어렵다. 하지만 많은 도전을 어렵게 헤쳐 온 자유무역이 탈세계화, 경제안보라는 새로운 테마하에 다시금 큰 도전을 맞게 되었고 이것이 개방형 통상국가로 성장해 온 한국에게 큰 도전으로 다가오고 있다는 점도 분명하므로 우리의 통상정책도 이러한 흐름에 맞추어 기민하게 대응해야 할 필요가 있다.

2기 트럼프 행정부 출범 이후 여러 관세조치들이 발표되거나 예고되었지만 아직 다른 핵심 공약인 모든 국가에 대한 보편관세 시행여부나 4.2.로 예고된 상호관세의 세부내용들은 불확실하다. 상황이 향후 실제 어떻게 전개될지는 예상하긴 어렵지만, 한국은 1기 트럼프 행정부 당시 대응 경험을 살리면서 2023년 미국의 최대 투자국으로 부상한 우리 기업의 대미투자와 일자리 창출, 방위산업 협력, 에너지 수입확대 등을 레버리지로 활용해 파고를 헤쳐나가야 할 것이다.

한편, 트럼프 대통령의 America First Trade Policy 행정명령에는 제반 무역협정 개정 필요성 검토도 포함되어 있기는 하나, 다행히 트럼프 대통령은 현재까지 USMCA 외에 다른 협정을 구체적으로 적시해 협정 개정 필요성을 제기하지는 않고 있다. 이 점 1기 트럼프 행정부 당시 한미 FTA를 끔찍한 협정이라고 비판해 협정 개정을 초래했던 상황과는 차이가 있는데, 설사 개정을 피해 갈 수 있다 하더라도 양허의 균형을 훼손하는 조치들이 일방적으로 취해질 경우, 개정과 얼마나 실질적 차이가 있을지 의문이다. EEC 출범으로 초래된 1차 regionalism 이후 미국의 FTA 체결로 재점화된 2차 regionalism은 불을 붙인 미국의 변심으로 불씨가 꺼져가고 있다.

자유무역론은 19세기 영국의 곡물법 폐지운동을 주도한 Richard Cobden이 "Free trade is god's diplomacy"라고 언급한 이래 오랜 기간 여러 도전에도 근본적 위상을 지켜왔다. 자유무역론이 트럼프 행정부가 몰고 온 초강력 보호주의 풍랑을 어떻게 헤쳐나갈지 주목된다.

참고 문헌 ├────────────────────────────┤

김기현·권기수, 라틴 아메리카 경제의 이해, 한울 아카데미, 2011

김정수, 신국제무역론, 박영사, 2001

니콜라스 필립슨, 경제학의 아버지, 신화가 된 사상가 애덤 스미스, 배지혜 옮김, ㈜한경BP, 2023

로버트 라이트하이저, 자유무역이라는 환상, 이현정 옮김, 마르코폴로, 2024

로저 백하우스, 경제학의 역사, 김현구 옮김, 시아, 2017

이환규, 미국의 무역구제제도 연구, 미국헌법연구, 제25권 제1호, 2014.4.

이환규, 미국 통상법상 도피조항의 실체적 요건, 미국헌법연구, 제22권 제2호, 2011.8.

장하준, 사다리 걷어차기, 형성백 역, 부키, 2004

재커리 카터, 존 메이나드 케인스, 김성아 옮김, ㈜로크미디어, 2021

최인범, 미국의 통상정책, FKI 미디어, 2002

폴 크루그먼, 폴 크루그먼 좀비와 싸우다, 김진원 역, 2020

한국국제경제법학회, 신국제경제법, 박영사, 2022

Alden, Edward, Failure To Adjust, CFR, 2017

Bacchus, James, Biden and Trade at Year One, CATO Policy Analysis, 2022.4.26.

Baldwin, Richard, Multilateralising 21st Century Regionalism,

OECD, 2014.2

Baldwin, Robert, The Case against Infant-Industry Tariff Protection, Journal of Political Economy, Vol.77, No.3, 1969.5-6.

Bergsten, Fred, Competitive Liberalism and Global Free Trade: A Vision for the Early 21st Century, PIIE, 1996

Bernasek, M., A New Economic Enquiry into the Australian Tariff?, The Australian Quarterly, September, 1960

Bhagwati, Jagdish, Free Trade Today, Princeton University Press, 2002

Bhagwati, Jagdish, Is Free Trade Passe at all ?, chater 1 of Political Economy and International Economics, ed. Douglas Irwin, 1991

Bhagwati, Jagdish, Termites in the Trading System,, New York, Oxford University Press, 2008

Bhagwati, Jagdish, The World Trading System at Risk, Cambridge, MIT Press, 1991

Bhagwati, Jagdish, Regionalism and Multilateralism: an overview, The world Economy, 1992

Bhagwati, Jagdish, Protectionism, The MIT press, 1988

Boldwin, Robert, U.S. Trade Policy Since 1934: An Uneven Path Toward Greater Trade Liberalization, National Bureau of Economic Research, 2009.10.

Cammarosano, Joseph, John Maynard Keynes: Free Trader or Protectionist?, Lexington Books, 2013

Chase, Kerry, Multilateralism compromised: the mysterious

origins of GATT Article XXIV, World Trade Review, 2006

Cimino-Isaac, Cathleen & Schott, Jeffrey, Trans-Pacific Partnership: An agreement, PIIE, 2016 Chang, Ha-Joon, Bad Samaritans: The Myth of Free Trade and the Secret History of Capitalism, Bloomsbury Press, 2008

Chirot, Daniel, A Romanian Prelude to Contemporary Debates about Development, Review(Fernard Braudel Center) Vol.2, No.1, 1978

Chorev, Nitsan, Remaking US Trade Policy, Cornell University Press, 2017

Cohen, Stephen, etc, Fundamentals of US Foreign Trade Policy, Westview Press, 2003

Conti, Delia, President Reagan's Trade Rhetoric Lessons for the 1990s, Presidential Studies Quarterly, Winter, 1995, Vol.25, No.1.

Cooper, William, CRS report "Free Trade Agreements: Impact on US Trade and Implication for US Trade Policy", 2014

Congressional Research Service, North American Free Trade Agreement(NAFTA), 2018.6.14.

Destler, I.M., American Trade Politics(4th ed.), IIE, 2005

Dosman, Edgar J., The Life and Times of Raul Prebisch 1901-1986, MQUP, 2010

Elms, Deborah, Trump and Trade, Part I: How Trump Hardwired 21st Century US Trade Policy, hinrich foundation, 2024.8.13.

European Parliament, International Trade Dispute Settlement,

2024.6

Finegold, Jonathan, "Krugman's Alternative Theory of Trade", Economic Thought, 2014.3.12.

Fletcher, Ian & Ferry, Jeff, "The Paul Krugman Problem And Why It Matters", Huffpost, 2016.9.27.

Greider, William, "Paul Krugman Raises the White Flag on Trade", The nation, 2016.3.14.

Harrell, Peter, The Case Against IEEPA Tariffs, LAWFARE, 2025.1.31.

Heath, Timothy, Strategic Consequences of U.S. Withdrawal from TPP, RAND, 2017 3.27.

Hiscox, Michael, The Magic Bullet? The RTAA, Institutional Reform, and Trade Liberalization, International Organization 53, 4, Autumn 1999

Irwin, Douglas, Against the Wind, Princeton Univ. Press, 1996

Irwin, Douglas, Free Trade Under attack, Princeton Univ. Press, 2015

Irwin, Douglas, Clashing over Commerce, A history of US Trade Policy, The University of Chicago Press, 2017

Irwin, Douglas, The False Promise of Protectionism: Why Trump's Trade Policy Could Backfire, Foreign Affairs, 2017, May/June

Joshua Morey & Paul Rosenthal, A New Reality for Uncooperative Parties, Kelly Drye, 2015.9.22.

Kanbur, Ravi, The end of development economics, CEPR, 2024.9.27.

Kelly Drye & Warren LLP, Antidumping Developments : Adverse

Facts Available Update, 2016.2.23.

King, Elizabeth, The Omnibus Trade Bill of 1988: "Super 301" and its Effects on the Multilateral Trade System under the GATT, Penn Carey Law, 2014

Kishore Vishaal, Ricardo's Gauntlet, Anthem Press, 2014

Krugman, Paul, Development, Geography and Economic Theory, MIT press, MIT Press, 1995

Krugman, Paul, "Is Free Trade Passe?", Journal of Economic Perspectives 1, 1987

Krugman, Paul, "Does The New Trade Theory Require a New Trade Policy?", The world Economy 15, 1992

Krugman, Paul, "A Protectionist Moment?", NYT, 2016.3.9.

Krugman, Paul, "About the work", NYT, 2008.10.15.

Krugman, Paul, "Does the Trade Theory Require a New Trade Policy?", The world Economy 15 (July 1992)

Krugman, Paul, The Narrow and Broad Arguments for Free Trade, The American Economic Review, Vol.83, No.2, 1993

Kommerskollegium, The WTO Appellate Body Crisis, 2023

Lincicome Scott & Manak, Inu, Protectionism or National Security?, CATO Policy Analysis, 2021.3.9.

Lincicome Scott et al., Unfair Trade or Unfair Protection?, CATO Policy analysis, 2022.6.14.

Love, Joseph, "The Rise and Decline of Economic Structuralism in Latin America: New Dimensions", Latin American Research Review, 40.3(Summer, 2005)

Mathis, James, Regional Trade Agreements in the GATT/WTO; Article XXIV and the International Trade Requirement, The Hague; TMC Asser Institute, 2002

McBride, James et al.,What's Next for the Trans-Pacific Partnership (TPP)?, CFR, 2021.9.20.

Metzler, Lloyd, "Tariffs, the Terms of Trade and Distribution of National Income", Journal of Political Economy 62 (Feb.1949)

Mikyung, Yun, The Use of "Particular Market Situation and its Implications for Regulation of Antidumping", East Asian Economic Review, volume 21 (2017.9.)

Nasar, Sylvia, "The New Case For Protectionism", Fortune, 1985.9.16.

Nikolay Nenovsky & Dominique Torre, Mihail Manoilescu theories of international trade in retrospect: how and when emerging economies must be procted? 2013.5.

Persky, Joseph, Retrospectives: Cost-Benefit Analysis and the Classical Creed, The Journal of Economic Perspectives, Vol.15, No.4, 2001

Pino, Dominic, What Adam Smith Said about Free Trade, National Review, 2023.7.16.

Rai, Sheela, Recognition and Regulation of Safeguard Measures under GATT/WTO, Routledge, 2011

Raul Prebisch, Latin America's Keynes, Economist, May 9th 2009

Rauwald, Zack, Mandeville's precursor to Smith's invisible hand, Adam Smith Institute

Rechenberg, Keynes' Support for Broad Tariffs, WITA, 2024.10.28.

Reinert, Erik, How rich countries got rich and why poor countries stay poor, Carroll & Graf, 2007

Retsman, A.J., Trade & Redistribution of Income-Is there still an Australian case, the Economic Record, August, 1958

Salvatore, Dominick, International Economics, 1995

Schott, Jeffrey, Assessing US FTA Policy, Free Trade Agreements, US Strategies and Priorities, PIIE, 2004

Semmel, Bernard, The Hume-Tucker Debates and Pitt's Trade Proposals, The Economic Journal, Vol.75, No.300 (Dec.1965)

Shafaeddin, Mehdi, What did Frederich List Actually Say?, Some Clarifications on the Infant Industry Argument, UNCTAD, 2000.7.

Staiger, Robert, The Economics of GATT, the National Bureau of Economic Research, Spring 1999

Stern, Paula, A Burdensome Legacy for the 1990s: The Reagan Administration's Trade Policy, The Brookings Review, Fall, 1991, Vol.9, No.4.

Takatoshi Ito, The Plaza Agreement and Japan: Reflection on the 30th year Anniversary, Baker Institute for Public Policy, 2015

Ungar, Roberto Mangabeira, Free Trade Reimagined, Princeton Univ. Press, 2007

US Congress, Office of Technology Assessment, Trade Adjustment Assistance: New Ideas for an Old Program, Special Report, 1987.6.

US ITC, US Trade Policy since 1934, Chapter 3, 2014.3.20.

World Bank, Goods and Imperfect Competition, Trade Research, 2016

Zambakari, Christopher, Underdevelopment and Economic Theory of Growth: Case for Infant Industry Promotion, Consilience: The Journal of Sustainable Development Vol.8. Iss.1, 2012

저자 소개

천준호

1989년 외무고시를 통해 외교부에 입부한 이래 35년간 외교부에서 주로 경제통상 분야에서 근무하다 주핀란드 대사(에스토니아 겸임) 및 주과테말라 대사를 마치고 2024년 정년퇴임하였다. 한국의 OECD 가입과 WTO 쌀관세화 협상 실무를 담당하였고 통상분쟁해결과장, 다자통상과장을 거쳐 주미대사관 경제참사관으로서 촛불시위 사태로 발전한 미국 쇠고기 수입, 한미 FTA 비준 업무 등을 담당하였다. 이후 양자경제국장으로서 미국, 중국, EU 등과의 경제통상 현안을 다루면서 중국의 사드 경제보복에 대응하였다. 아울러 주미대사관 공사 재직 당시 트럼프 행정부의 보호주의 현장을 현장에서 지켜보았다.

서울대 영문과를 졸업하고 고려대에서 법학석사, 미국 아이오와 대학 로스쿨에서 법학석사(LL.M.)를 취득하였으며, 플레처스쿨에서 방문학자 자격으로 1년간 미국의 통상정책을 연구하였다.

자유무역론의 성쇠와 미국의 통상정책

초판발행	2025년 3월 31일
지은이	천준호
펴낸이	안종만·안상준
편 집	이수연
기획/마케팅	노 현
표지디자인	BEN STORY
제 작	고철민·김원표
펴낸곳	(주) **박영사**
	서울특별시 금천구 가산디지털2로 53, 210호(가산동, 한라시그마밸리)
	등록 1959.3.11. 제300−1959−1호(倫)
전 화	02)733−6771
f a x	02)736−4818
e-mail	pys@pybook.co.kr
homepage	www.pybook.co.kr
ISBN	979−11−303−2259−9 93340

정 가   18,000원